Blue Book of Voluntary Service in Shanghai (2020)

上海志愿服务
蓝皮书

（2020）

上海市精神文明建设委员会办公室 ／ 主编

上海人民出版社

《上海志愿服务蓝皮书（2020）》
编 委 会

主要编纂者简介

杨　雄　博士，上海市政协社会与法制委员会副主任，上海社会科学院社会学研究所研究员，兼任上海社科院社会调查中心主任、《当代青年研究》杂志社社长、上海市志愿者协会副会长、上海市志愿服务研究中心执行主任、中国社会学会常务理事、中国社会学会青年社会学专业委员会理事长、上海社会学会副会长、国务院妇儿工委智库咨询专家、上海市消费者保护委员会常委、上海市政协委员等。主要研究领域：青年社会学、社会治理与社会调查研究、社会思潮与青年文化。曾主持国家哲学社会科学规划办、中央文明办、教育部、上海哲学社会科学规划办、国际奥委会等重要课题，并担任《上海志愿服务发展报告》（2015—2020）课题组组长。主要代表作（专著）：《巨变中的中国社会》《巨变中的中国青年》《社会阶层新构成》《网络时代与社会管理》《中国青年发展演变研究》《青春与性》《激情与理性：中国青年知识分子激进主义思潮研究》等；论文：《努力走出一条符合特大城市特点和规律的社会治理新路》《关于重大决策与社会稳定风险评估思考》《独二代成长状况与未来家庭、社会的风险》等。曾获中央文明委授予的“全国未成年人思想道德先进个人”及“全国百名家庭教育公益人物”“首届上海十大社会工作杰出人才”等称号。

裘晓兰　博士，上海社会科学院社会学研究所助理研究员，上海社会科学院日本研究中心研究员，《上海志愿服务发展报告》（2015—2020）课题组副组长。主要研究领域：志愿服务、青少年问题、社会教育。主持承担国家哲学社会科学规划办、上海市浦江人才计划、上海哲学社会科学规划办等多项课题。主要代表作：《上海志愿服务发展现状、问题与对策思考》（《上海蓝皮书·社会（2016）》）、《构筑社区志愿服务体系，增强志愿服务惠民功能》《上海蓝皮书·社会（2018）》《上海民生民意报告》（合著）、《理论热点大碰撞》（2014、2015）（合著）、《上海市校外教育：实践与创新》（编著）等。

魏莉莉 博士，上海社科院社会学研究所副研究员，《上海志愿服务发展报告》（2015—2020）课题组核心成员。主要研究领域：青少年发展、青年价值观、家庭教育。主持国家社科基金青年项目《“90后”人才培养与我国未来国家竞争潜力研究》和《中国梦背景下“90后”人生追求的现状、成因及培养策略研究》。主要代表作（专著）：《“90后”与未来国家竞争力》，获上海市第十二届哲学社会科学优秀成果二等奖；论文：《提升国家竞争潜力亟需变革家庭教养方式——基于上海市“90后”青少年成就动机的实证研究》《青年群体的代际价值观转变：基于“90后”与“80后”的比较》《高中生创造力危机及影响因素分析》《中国儿童政策发展趋势研究》等。

张虎祥 博士，上海社会科学院社会学研究所副研究员，上海市社区发展研究会秘书长，《上海志愿服务发展报告》（2015—2020）课题组核心成员。主要研究领域：志愿服务、社会治理、组织社会学。主要代表作：《街居制的制度演化及其实践逻辑：基于上海经验的研究》（第一作者），《从弥散到秩序：制度与生活视野下的中国社会变迁》（第三作者），《上海社会结构变迁十五年》（副主编）等。

摘　要

《上海志愿服务蓝皮书（2020）》由总报告、专题篇和案例篇三个部分构成，是一部反映上海志愿服务发展情况的蓝皮书。

总报告以习近平新时代中国特色社会主义思想为指导，立足上海志愿服务发展实际，采用经验研究、实证研究、思辨研究、定性研究、大数据挖掘与决策分析等方法，总结和分析了 2019 年上海志愿服务发展情况和发展态势。2019 年，上海志愿服务围绕文明创建、垃圾分类、进口博览会、乡村振兴、长三角一体化等中心工作，以及社区志愿服务示范中心创建评选等专项活动，大力推进志愿服务组织运行、制度保障、能力建设、民生服务、文化涵育五大体系建设。报告显示，上海实名注册志愿者人数持续上升，注册志愿者参与志愿服务活动的活跃度进一步提升，志愿服务组织不断发展完善，数量持续增长，组织发展更趋规范化、制度化，志愿服务项目发展迅速，社区志愿服务中心实现全覆盖。志愿者和市民对志愿服务的满意度在 2018 年的较高水平基础上进一步上升，参与意愿与认可度持续上涨，体现了市民对上海志愿服务活动更高的期待。同时，针对工作实践中仍旧存在的一些短板问题，报告提出了相应的解决思路与对策。

专题篇共由 3 个专题报告组成。其中专题一为《上海市新冠肺炎疫情防控志愿服务专题报告》内含三个分报告，分别是《上海四十多万志愿者疫情防控服务汇聚磅礴力量》《上海志愿者在抗疫中的重要作用》《上海市疫情防控志愿服务体系建设的经验启示》；专题二为《上海市推进生活垃圾分类志愿服务专题报告》；专题三为《上海市推进新时代社区志愿服务制度化常态化研究报告》。

《上海市新冠肺炎疫情防控志愿服务专题报告》系统总结了上海各级志

愿服务组织强化组织动员、宣传推广和综合保障，引导广大志愿者安全有序参与疫情防控志愿服务，为坚决打赢疫情防控阻击战提供有力保障。通过总结分析志愿服务在疫情防控工作中的重要作用和实际意义，为常态化开展疫情防控和重大突发事件志愿服务提供有效经验和启示。

《上海市推进生活垃圾分类志愿服务专题报告》主要着眼于上海全面推行生活垃圾分类工作的实际情况，大胆探索和实践志愿服务参与社会治理新路径，构建党委领导、政府负责、社会协同、公众参与的社会治理大格局，推动志愿服务从提供社会服务向参与社会治理、凝聚社会共识跨越。调查研究发现，上海垃圾分类工作取得了积极成效，市民对垃圾分类工作表现出了高度认可的态度，并能够在志愿者的协作参与下较好地完成垃圾分类工作，垃圾分类常态化、规范化的发展态势逐渐形成。同时，报告针对在工作实践中存在着的制约垃圾分类工作良好运行与发展的困境，提出了探索方向和路径。

《上海市推进新时代社区志愿服务制度化常态化研究报告》聚焦近四年来上海推进社区志愿服务体系建设的探索实践，尤其是组织体制与推进机制方面的创新举措，总结相关经验做法，为今后弘扬时代新风、培养时代新人、提升社会文明程度、推进社会治理精细化现代化及新时代文明实践中心建设提供有益的借鉴。

案例篇选取了上海 16 个区部分街镇、居村及社会组织垃圾分类志愿服务工作的典型，总结了垃圾分类志愿服务的特色经验，为进一步探索创新基层社会治理的新路径提供了坚实的实践基础，也为持续高效开展垃圾分类志愿服务工作提供了新的思路和方向。

关键词：上海志愿服务　社区志愿服务体系　疫情防控　垃圾分类报告

目录

Ⅰ 总报告

Ⅱ 专题篇

Ⅲ 案例篇

总 报 告

General Report

2019年上海志愿服务发展报告

摘　要： 2019年，上海志愿服务工作以习近平新时代中国特色社会主义思想为指导，全面贯彻党的十九大和十九届二中、三中、四中全会精神，以弘扬和践行社会主义核心价值观为根本，以贯彻落实习近平总书记致中国志愿服务联合会第二届会员代表大会贺信精神，以及上海市精神文明建设工作会议和李强书记重要讲话、重要批示精神为目标，深入推进上海志愿服务高质量内涵式发展。经调查研究，2019年上海志愿服务发展形成常态化、制度化、规范化的良好态势，注册志愿者人数持续上升，注册志愿者参与志愿服务活动的活跃度进一步提升，志愿服务组织不断发展完善，数量持续增长，组织发展更趋规范化、制度化，志愿服务项目发展迅速，社区志愿服务中心实现全覆盖。志愿者和市民对志愿服务的满意度在2018年的较高水平基础上进一步上升，参与意愿与认可度持续上涨，体现了市民对上海志愿服务活动更高的期待。但与此同时，在工作实践中，依然存在着一些“短板”问题，制约着上海志愿服务工作的进一步提升。在2020年，上海志愿服务要着眼于经济社会发展的新时代、新形势、新要求，以新时代文明实践中心建设试点工作为契机、以条块联动机制为牵引、以资源整合和供需对接平台为支撑、以强化项目精准设计为重点、以过程监督和评估为抓手，进一步转变理念和工作方式，不断推进体制机制创新，并由此进一步提升上海志愿服务工作的能级和水平。

关键词： 上海志愿服务　发展状况　报告

一、 2019年度上海志愿服务发展状况

2019年，上海志愿服务工作以习近平新时代中国特色社会主义思想为指导，全面贯彻党的十九大和十九届二中、三中、四中全会精神，贯彻落实全国宣传思想工作会议精神，紧紧围绕夯实组织领导、聚焦重点任务、激发创新动能，以加强上海志愿服务五大体系建设为抓手，推进新时代文明实践中心建设试点工作，着力打响“上海文化”品牌，大力弘扬上海城市精神和志愿文化，促进学雷锋志愿服务制度化常态化，深入推进上海志愿服务内涵式发展。

为了更加客观、全面地反映2019年度上海志愿服务发展状况，上海市精神文明建设委员会办公室、上海市志愿者协会、上海社会科学院社会学研究所课题组联合开展了面向“上海志愿者网”注册的上海志愿者、市民的问卷调查，共获得志愿者有效样本861份，市民有效样本905份。总体而言，2019年上海志愿服务围绕文明创建、垃圾分类、进口博览会、乡村振兴、长三角一体化等中心工作，以及社区志愿服务示范中心创建评选等专项活动，积极开展志愿者注册、项目发布和时间记录等工作，目前已经形成常态化、制度化、规范化的发展态势。数据显示，2019年上海注册志愿者人数持续上升，注册志愿者注册率达18%，注册志愿者参与志愿服务活动的活

跃度提升，绝大多数志愿者有较高热情，未来愿意持续参与志愿服务活动，志愿者和市民满意度不断上升，对上海志愿服务活动有更高期待；上海志愿服务组织不断发展完善，数量持续增长，组织发展更趋规范化、制度化；上海志愿服务项目发展迅速，2019 年实现突破性增长；社区志愿服务中心实现全覆盖。

（一）志愿者和市民积极踊跃参与志愿服务活动

1. 上海注册志愿者注册率达 18%

截至 2019 年 12 月 31 日，在全国志愿服务信息系统“上海志愿者网”实名认证注册志愿者已超过 435 万人（见图 1），比 2018 年增加 33 万余人。自 2007 年上海在全国首次实行志愿者实名注册制度以来，上海每年实名认证注册志愿者人数不断攀升，已经从 2009 年的 2 万多人上升到 2019 年的 435 万余人，上海目前已经形成一支常态化和专业化相结合的志愿者队伍。

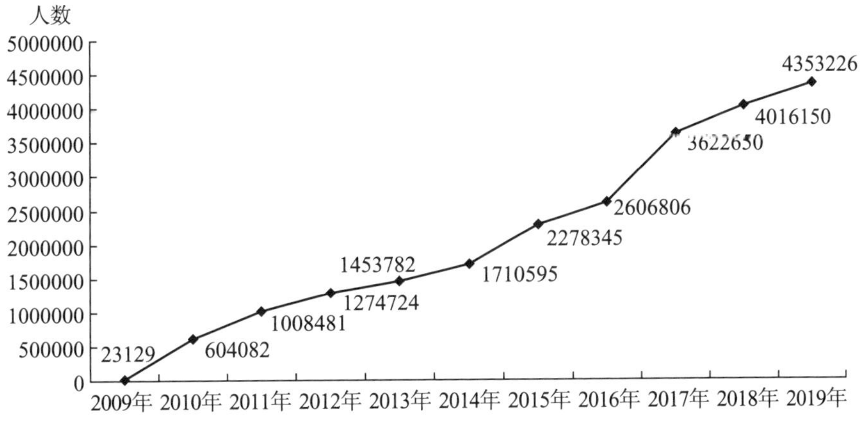

图 1　上海注册志愿者人数（人）

从志愿者的年龄段分布来看（见图 2），18 岁以下占 2.3%，18—28 岁占 11.2%，28—35 岁占 13.0%，35—45 岁占 16.5%，45—60 岁占 21.6%，60—65 岁占 11.7%，65 岁及以上占 23.7%。在性别分布上，注册志愿者中男性占 47.2%，女性占 52.8%，女性略多于男性。

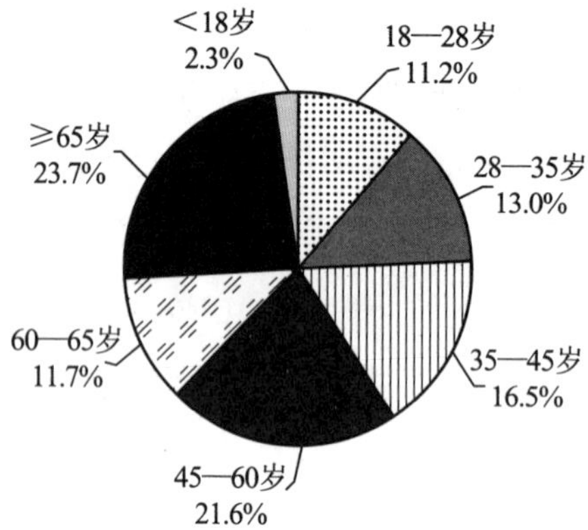

图 2　上海注册志愿者年龄段分布

2019 年，上海实名认证注册志愿者的注册率为 18.0%，比 2018 年上升 1.4 个百分点。自 2009 年开始，上海注册志愿者的注册率每年保持递增的趋势（见图 3），反映出志愿服务精神作为城市精神文明建设的重要体现，已经得到越来越多居民的认同和参与，这也是上海试点建设新时代文明实践中心的重要基础。

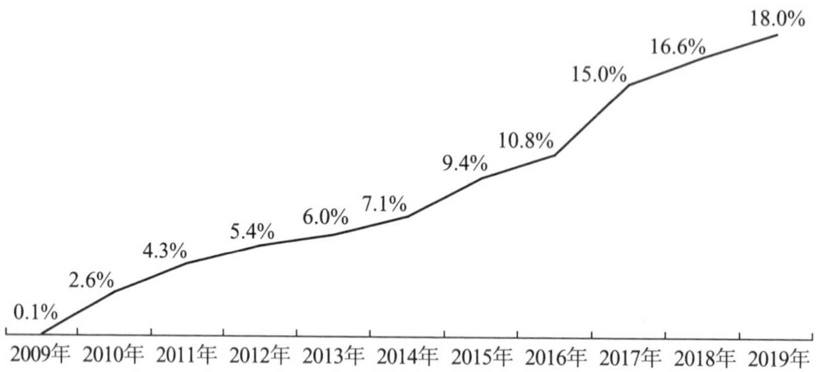

图 3　上海注册志愿者注册率

2. 注册志愿者参与志愿服务活动活跃度提升

据统计，截至 2019 年 12 月 31 日，上海志愿服务时间大于 0 的实名志愿者总数为 279 万余人，活跃度为 64.2%，比 2018 年提高 3.6 个百分点。2019 年年度参与志愿服务人数为 1248363 人，服务时长 68975773 小时，人均服务 55.29 小时。

在 2019 年被调查的注册志愿者中，有 93.5%的志愿者表示在过去的一年中参加过志愿服务活动，高于前三年的参与比例（见图 4），而且志愿者参与志愿服务的比例连续 4 年保持不断上扬的趋势，这与全社会不断加大对志愿服务的宣传力度以及人们不断增强的志愿服务精神相关。

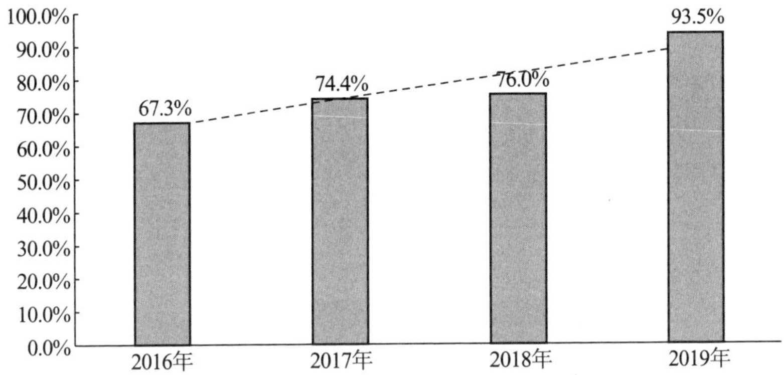

图 4　志愿者参与志愿服务的比例

2019 年注册志愿者每次参与志愿服务的平均时间为 2 小时，与前两年基本保持一致。从志愿者参与志愿服务活动的途径来看（见图 5），2019 年

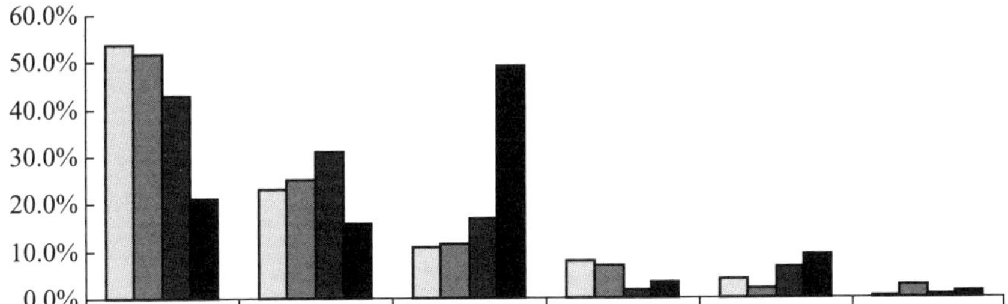

	所在单位或学校	所在社区	所注册的志愿服务组织	个人自发组织的活动	上海志愿者网	其他
2016年	53.7%	23.2%	10.8%	7.8%	4.1%	0.4%
2017年	51.8%	25.2%	11.6%	6.9%	1.9%	2.6%
2018年	43.0%	31.1%	16.9%	1.5%	6.7%	0.8%
2019年	21.1%	15.9%	49.0%	3.4%	9.2%	1.4%

图 5　志愿者参与志愿服务的主要途径

志愿者参与志愿服务的主要途径是通过所注册的志愿服务组织，占 49.0%，接近一半的比例，而通过所在单位或学校的比例有较大幅度下降。此外，志愿者通过“上海志愿者网”参与志愿服务的占比略有上升，为 9.2%。以上说明志愿服务组织以及“上海志愿者网”对注册志愿者的影响力在不断增强，志愿者对志愿服务组织的归属感也在不断增强。

2019 年注册志愿者参与志愿服务的时间（见图 6），35.0%的志愿者表示“只要需要，任何时间都可以”，且选择比例排在第一位，32.9%是利用双休日，23.6%是利用工余或课余时间，7.2%是利用节假日（包括寒暑假），还有 1.3%的志愿者是利用其他时间。与前两年相比，2018 年和 2019 年志愿者选择根据需要的时间做志愿服务的占比更高，这反映出随着越来越多的人拥有弹性工作时间，人们可自由支配时间做志愿服务的占比也在提高。

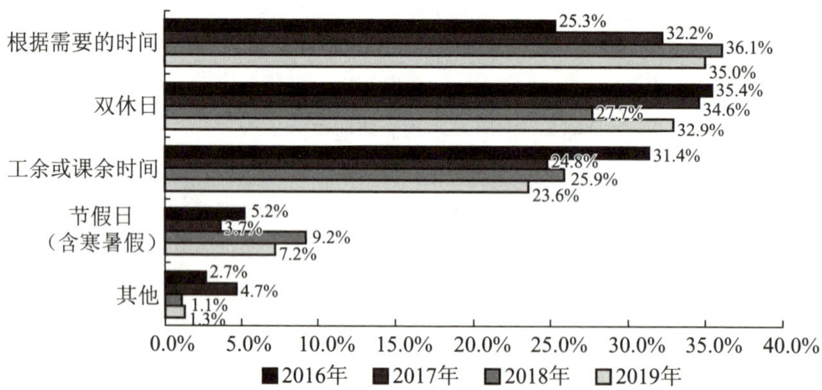

图 6　志愿者参与志愿服务的时间

从 2019 年注册志愿者参加的志愿服务活动与自身工作、学习内容的关系来看（见图 7），全部有关的占 13.1%，部分有关的占 51.0%，没有关系的占 35.9%。2016—2019 年，注册志愿者参加志愿服务活动与自己工作、学习内容相关的比例呈现不断上升的趋势，这可能是因为可供选择的志愿服务活动的类型在增多，因此人们有更多机会选择与自己的特长或专业相关的志愿服务活动，同时与人们自主选择的意识增强有关，越来越多的人抱着发挥一技之长，在帮助他人中提升自我的想法，自觉加入志愿服务队伍。

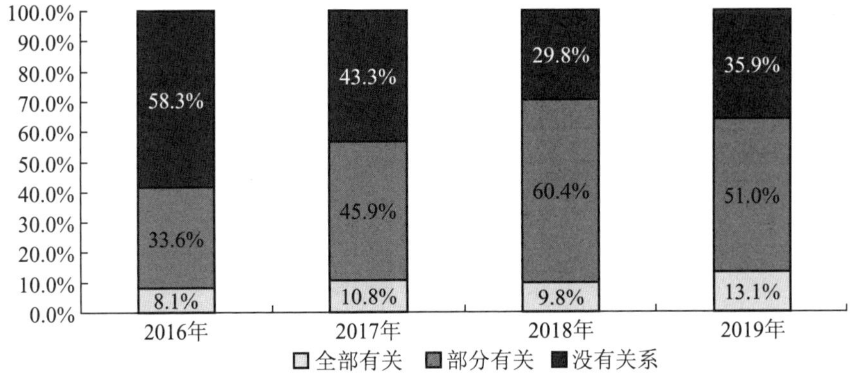

图 7　志愿者参加的志愿服务活动与工作、学习内容的关系

从 2019 年注册志愿者担任的岗位来看（见图 8），11.6%担任活动的组织者，75.0%是活动的直接参与者，12.4%担任活动的辅助岗位，如提供联络和后勤保障等。可见，志愿者选择担任活动组织者的比例有所上升，体现出志愿者参与的积极性和参与程度在提高。

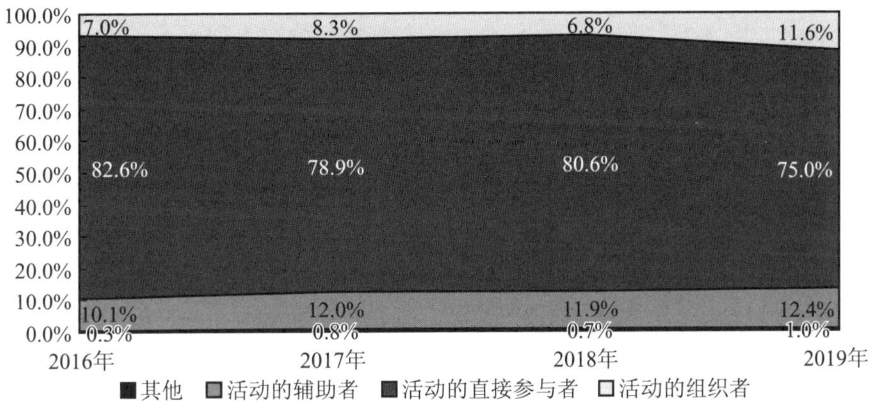

图 8　志愿者担任的岗位

从志愿者参与志愿服务的类别来看（见表 1），2019 年志愿者主要参加的志愿服务组织最基本的服务类别，排在前三位的是社区服务、城市运行和文化教育，选择占比分别为 40.0%、16.0%和 12.0%；志愿者参加过的志愿服务项目的类别中，排在前三位的是社区服务、绿色环保和城市运行，选择占比分别为 62.4%、40.1%和 36.1%；志愿者参与过社区志愿服务中心提供的服务类别中，排在前三位的是社区服务、绿色环保和城市运行/邻里守望，选择占比分别为 52.6%、15.2%和 8.3%。与往年的比较显示，志愿者参与绿色环保类志愿服务的占比在上升，这与 2019 年上海实施《上海市生活垃圾管理条例》，以及志愿者在垃圾分类的“攻坚战”中发挥着重要作用的因素密切相关。

表 1　志愿者参与的志愿服务类别

单位:%

	主要参加的志愿服务组织的服务类别			参加过的志愿服务项目类别			参与过社区志愿服务中心服务类别		
	2017 年	2018 年	2019 年	2017 年	2018 年	2019 年	2017 年	2018 年	2019 年
邻里守望	4.1	1.9	2.8	19.5	12.9	26.1	14.0	7.2	8.3
社区服务	35.4	32.3	40.0	54.3	51.1	62.4	44.3	50.9	52.6
城市运行	18.6	13.8	16.0	34.8	29.1	36.1	11.7	8.5	8.3
文化教育	14.6	19.1	12.0	26.8	37.1	31.7	7.8	11.9	5.4
绿色环保	10.9	5.9	8.4	30.3	19.1	40.1	13.5	8.2	15.2
医疗卫生	7.0	11.7	8.0	13.1	18.6	18.0	3.9	6.1	2.8
赛会服务	4.5	11.0	10.0	10.3	25.3	28.1	1.6	4.8	5.6
应急救援	1.8	1.4	0.7	8.1	5.4	8.7	2.3	1.0	0.7
其他	3.1	3.0	2.2	3.7	4.3	4.1	0.9	1.2	1.1

2019 年，志愿者参与社区志愿服务中心志愿服务活动的比例高达 62.7%（见图 9），远远高于前三年的参与比例，一方面表明社区志愿服务中心加大

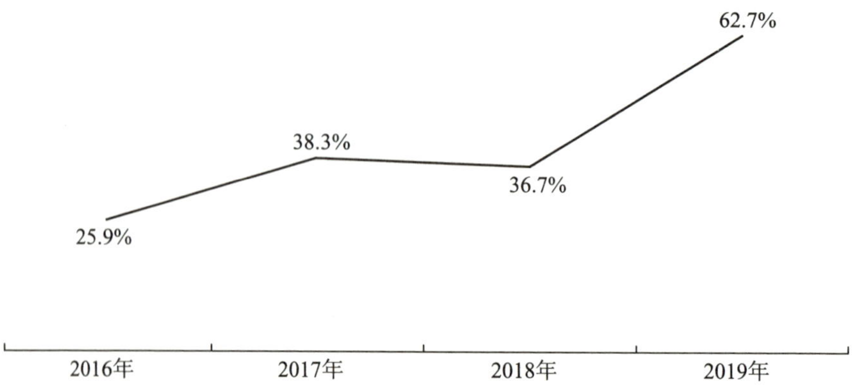

图 9　志愿者参与社区志愿服务中心志愿服务活动的情况

宣传力度，推出条块联动措施，引起志愿者关注，参与社区服务找社区志愿服务中心的观念日渐深入人心；另一方面也可能是因为2019年上海深入开展垃圾分类活动，进一步凸显了社区志愿服务中心在供需对接、统筹调配力量、服务保障等方面的功能和作用，使志愿者参与社区志愿服务中心志愿服务活动的比例出现较大幅度的上升。

从志愿者和市民平时了解志愿服务相关信息的渠道来看（见表2），2019年社交平台如微信和QQ发挥着重要的作用，志愿者和市民通过社交平台了解信息的分别占49.0%和43.0%，基本占据半壁江山。相比之下，其他传播渠道的影响力在不断下降，尤其体现在组织、单位通知的影响力上。对志愿者而言，组织、单位通知的影响力从2017年的55.6%下降到2019年的28.1%，和社交平台影响力呈现相反的趋势。以上说明志愿服务正在从以单位组织行为为主转变为以个人和社会动员行为为主。因此，未来要进一步加强志愿服务社交平台建设，切实发挥社交平台在传播有效信息、促进志愿服务发展上的功能。

表2　志愿者和市民了解志愿服务相关信息的渠道

单位：%

	志愿者			市　民		
	2017年	2018年	2019年	2017年	2018年	2019年
社交平台（如微信、QQ等）	14.3	45.9	49.0	13.2	44.1	43.0
网络媒体	19.9	12.4	15.6	34.7	16.8	24.9
电视传媒	2.8	1.3	2.8	21.6	6.1	7.8
报纸等纸质媒体	2.0	0.5	1.3	4.3	1.6	2.7
组织、单位通知	55.6	37.1	28.1	13.1	25.9	16.9
亲戚朋友介绍	3.9	1.6	2.9	5.6	2.7	3.9
其他	1.5	1.2	0.3	7.5	2.9	0.9

3. 绝大多数志愿者有持续参与志愿服务活动的意愿

对于未来继续参与志愿服务活动的意愿（见图10），2019年的调查显示，57.0%的志愿者表示自己不仅会继续参与，还将增加参与时间，39.5%的志愿者表示会保持现有参与时间。与过去三年将比，2019年表示自己会增加志愿服务活动参与时间的注册志愿者比例最高，且呈现逐年上升的趋势，体现出上海志愿者参与志愿服务活动的热情高涨，志愿者自身的获得感也在不断增强。

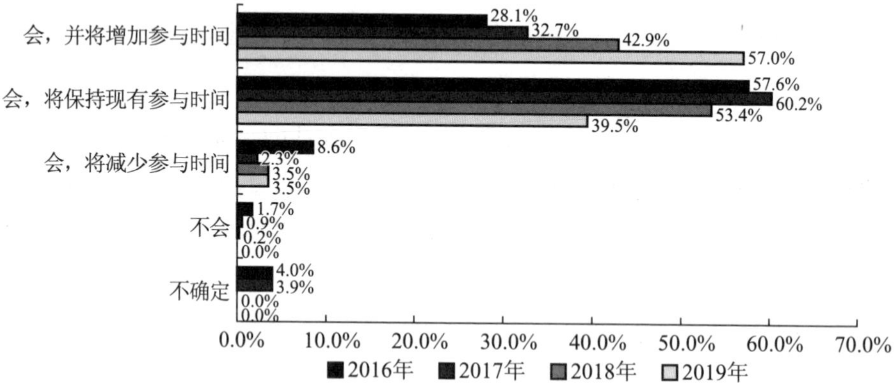

图 10　志愿者未来继续参与志愿服务活动的意愿

如果有机会，志愿者和市民都表示愿意参与志愿服务项目（见图 11）。从 2019 年和 2018 年的比较来看，可以发现志愿者参与垃圾分类志愿服务项目的意愿有较大幅度上升，从 2018 年的 46.6%上升到 2019 年的 74.3%，上升 27.7 个百分点。2019 年市民参与垃圾分类志愿服务项目的意愿也略有上升，从 2018 年的 43.0%上升到 2019 年的 49.2%，上升 6.2 个百分点。此外，

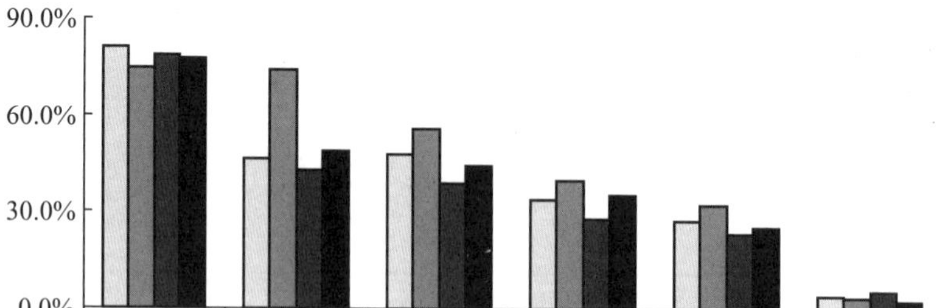

	进口博览会	垃圾分类	交通大整治	烟花爆竹禁燃禁放	河道治理	其他
志愿者2018年	81.3%	46.6%	47.8%	34.3%	27.8%	4.3%
志愿者2019年	74.6%	74.3%	55.9%	40.0%	32.8%	4.1%
市民2018年	78.5%	43.0%	39.3%	28.1%	23.6%	5.7%
市民2019年	77.8%	49.2%	44.3%	35.8%	25.7%	2.9%

图 11　志愿者和市民参与志愿服务项目的意愿

无论是志愿者还是市民，参与进口博览会志愿服务项目的意愿都较高，均在70%以上。志愿者和市民也有较高意愿参与交通大整治、烟花爆竹禁燃禁放以及河道治理等志愿服务项目。以上说明市委、市政府中心工作需要志愿服务，也说明围绕中心、服务大局的志愿服务项目更吸引人，更能体现价值，让志愿者获得荣誉感。

对于志愿者参与志愿服务活动的原因，调查显示（见图 12），2019 年排在前三位的是“弘扬雷锋精神，践行社会主义核心价值观”“帮助有需要的人”和“实现个人人生价值”，分别占 34.8%、25.6%和 13.5%。其中基于“弘扬雷锋精神，践行社会主义核心价值观”原因的比例连续两年出现较大幅度提升，体现出社会主义核心价值观对注册志愿者的影响作用越来越大，志愿者将其付诸行动的比例也越来越高。

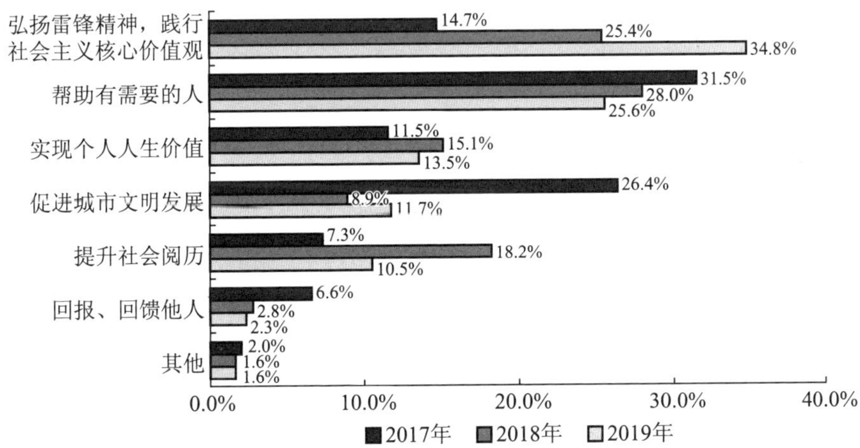

图 12　志愿者参加志愿服务活动的原因

从志愿者选择对提高志愿者服务积极性最有效的激励机制来看（见表 3），排在前三位的是“建立健全‘时间银行’制度、将来换取相应服务”“志愿服务时间计入社会信用体系”和“享受免费体检、免费参观博物馆、赠送游乐园门票等服务”，选择占比分别为 36.2%、23.0%和 20.0%，可见最受志愿者欢迎的激励机制是“服务激励”“信用鼓励”和“礼遇鼓励”，其中又以“服务激励”为最。《上海市志愿服务条例》对志愿者的激励措施明确规定“对于有良好志愿服务记录的志愿者，在其本人需要志愿服务时予以优先安排”体现的就是服务激励的精神。相比较而言，志愿者选择“精神鼓励”和“道德鼓励”的比例较低，这或许与目前的激励机制仍以精神激励和道德激励为主，服务激励、信用激励、礼遇激励等更加多元的激励机制正处于逐步探索和完善阶段有关，也表达了广大志愿者希望建立全社会支持体系，营造更加浓厚的“我为人人，人人为我”的社会氛围。

表 3　志愿者认为最有效的激励机制

单位:%

选　　项	2018 年	2019 年
建立健全“时间银行”制度，将来换取相应服务（服务激励）	24.5	36.2
志愿服务时间计入社会信用体系（信用鼓励）	25.9	23.0
享受免费体检、免费参观博物馆、赠送游乐园门票等服务（礼遇鼓励）	18.5	20.0
提供求职或求学使用的服务证明（信用鼓励）	20.7	9.5
及时宣传表彰志愿服务中优秀事迹（精神鼓励）	5.8	6.4
倡导并突出无偿奉献（道德鼓励）	3.9	4.4
其他	0.7	0.5

4. 超过七成市民未来希望接受志愿服务

调查显示，2019 年有 45.0%的市民表示在过去的一年中自己接受过志愿服务，每次接受服务时间的中位数为 30 分钟。从市民已接受过的志愿服务类别、最希望接受的志愿服务类别、最希望接受社区志愿服务中心提供的志愿服务类别以及最希望参加的志愿服务类别来看（见表 4），社区服务类占比均为最高，分别为 63.9%、24.7%、31.3%和 24.9%。从与 2017 年和 2018 年的调查数据比较来看，社区服务类一直占据最高的选择比例，说明便民型社区服务类的志愿服务一直最受市民青睐，也最为市民所需要。

对于未来是否希望接受志愿服务（见图 13），2019 年有 31.3%的市民表示“很希望”，39.8%的市民表示“比较希望”，这就意味着有超过 7 成的市民对志愿服务持有肯定的态度。

表 4　市民接受和希望参加的志愿服务类别

单位:%

	市民已接受过的志愿服务类别			市民最希望接受的志愿服务类别			市民最希望接受社区志愿服务中心提供的志愿服务类别			市民最希望参加的志愿服务类别		
	2017 年	2018 年	2019 年	2017 年	2018 年	2019 年	2017 年	2018 年	2019 年	2017 年	2018 年	2019 年
邻里守望	12.7	15.6	16.7	5.0	7.1	6.0	13.5	11.8	10.8	9.0	7.1	6.2
社区服务	39.4	52.4	63.9	23.9	21.9	24.7	23.7	33.5	31.3	30.7	22.0	24.9
城市运行	40.2	25.4	25.6	7.7	8.6	8.0	3.7	4.9	6.3	6.7	8.8	9.7
文化教育	16.6	23.9	28.0	10.8	17.2	13.1	8.3	12.2	11.6	14.8	19.0	17.0
绿色环保	20.8	28.4	42.0	10.9	11.5	13.9	13.6	13.2	13.6	17.7	12.7	17.0
医疗卫生	47.4	19.2	24.3	27.5	14.8	15.6	24.0	15.0	14.6	8.4	7.3	6.3
赛会服务	8.9	19.3	25.8	1.7	9.9	9.8	1.3	4.5	5.4	2.7	14.9	13.0
应急救援	5.5	6.8	7.1	11.4	5.9	8.0	10.3	4.0	6.1	8.8	3.7	5.3
其他	0.8	10.8	3.7	0.6	3.1	0.8	1.0	0.9	0.3	0.5	4.5	0.6

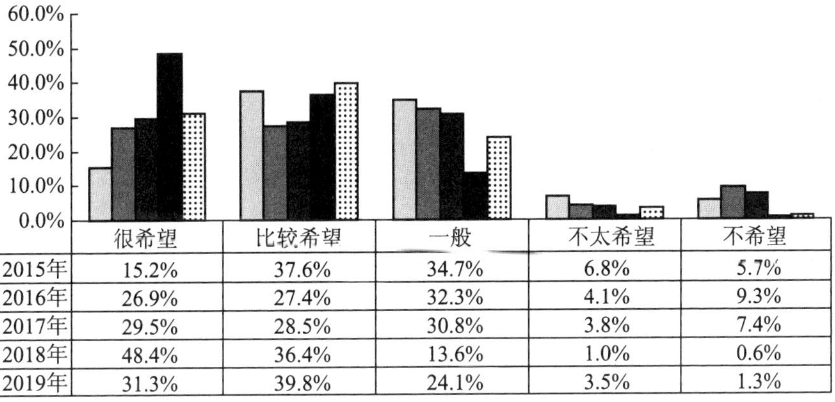

	很希望	比较希望	一般	不太希望	不希望
2015年	15.2%	37.6%	34.7%	6.8%	5.7%
2016年	26.9%	27.4%	32.3%	4.1%	9.3%
2017年	29.5%	28.5%	30.8%	3.8%	7.4%
2018年	48.4%	36.4%	13.6%	1.0%	0.6%
2019年	31.3%	39.8%	24.1%	3.5%	1.3%

图 13　市民未来接受志愿服务的意愿

从市民接受居住地社区志愿服务中心志愿服务的情况来看（见图 14），2019 年有 45.3%的市民表示接受过服务，与 2018 年的比例基本持平，远远高于 2016 年和 2017 年的占比。这说明社区志愿服务中心自 2018 年以来为社区居民提供志愿服务逐步进入常态化。

从市民最希望了解社区志愿服务中心活动信息的途径来看（见图 15），2019 年排在首位的是微信和微博，占 46.2%，其次是社区宣传栏，占 27.7%，排在第三位的是独立网站，占 10.1%。与 2018 年的数据比较发现，

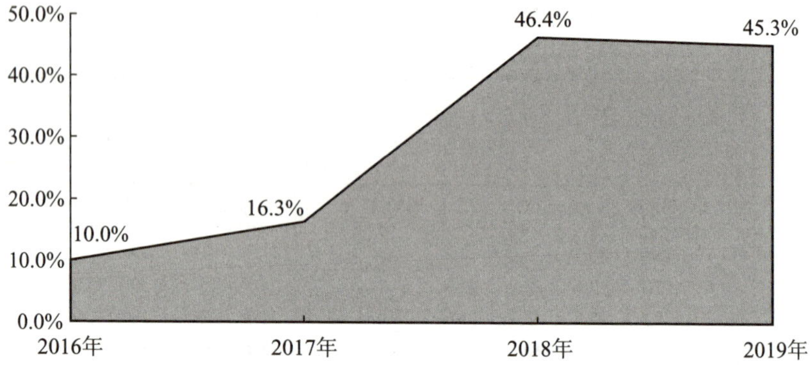

图 14　市民接受社区志愿服务中心志愿服务的比例

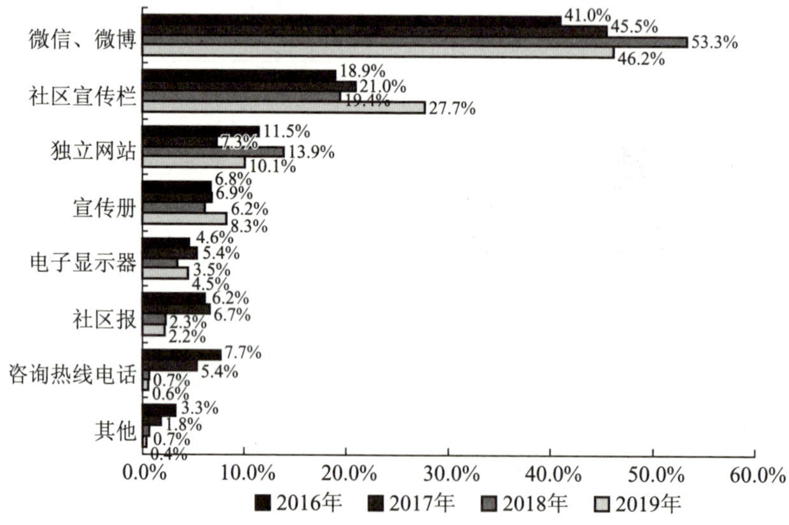

图 15　市民最希望了解社区志愿服务中心活动信息的途径

市民选择微信微博的占比有所下降，而选择社区宣传栏的占比有所上升，说明微信微博以其便利性和及时性占据首位，而社区宣传栏作为社区生活的一部分，依然被许多市民认同和需要，在社区生活中发挥着重要作用。因此我们在做好微信微博内容维护的同时，也要注重维护好社区宣传栏，及时更新相关内容，为市民了解相关信息做好服务工作。

市民有较高参与志愿服务的意愿（见图 16）。2019 年，有 29.8%的市民表示愿意参加志愿服务活动，并且已经参加，40.9%的市民表示愿意参加但不知道如何参加，22.7%的市民表示愿意参加，但客观条件暂不允许，如年龄偏大、健康不佳、事务繁忙等。因此，当前仍需加大志愿服务宣传力度，完善志愿服务体系，吸引更多市民加入志愿服务的行列。

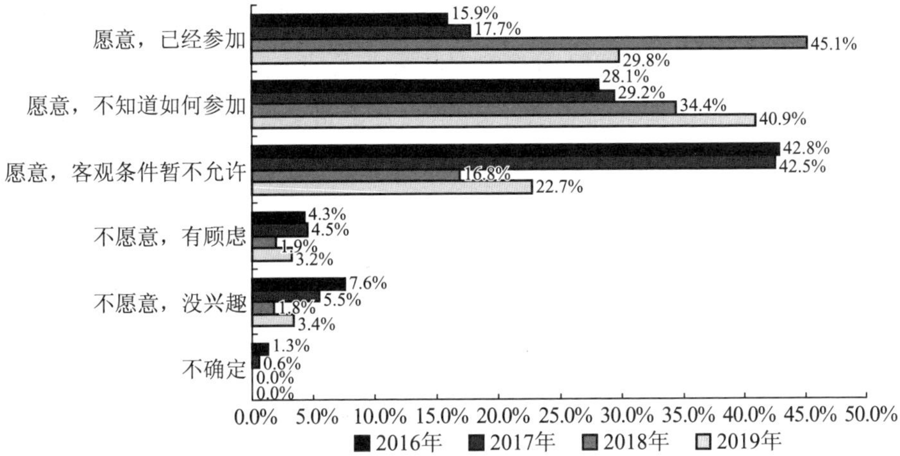

图 16　市民参与志愿服务活动的意愿

2019 年对于部分表示参与志愿服务活动有顾虑的市民而言（见图 17），与前三年一样，顾虑主要集中在“没有足够的时间”，占比 69.0%，其他顾

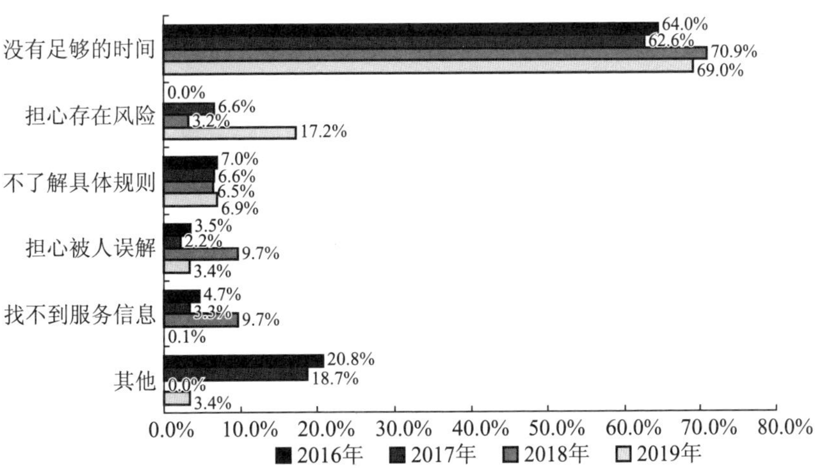

图 17　市民参与志愿服务最主要的顾虑

虑还包括如“担心存在风险”“不了解具体规则”和“担心被人误解”，分别占17.2%、6.9%和3.4%。由此可见，进一步加强志愿服务在市民中的公信力建设是未来要重点关注的内容。

上海市民对志愿服务相关知识的知晓率较高。调查显示（见图18），2019年有60.4%的市民表示“知道‘上海市志愿者协会’这个机构”，47.6%的市民表示“知道12月5日是国际志愿者日”，21.7%的市民表示“知道如何在上海注册成为志愿者”。这得益于相关政府部门加大对志愿服务的宣传力度，并在社会上形成良好的志愿服务氛围。

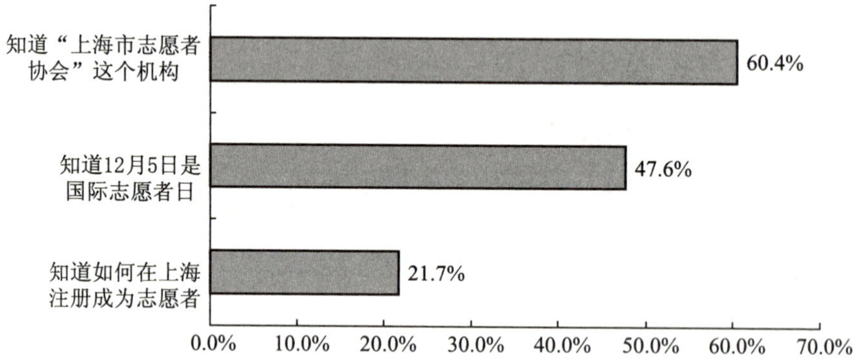

图18　市民对志愿服务相关知识的知晓情况

从市民对志愿者参与志愿服务目的的认知来看（见图19），排在前三位的是“帮助有需要的人”“促进城市文明发展”和“弘扬雷锋精神，践行社会主义核心价值观”，分别占77.3%、71.2%和55.0%，此外还有“实现个人人生价值”“提升社会阅历”以及“回报、回馈他人”，分别占54.0%、49.3%和46.2%。从纵向比较来看，总体而言，市民对志愿服务各项认知的选择占比比前两年均有不同程度的提高，体现出市民对志愿服务越来越强的认同态度。

5. 超过九成的志愿者和市民对志愿服务活动感到满意

从志愿者对自己过去一年参加志愿服务活动的满意度来看（见图20），2019年，有96.1%的志愿者表示满意，其中，49.8%的志愿者表示“很满

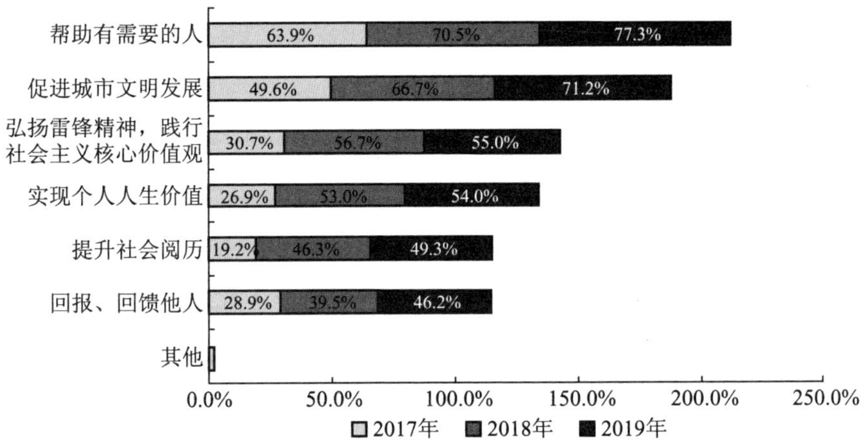

图 19　市民对志愿者参与志愿服务目的的认知

	很满意	比较满意	一般	不太满意	不满意
2019年	49.8%	46.3%	3.2%	0.7%	0.0%
2018年	38.8%	51.3%	8.9%	0.8%	0.2%
2017年	47.4%	45.0%	7.5%	0.1%	0.0%
2016年	35.5%	54.6%	9.2%	0.4%	0.3%
2015年	15.1%	60.9%	19.2%	4.5%	0.3%

图 20　志愿者对参加志愿服务活动的满意度

意”，46.3%的志愿者表示“比较满意”。相比前几年，志愿者的满意度总体呈现不断上升的趋势，体现出申城的志愿服务体系正在不断走向完善，因此得到志愿者的较高评价。

在市民对所接受志愿服务的满意度方面（见图 21），2019 年市民满意率为 93.4%，其中，市民表示“很满意”的占 37.1%，表示“满意”的占 56.3%。与 2018 年相比，无论是在“很满意”还是在“满意”选项上，市民的选择占比均有所上升，反映出随着上海志愿服务质量的提升，市民切切实实有了更高的获得感。

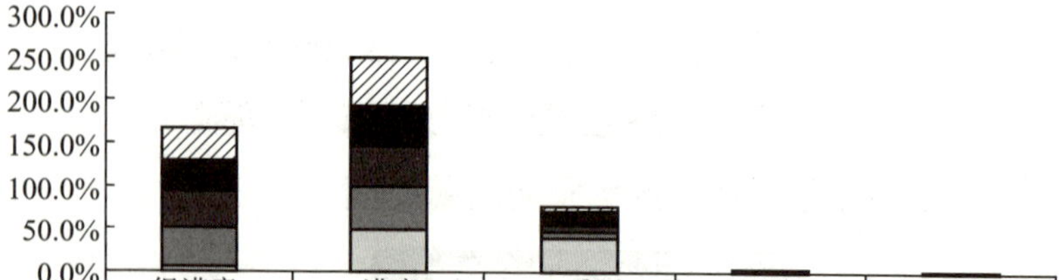

	很满意	满意	一般	不满意	很不满意
2019年	37.1%	56.3%	6.2%	0.2%	0.2%
2018年	35.8%	47.2%	16.3%	0.2%	0.5%
2017年	43.2%	48.1%	8.3%	0.2%	0.2%
2016年	44.3%	49.0%	6.5%	0.2%	0.0%
2015年	6.3%	49.6%	40.1%	3.0%	1.0%

图 21　市民对所接受志愿服务的满意度

（二）志愿服务组织不断发展完善

1. 志愿服务组织数量持续增长

2019 年底，上海共有志愿服务组织 24117 个，在数量上比 2018 年增加 650 个。在志愿服务组织的类型分布上（见图 22），社会团体数排在首位，为 12011 个，其次是从属于党政机关的志愿团体，数量为 3146 个，从属于国有企业、居委会或村委会以及教育事业单位的志愿服务组织数量也相对较多，分别为 1592 个、1567 个和 1414 个。此外还有部分志愿服务组织从属于其他事业单位、群团组织、非国有企业、社会服务机构以及基金会等。

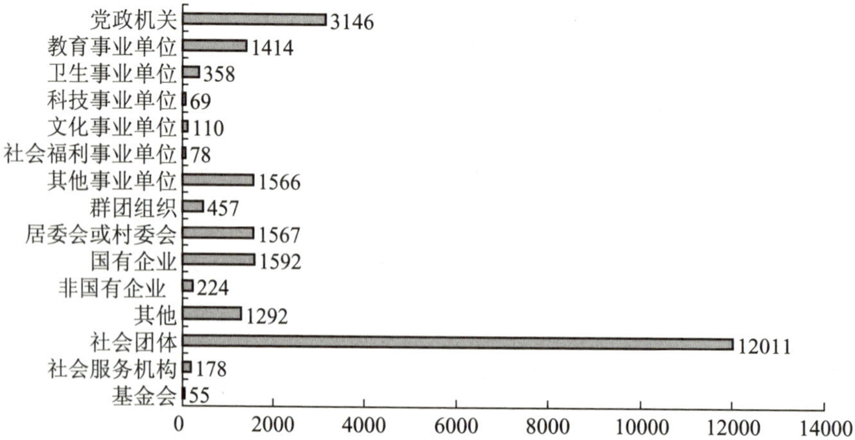

图 22　上海志愿服务组织类型分布（个）

从上海志愿服务组织提供的服务类别来看（见图 23），总共有 20 类，其中排在前三位的是便民类、敬老类和宣传类，分别占 14.2%、12.1%和 11.9%。

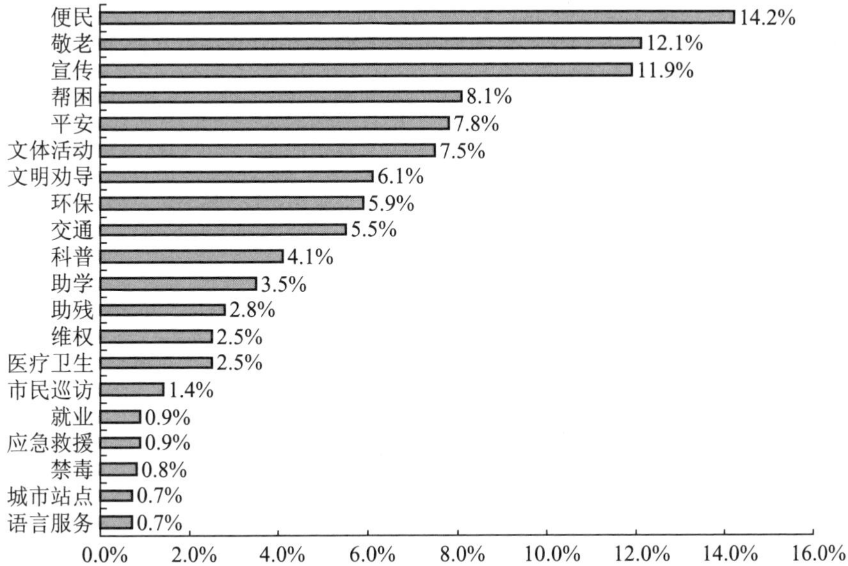

图 23　上海志愿服务组织服务类别分布

从上海志愿服务组织的规模分布来看（见图 24），人数少于 100 的占 68.5%，超过 2/3，100—199 人的占 7.6%，200—499 人的占 12.0%，团体规模在 500 人及以上的占 11.9%。可见，志愿服务组织的规模以 100 人以下的为主。

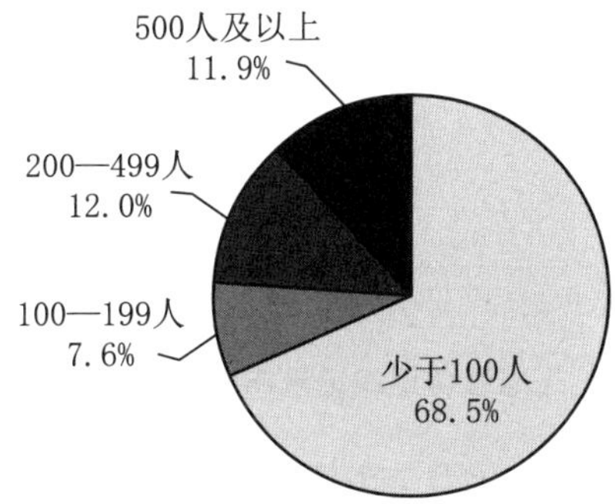

图 24　上海志愿服务组织的规模分布

2. 志愿服务组织更趋规范化、制度化

从志愿者与参加的志愿服务组织签订书面协议以明确责任权利的情况来看（见图 25），2019 年签订过协议的比例为 45.8%，远远高于前三年的签约比例。2019 年，有 91.1%的志愿者表示参加的志愿服务组织能及时、准确地记录自己的志愿服务时间（见图 26），比例高于前三年，比 2016 年和 2017 年有较高的上升幅度。说明志愿服务组织在招募志愿者和组织志愿服务活动时更趋于规范化和程序化，这与上海不断推动志愿服务发展，完善志愿服务制度保障体系等举措密切相关。

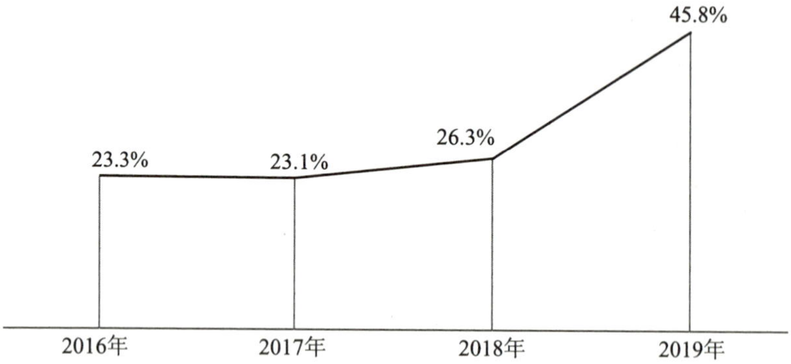

图 25　志愿者与志愿服务组织签订书面协议的比例

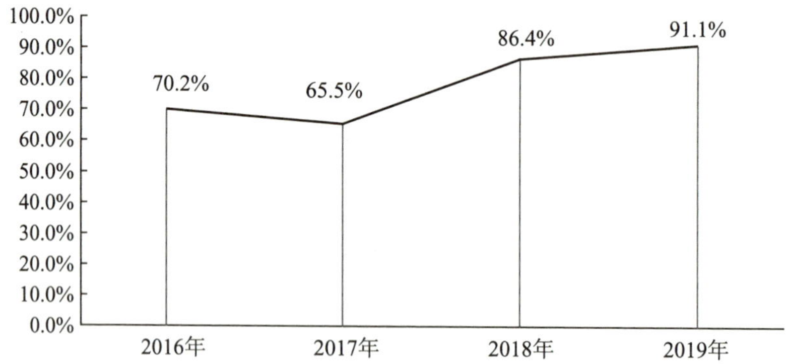

图 26　志愿服务组织记录志愿服务时长的比例

从志愿者对市志愿者协会为全市注册志愿者提供志愿服务过程中人身保险的了解情况来看（见图 27），2019 年志愿者的知晓率为 65.5%，远远高于前三年的知晓率。可见，随着相关政策宣传力度的加大以及累积效应，志愿者的知晓率在不断提高。

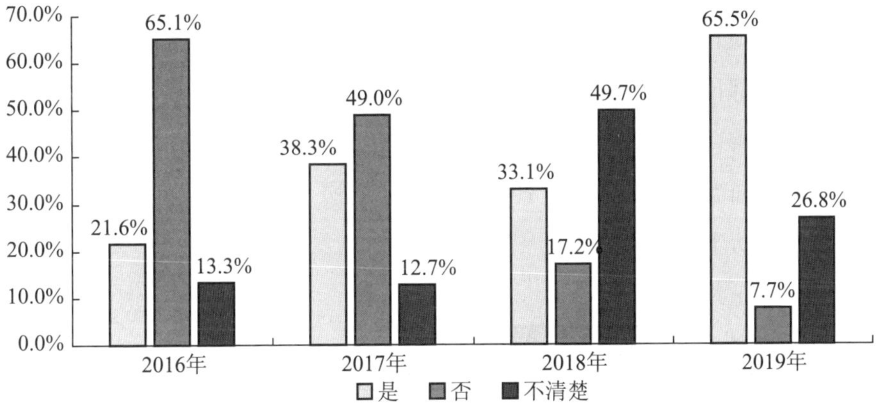

图 27　志愿者对人身保险的了解情况

2019 年志愿服务组织为志愿者提供经济补贴的比例相比前三年均有所上升（见图 28），而且补贴的占比总体呈现逐年上升的趋势。相对应地，志愿者表示志愿服务组织不提供任何补贴的比例则呈现逐年下降的趋势，2016 年为 67.9%、2017 年为 58.6%、2018 年为 40.4%、2019 年为 30.9%。在具体补贴方面，2019 年志愿服务组织提供交通补贴、误餐补贴、通信补贴和高

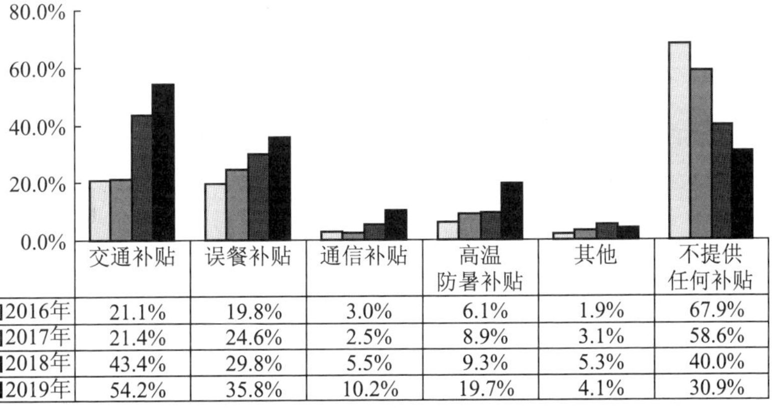

	交通补贴	误餐补贴	通信补贴	高温防暑补贴	其他	不提供任何补贴
2016年	21.1%	19.8%	3.0%	6.1%	1.9%	67.9%
2017年	21.4%	24.6%	2.5%	8.9%	3.1%	58.6%
2018年	43.4%	29.8%	5.5%	9.3%	5.3%	40.0%
2019年	54.2%	35.8%	10.2%	19.7%	4.1%	30.9%

图 28　志愿服务组织为志愿者提供经济补贴的比例

温防暑补贴的分别占54.2%、35.8%、10.2%和19.7%，可见，在各项补贴中，交通和误餐补贴的占比最高。

对于志愿服务是否应该获得适当补贴（见图29），2019年有45.6%的志愿者认为“应该，有利于发挥志愿者积极性”，27.3%的志愿者认为“应该，对服务双方都比较公平”。与2016年和2017年相比，2018年和2019年志愿者更趋于务实，对志愿者获得适当补贴持有更积极肯定的态度，相对应地，志愿者持负面态度，如认为这样做会违反志愿服务的原则以及会导致监管失控的占比有所下降。

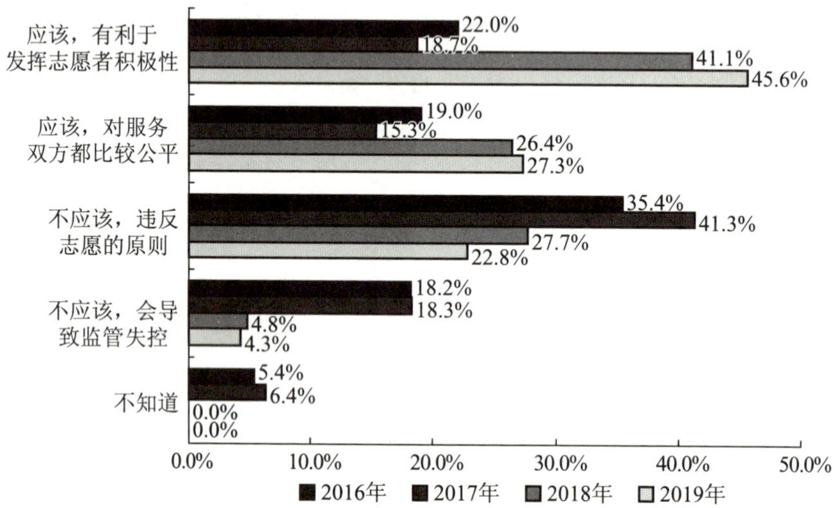

图29　志愿者对获得适当补贴的看法

从志愿者所参加的志愿服务组织对志愿者的培训情况来看，2019年志愿者接受过各类培训的占比相比前三年均有所上升。在具体的培训内容上（见图30），开展“志愿服务理念、精神、文化培训”的占73.2%，开展“相关服务的知识和技能培训”的占74.0%，开展“志愿服务的过程与组织管理培训”的占59.7%，开展“应急技能和风险防范培训”的占46.9%，开展“志愿服务的保障与支持培训”的占47.0%。总体而言，2019年志愿者参加各项内容培训的占比均要高于往年，这与各类志愿服务组织逐步走向制度化，加大对志愿者培训力度的因素相关。

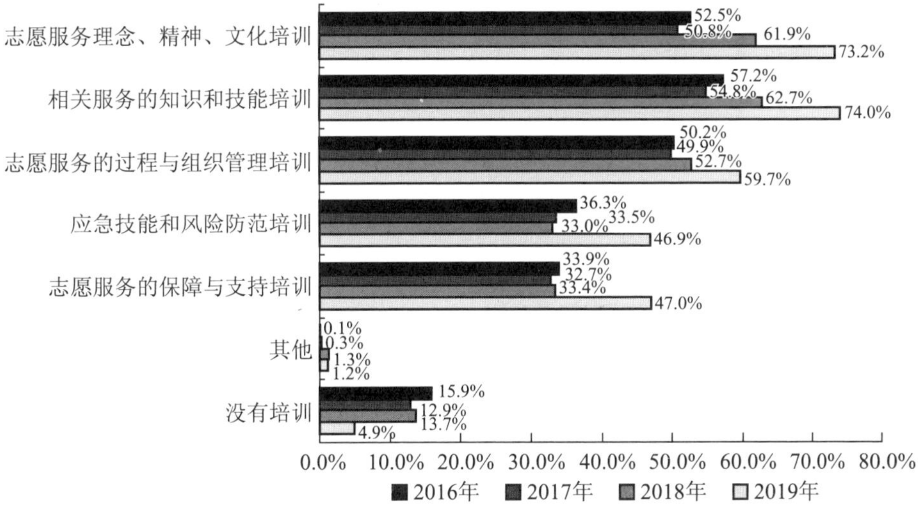

图 30　志愿服务组织对志愿者的培训情况

（三）志愿服务项目发展迅速

上海志愿服务项目数量发展迅速（见图 31），在实现连续 10 年不断增长的基础上，2019 年实现突破性增长，达 294107 个，比 2018 年增加 103818 个。

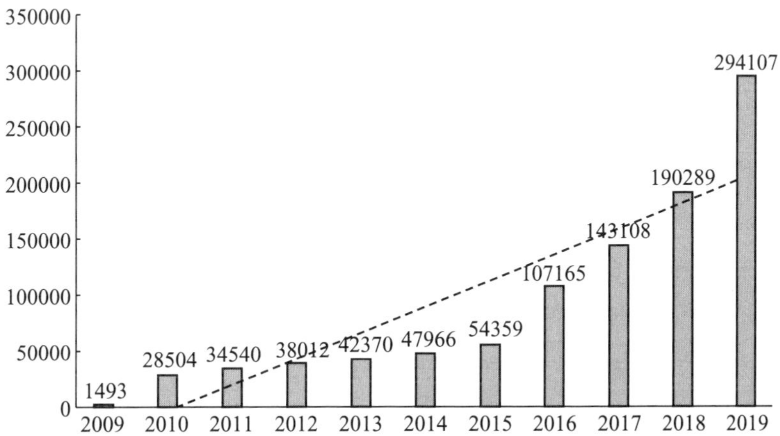

图 31　上海志愿服务项目数量（个）

目前经常性开展志愿服务活动的项目有20大类（见图32），其中数量排在前三位的是宣传类、便民类和文明劝导类，分别占18.9%、12.8%和12.1%，排在后三位的是就业类、禁毒类和城市站点类，分别占0.3%、0.5%和0.7%。

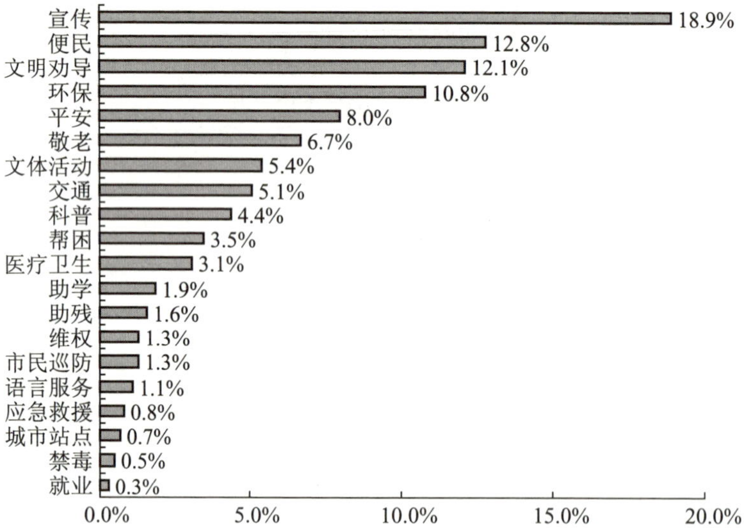

图32　上海志愿服务项目分类统计

（四）社区志愿服务中心稳步发展

1. 社区志愿服务中心基础条件持续改善

中心实现全市覆盖，基础建设稳步发展。 2019年底，全市共有区级志愿服务中心14个（以下简称区中心）、社区志愿服务中心220个（以下简称社区中心），覆盖全市所有街道（镇）社区，且在有需求并具备条件的功能区、开发区等同级别行政管理区域也已部分设立。志愿服务中心（站）深入居民区，基础功能健全，知晓度与信任度高。调查显示（见图33），相较于2015年80%的覆盖率，2016年93.2%的覆盖率，2017年在居民区实现了志愿服务站（点）全覆盖；2017年，平均每个中心拥有26.7个志愿服务站（点），2018年平均新增2.54个；2019年平均每个中心拥有28.44个志愿服务站（点），年平均新增 2.22 个。2018 年，创建成为市服务创优示范中心的为 6.8%，创建成为制度创新示范中心的为 5.9%，创建成为品牌创新示范中心和管理创优示范中心的均为 5.5%，还有 76.4%的中心正在创建推进过程中；2019 年，创建成为品牌创新示范中心的为 11.7%，创建成为制度创新示范中心和服务创优示范中心的均为 10.4%，创建成为管理创优示范中心的为 9.6%，还有 57.8%的中心正在创建推进过程中，市级示范中心创建较上年增长 18.6 个百分点。

图 33　2015—2017 年社区志愿服务中心覆盖率

中心使用面积稳步扩展，硬件设施持续改善。调查显示，区中心的使用面积均值为 378.8 平方米，较 2018 年（334.9 平方米）提升 43.9 平方米，且 57.1%的区中心属于单体建设，较 2018 年下降 16.2%个百分点；2019 年 21.4%的区级中心正处于新建或改扩建之中。从社区中心来看（见图 34），2019 年使用面积超过 80 平方米的社区中心占 91.9%，较 2018 年提升 1.9 个百分点，各社区中心的使用面积呈现持续扩展的态势；调查显示，社区中心设施单体建设占 24.4%，较 2018 年下降 2 个百分点，与其他机构套用设施的占 41.2%、与其他机构合建但设施独立的占 27.6%。同时，在 2019 年，12.2%的社区中心完成了新建，10.0%的社区中心完成了改扩建，与 2018 年持平，硬件设施得到持续改善。数据显示，改扩建后，比较明显的改善在展示空间更大（17.2%）、场地更大（13.6%）以及增加了专门的功能室

(11.3%）等。2019 年，社区志愿服务中心可使用总面积均值为 453.61（中位数为 200 平方米)，分别较 2018 年增加 1.15 平方米和 37 平方米；独立面积平均值为 72.39（中位数为 40 平方米)，分别较 2018 年增加 8.27 平方米和 2 平方米，共享面积为 422.60 平方米（中位数为 150 平方米)，分别较 2018 年减少 43.07 平方米和 50 平方米，体现出政府实事项目实施后的基础设施建设的推进成效。

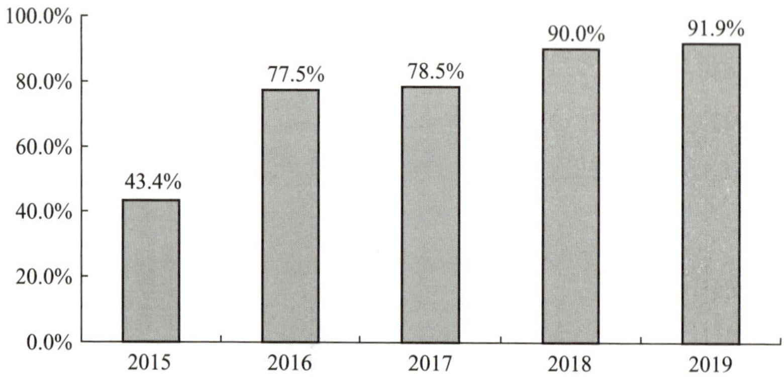

图 34　2015—2019 年使用面积超过 80 平方米的社区志愿服务中心比例

人员配备以 3 人为主，专兼职搭配已成主流趋势。调查显示，区中心的工作人员均值为 3.71 人，中位数为 4 人，基本上为 3 人左右，较 2018 年有明显增长；其中专职人员均值为 2.57 人，中位数为 2 人，兼职人员均值为 2 人，中位数为 1 人；从工作人员的身份来看，50%为社会组织雇员，43.8%为聘用人员，6.3%为领取适当补贴的志愿者；可见，引入社会组织进行运营依然是区中心的主流趋势。从社区中心来看（见图 35)，2019 年平均拥有工作人员 2.62 人（中位数为 2 人)，基本与 2018、2017 年持平；在人员构成上，2018 年专职人员和兼职人员其中位数为 2 人和 1 人，较 2018 年有所下降。由此可见，当前志愿服务中心的人员配备已经相对稳定，专兼职的搭配也相对合理。

运作经费以政府财政支持为主，企业捐赠和社会募集仍需要进一步发展。调查显示，区中心的运作经费全部来自财政支持，平均投入为 529243

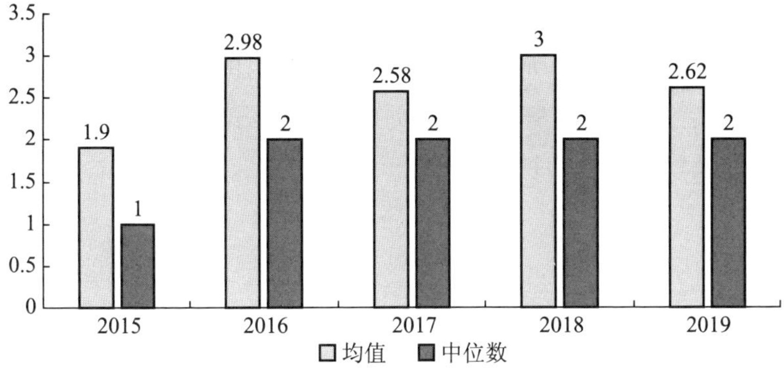

图 35　2015—2019 年社区志愿服务中心人员配置（均值与中位数）

元，中位数为 555000 元，较 2018 年下降较为明显，其中可能是因为区中心进入正常运作后，基建设施方面开支较少；其中人头费均值为 216699 元，中位数为 138000 元，均较 2018 年有所下降。就社区中心而言，2019 年平均经费投入为 485422 元，较 2018 年经费投入大幅上升。具体来看，政府财政支持是社区中心主要的经费保障，2019 年社区中心运作经费中财政经费占比均值为 93.69%（中位数为 100%），而社会募集、企业赞助以及其他渠道资金不足 2%。从区级、社区两级志愿服务中心的财政状况来看，区级经费有了明显下降而社区中心的经费则大幅上升，反映出志愿服务重心下沉、夯实基层的发展趋势。

2. 中心运作模式日趋多样化

社区中心的运作模式基本以街道自主管理为主，呈现多元性、社会化趋势。整体看，区中心的运作模式以委托社会组织管理运作和主要由区管理运作、政府与社会力量合作运作均为 28.6%，街道自主管理运作为主与主要由街道管理运作、政府购买服务项目化外包的占比均为 21.4%，相较于 2018 年，政府与社会协同运作的占比更为显著。从社区中心来看（见图 36），2019 年其运作模式仍以街道自主管理为主，其占比为 66.5%，高于 2018 年的 62.7%和 2017 年的 65.4%。同时，社区中心运作呈现出多元性和社会化发展特征，如主要街镇管理、政府与社会协同运作项目占 12.2%，委托社会组织管理运作占 10.4%，基本与 2018 年持平；而主要街镇管理、政府购买服务项目化外包占 9.5%，则较 2018 年下降 3.2 个百分点。可见，虽然街道自主管理的运作模式占比有所提高，但社会组织参与的占比也有所提高，体现出社会共建共治的发展趋势。今后，如何进一步探索街道与社会协同运作社区中心的有效模式将是一个重要内容。

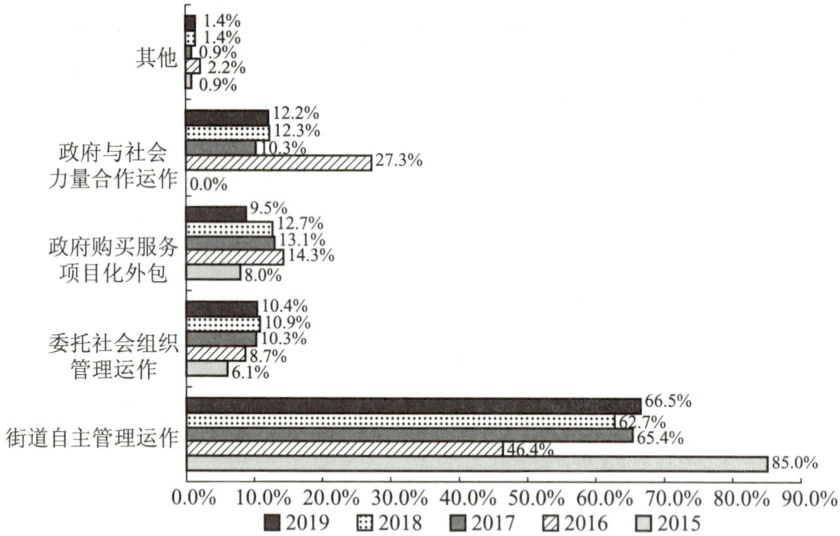

图 36　2015—2019 年社区志愿服务中心运作模式

中心志愿服务团队、合作社会组织、常态化项目内涵不断优化。中心的功能能否有效发挥，取决于其志愿服务团队、合作社会组织以及常态化项目等的情况。从区中心来看，目前旗下各类志愿服务团队均值为 453 支，与中心有长期合作的社会组织均值为 9 个，有长期合作的企事业单位均值为 30 个，拥有常态化项目为 49 个，相较于 2018 年有较大的下降，出现这一现象的原因可能是志愿服务资源进一步下沉基层，同时团队、组织与单位以及项目也更加精简优化。从社区中心来看（见图 37），2019 年其旗下各类志愿服务团队均值为 70 支，有长期合作的社会组织为 6 个，有长期合作的企事业单位均值为 17 个，拥有常态化项目 33 个，拥有志愿者服务基地 7 个，均与 2018 年持平。可见，在区和社区中心所拥有的服务资源方面，2019 年的数量虽有所下降，但其内涵在提升。

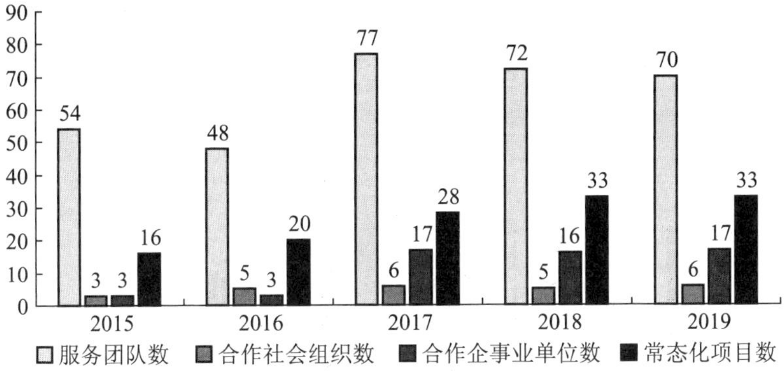

图 37　2015—2019 年社区志愿服务中心服务资源状况（均值）

3. 中心功能发挥日趋完善

需求与服务对接紧密，中心的平台功能日益凸显。志愿服务的需求在基层，服务也要随之下沉并在基层对接，中心的需求、服务“两清单”有效解决了志愿服务的“最后一公里”。就区中心而言，92.9%形成稳定的供需对接平台（如微信群、交流会、联谊会、沙龙等），建立区域资源和需求信息库（动态掌握区域志愿服务资源和需求）、建立多方协作的参与机制（如共建签约、项目认领、社会招标等）以及已形成常态化志愿服务项目库并根据需求动态更新和定期更新等均为 78.6%，57.1%已组建社会化联盟组织（如文化场馆联盟、楼宇联盟、驻区单位联盟等），其平台功能充分体现。相较于 2018 年，动态调整的区域资源和需求、多方协同参与、组织社会化联盟等的变动（下降）较大，体现为变动中均衡。

对于社区中心来说，数据显示（见图 38），2019 年“将需求转化为志愿服务项目”的占 80.5%，较 2017 年（86.3%）为低但高于 2018 年（78.2%），孵化项目仍是主要的推进方式；“提供需求清单”的占 76.0%，高于 2018 年的 72.7%，“形成稳定的供需对接平台”的为 62.9%，基本与 2018 年的 63.6%持平，“开展项目认领”的占 62.0%，略高于 2018 年的 60.0%。可见，在资源需求清单等方面，2019 年较 2018 年要完成得更好，而在孵化项目方面则存在一定的不足，其中的原因可能在于经过前几年的快速发展之后，常态化项目的持续开展使得需求与资源的对接常规化，新项目的开发则遇到了一定的瓶颈，也就需要今后在追踪社区居民的需求变化、挖掘社区资源方面更加精细化。

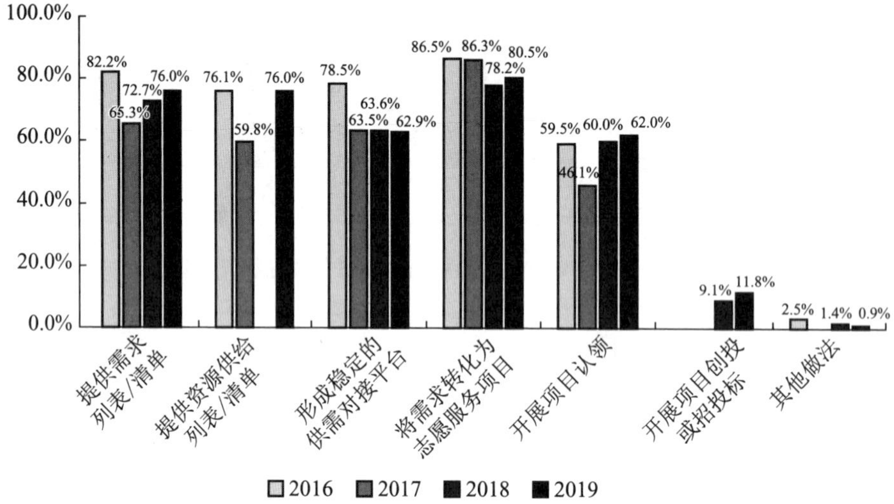

图 38　社区志愿服务中心进行供需对接的主要方式

基层志愿服务信息化逐步完善，全国志愿服务信息系统成为活动开展有效助力。志愿服务的发展离不开信息化支撑，尤其是在现代信息技术的推动下，建立和运作信息平台，将直接提升志愿服务的绩效。在实事项目推进中，中心的信息化建设日益完善。就区中心而言，各中心已全部实现在日常运作中的运用；在上海志愿者网上发布信息也日趋常态化，50%的区中心每月发布一次，35.7%每季度发布一次，14.3%每半年发布一次，使用频率均高于 2018 年；同时，85.7%的中心在每次活动后会将信息录入志愿信息系统，与 2018 年持平，其中区中心在记录志愿服务时间方面主要采用“团体录入”（100.0%）、“批量导入”（50.0%）以及“个人申报”（42.9%）等方式；此外，在志愿服务信息系统中招募志愿者的中心每周一次的占 7.1%，每月一次的占 42.9%，每季度一次的占 35.7%，每半年一次的占 14.7%，显示出区中心对于信息化工具的使用保持在较高水平。就社区中心而言，全国志愿服务信息系统已经全覆盖。同时，信息化已经在服务信息发布、信息登记、志愿者招募等方面发挥信息平台作用（见图39），2019年99.5%的中心定期发布各类志愿服务信息，每月发布一次以上的为79.1%；99.5%的中心定期录入志愿者活动信息；97.3%的中心通过全国志愿服务信息系统招募志愿者，均与2018年持平或大幅提升。可见，社区志愿活动的信息化水平得到明显的提升，借助网络信息平台的拓展，不仅规范了基层志愿服务活动，同时还有利于今后基层志愿服务的资源整合与力量统筹。

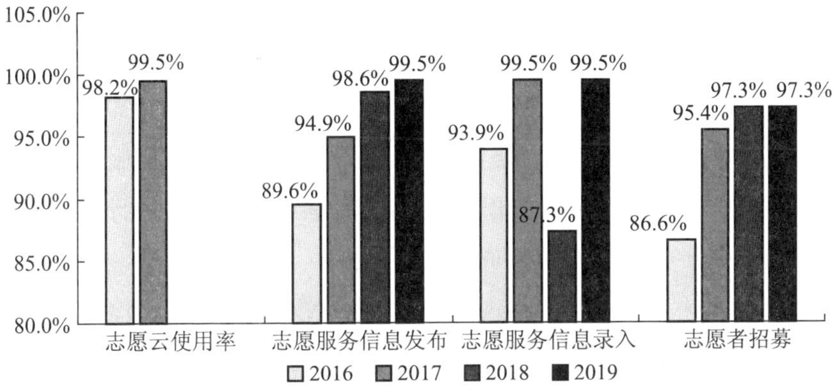

图39　2016—2019年志愿服务中心使用全国志愿服务信息系统的情况

项目化运作持续推进，项目孵化更贴近百姓民生。从国内外志愿服务发展的趋势来看，项目化运作成为推动志愿服务的主要方式。就区中心而言，2019年扶持志愿服务团队均值为8支，扶持志愿服务项目均值15个，团队与项目的提升速度均低于2018年，反映出内涵建设在取得积极进展的同时快速提升还存在相当困难。就社区中心而言（见图40），数据显示，2019年59.6%的社区中心都孵化了新的服务项目，较2017、2018年持续下降；且在孵化新项目的数量上，2019年均值为2.48项（中位数为2项），较2018年的3.85项（中位数为3项）有所下降。需要注意的是，2019年这些新孵化项目主要来自社区中心的“基层排摸”（74.2%）、“座谈交流”（55.3%）以及“骨干团队提出”（49.2%），相较于2018年，社区中心的新孵化项目更加注重从基层社会群众的实际生活出发来孵化项目，更加贴近群众、更接地气。

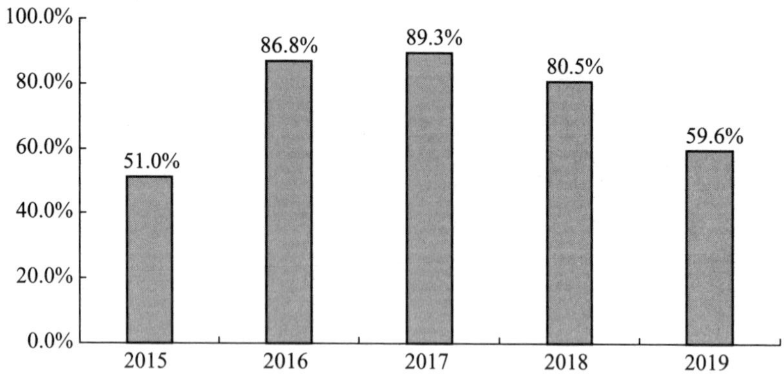

图 40　2015—2019 年志愿服务新项目孵化状况

志愿者培训趋于常规化，培训内容专业化程度提升。志愿服务的关键在人，按照志愿服务项目的专业化要求以及志愿者的不同层次进行有针对性的专业培训，提升志愿者的素质和能力至为关键。从区中心来看，2019 年举办培训 1—5 次的占 42.9%，培训 6—10 次和 10 次以上的均占 28.6%，整体上培训次数在增加；培训内容主要集中在“志愿服务知识与技能”（92.9%）、“志愿服务文化精神理念”与“应急与风险防范”（均为 85.7%）、“志愿服务过程与组织管理”（78.6%）、“志愿服务保障与支持”与“志愿服务与社区工作实务”（均为 71.4%）、“志愿服务项目孵化与运作”（64.3%）等，总体呈现培训内容更具体、更具有针对性。从社区中心来看（见图 41），2019 年

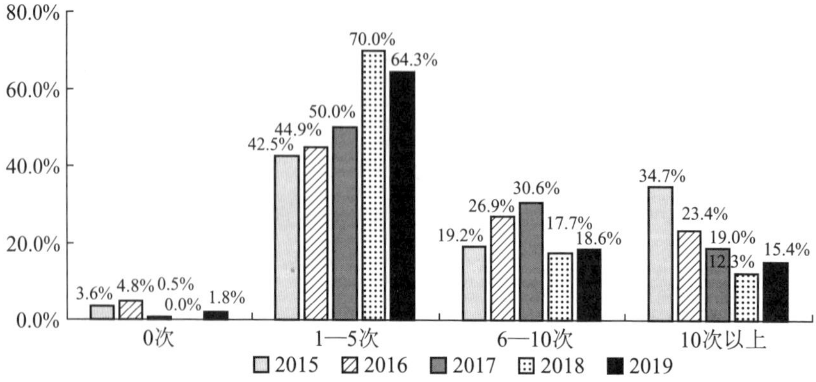

图 41　2015—2019 年社区志愿服务中心培训状况

对社区志愿者进行定期培训的占 98.2%，培训安排基本实现了全覆盖；同时，志愿者的培训次数也有明显的提高，相较于 2018 年，2019 年进行了 1—5 次培训的占比下降 5.7 个百分点，6—10 次培训的占比提升 0.9 个百分点，10 次以上的培训提升了 3.1 个百分点，总体培训次数在提升。2018 年在培训的内容上侧重于“志愿服务知识与技能”（90.5%）、“志愿服务文化理念精神”（70.6%）和“志愿服务过程与组织管理”（55.7%），培训内容的专业性基本与 2018 年持平或略有提升，反映出的是志愿服务知识的培训和传授更加均衡，有助于志愿者自身素质和能力的提升。

从培训需求来看，区级和社区中心主要集中于培训课程与师资等方面。从区中心来看，在培训方面的需求主要集中为“推介培训师资”（100.0%）、“配送培训课程”和“有体验式实训基地”、“搭建展示交流平台”（均为 85.7%）、“丰富培训教材”（64.3%）和“线下培训分层分类”（57.1%）等；从社区中心来看，在培训方面的需求主要集中在“配送培训课程”（87.8%）、“推介培训师资”（58.8%）和“有体验式培训基地”（56.6%）、“线下培训分层分类”（50.7%）等，由此可见，目前基层对于培训课程与培训师资还是有着极为旺盛的需求，以及在培训方式上的创新和发展。

（五）志愿者和市民对志愿服务有更高期待

就当前志愿服务发展面临的主要问题而言（见图 42），2019 年志愿者认为排在前三位的主要是“市民知晓度问题”“资金缺乏问题”和“组织管理和活动影响力问题”，分别占 53.7%、48.5%和 40.0%；市民认为排在前三位的主要是“市民知晓度问题”“组织管理和活动影响力问题”和“设施站点不足问题”，分别占 61.1%、53.8%和 36.8%。可见当前仍然要重点从扩大普及宣传、筹措相关资金、提高志愿服务组织和社区志愿服务站点的影响力等方面入手，推动上海志愿服务发展上一个新台阶。

在具体项目运作方面，2019 年志愿者认为目前开展志愿服务面临的主要问题（见图 43），排在前三位的是“缺乏活动资金”“评估奖励机制不完善”和“缺乏专业技术人员”，分别占 50.1%、43.0%和 39.4%。纵观 2018

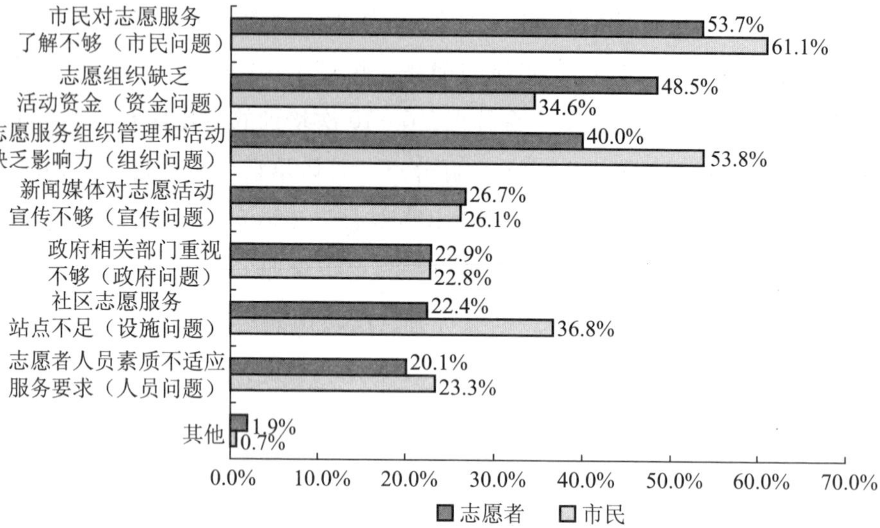

图 42　志愿者和市民认为目前开展志愿服务面临的主要问题

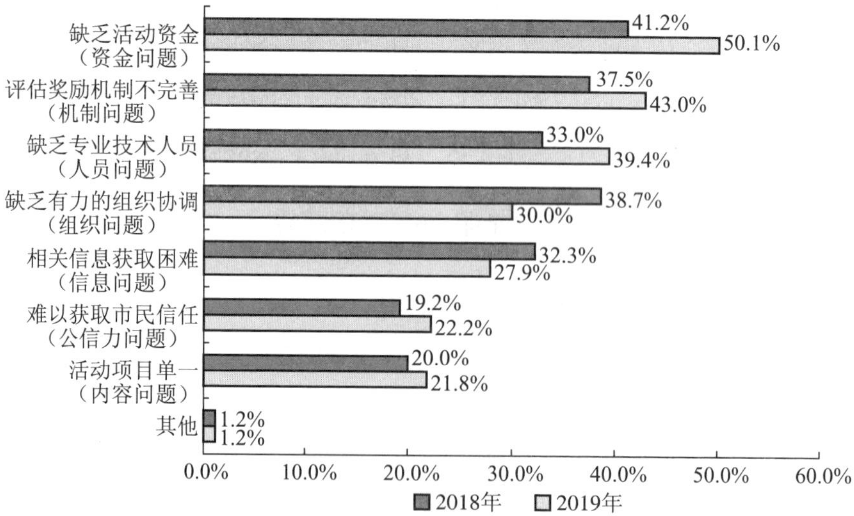

图 43　志愿者认为具体项目运作时志愿服务面临的主要问题

年和 2019 年，排在首位的因素都是资金问题，可见，资金是目前志愿服务项目开展时主要面临的瓶颈问题。

（六）附录　上海志愿服务发展主要指标

序号	指　　标	2015 年	2016 年①	2017 年	2018 年	2019 年
1	志愿者注册率（%）	9.43	10.77	14.98	16.60	18.0
2	志愿者年服务时长（小时）	—	—	—	46934631	68975773
3	志愿者年人均服务时长（小时）	—	—	—	44.20	55.29
4	志愿者满意度（%）	76.1	90.1	92.4	90.1	96.1
5	市民志愿服务接受率（%）	51.2	21.6	29.8	68.2	45.0
6	市民年受益次数（次）	2	3	4	—	—
7	市民年受益时间	2 小时	9 分钟	12 分钟	—	—
8	市民满意度（%）	55.9	93.3	91.3	83.0	93.4

指标说明：

1. 志愿者注册率（%）：注册志愿者人数占常住人口总数的百分比。

2. 志愿者年服务时长（小时）：志愿者一年内参与志愿服务的时间。

3. 志愿者年人均服务时长（小时）：志愿者一年内人均参与志愿服务的时间。

4. 志愿者满意度（%）：对自己参与的志愿服务表示满意的志愿者人数占参与调查的志愿者人数的百分比。

5. 市民志愿服务接受率（%）：一年内接受过志愿服务的市民人数占参与调查的市民人数的百分比。

6. 市民年受益次数（次）：市民一年内接受志愿服务的次数。

7. 市民年受益时间：市民一年内接受志愿服务的时间。

8. 市民满意度（%）：对自己参与的志愿服务表示满意的市民人数占参与调查的市民人数的百分比。

二、 2019 年度上海志愿服务发展态势

2019 年，是深入学习贯彻习近平新时代中国特色社会主义思想和党的

① 2016 年和 2017 年调查是由上海市统计局社情民意调查中心 12340 社情民意调查专线面向全市注册志愿者和市民开展的电话访问。2018 年和 2019 年调查委托问卷星完成。

十九大精神的重要一年，是决胜全面建成小康社会的冲刺之年。2019 年也恰逢新中国成立 70 周年，以城乡环境整洁的新面貌、群众精神振奋的新状态、社会文明和谐的新风尚迎接和庆祝新中国 70 华诞、上海解放 70 周年，是精神文明建设责无旁贷的重要任务。作为精神文明建设重要阵地，中国特色社会主义志愿服务事业也在 2019 年全面进入新时代、开启新征程。

（一）当前志愿服务发展新形势

志愿服务是社会文明进步的重要标志，也是培育和践行社会主义核心价值观的有效载体。伴随机构和行政体制改革的不断深化，志愿服务在进一步明晰“提高国家治理能力、促进社会文明进步”的战略定位与发展方向的同时，也更为深入和广泛地发挥围绕中心、服务大局、凝心聚力、引领风尚的积极作用。党的十九届四中全会“推进国家治理体系和治理能力现代化”和“健全志愿服务体系”目标任务的提出，新时代文明实践中心建设试点工作的拓展推进，中国志愿服务联合会第二届会员代表大会的召开和习近平总书记的专门贺信祝贺等重要事件，中国志愿服务研究中心的成立揭牌和志愿服务系列课题列入国家社科基金项目等重要举措，在为继续深化和推进志愿服务事业提供了新的发展机遇和广阔平台的同时，也为志愿服务的深入发展提出了新的要求和挑战。

1. 服务大局，志愿服务助推社会治理体系现代化建设

“围绕中心、服务大局”是志愿服务的基本遵循，也是目标使命。2019 年 1 月 17 日，习近平走访天津市和平区新兴街朝阳里社区志愿服务展馆；7 月 23 日，习近平向中国志愿服务联合会第二届会员代表大会发来专门贺信，这在充分体现党和国家对新时代志愿服务工作的重视和发展成就肯定的同时，也蕴含了对志愿服务的重要指示。在上述走访和贺信中，习近平指出，志愿服务事业要同“‘两个一百年’奋斗目标、同建设社会主义现代化国家同行”，要“凝聚广大人民群众共同为实现中华民族伟大复兴的中国梦贡献力量”，并明确指示，“各级党委和政府要为志愿服务搭建更多平台，更好发挥志愿服务在社会治理中的积极作用”。习近平将志愿服务纳入中国社会

发展的总体部署，指出志愿服务的开展必须围绕着国家大局，紧跟发展步伐，这表明，与中国实现现代化国家建设“同行”，成为志愿服务的核心指向。

党的十九届四中全会是向全面建成小康社会、实现第一个百年奋斗目标迈进的关键之年召开的一次重要会议，也是一次对国家制度和国家治理体系问题进行开创性研究和系统性解决的中央全会。四中全会明确提出：“坚持和完善中国特色社会主义制度、推进国家治理体系和治理能力现代化，是全党的一项重大战略任务。”习近平把志愿服务与社会主义现代化国家建设、与社会文明、与国家社会治理体系的完善、与治理能力的提升相联系，充分肯定了志愿服务在新时代的重要作用的同时，也深刻揭示了志愿服务的时代价值和时代精神。志愿服务作为共建共治共享社会治理格局下的生动实践和创新体现，作为推进国家治理体系现代化的有效途径，在面临更大发展机遇的同时，也将发挥更重要的引领作用。

2. 健全机制，志愿服务夯实制度化规范化保障

顺应公共服务专业化分工和社会治理精细化发展趋势，促进制度化规范化建设，在制度层面给予有力的支持和保障是健全志愿服务体系、推进志愿服务常态化发展的根本。2019年7月25日，中国志愿服务联合会召开第二届会员代表大会，选举产生第二届理事会领导班子，并表决通过《中国志愿服务联合会章程》和《中国志愿服务联合会第一届理事会工作报告》。同时，成立“全国志愿服务工作协调小组”，办公室设在中央文明办三局。上述举措对于改善志愿服务的多头管理状况，健全志愿服务的领导协调机制，明确各部门职责，整合多方资源，形成发展合力具有重要的意义。特别是把中国志愿服务联合会纳入中宣部管理体系，通过志愿服务联合会行使“引领、联合、服务、促进”功能，推动各地参照中央标准，逐步成立各地的志愿服务联合会，对全国志愿服务的领导协调机制有着积极的推动作用。

在制度建设方面，2019年6月14日，民政部发布《志愿服务组织基本规范》（征求意见稿），并于2019年7月20日前公开征求意见，这是我国首次针对志愿服务组织制定的国家标准。10月28日，宣传部和中央文明办共

同印发《关于新时代文明实践志愿服务机制建设的实施方案》（文明办〔2019〕17号），从工作体系构建、服务队伍建设、服务项目打造、服务提质增效四个方面对加强新时代文明实践志愿服务机制建设，推动文明实践志愿服务制度化常态化发展提出目标任务。12月5日，民政部发布《志愿服务记录与证明出具办法（征求意见稿）》，重点围绕志愿服务时数谁来记、记什么、怎么记、志愿服务记录证明谁来出、出什么、怎么出、怎么监管等方面作出明确规定，广泛征集社会各界对志愿服务记录与证明的反馈意见。这两部规范性文件通过制定国家标准，为志愿服务组织提供了明确的管理和运行依据，其出台有利于志愿服务组织标准化，有助于促进志愿服务精准化、保障志愿服务管理精细化，为推动我国志愿服务的制度化、规范化、常态化发展提供支持。

3. 对标民生，志愿服务强化基层阵地体系化发展

建设新时代文明实践中心是党中央着眼于深入学习贯彻习近平新时代中国特色社会主义思想、适应新时代人民群众对精神文化生活新期待作出的重大部署。肩负宣传群众、教育群众、关心群众、服务群众“最后一公里”的重要职责，新时代文明实践中心也是文明实践的基层阵地和民生服务的公共平台。2019年，新时代文明实践中心建设试点工作进入大范围推开、高质量发展新阶段。

2019年8月，全国第一批新时代文明实践中心试点单位完成评估。10月11日，中央宣传部、中央文明办在京召开深化拓展新时代文明实践中心建设试点工作电视电话会议。10月23日，中央文明委印发《关于深化拓展新时代文明实践中心试点工作的实施方案》通知，提出将新时代文明实践中心建设试点范围覆盖到全国31个省（区、市）和新疆生产建设兵团，试点县（市、区）从50个扩大到500个。10月28日，中共中央宣传部、中央文明办印发《关于新时代文明实践志愿服务机制建设的实施方案》，提出建立新时代文明实践中心统筹规划、志愿服务促进中心组织实施、志愿服务队伍各展所长、志愿服务站点承接落地的志愿服务工作体系。

中央的系列举措旨在将新时代文明实践中心建设落到实处，也为今后志

愿服务的网格化布局和体系化发展打下了基础。志愿者是新时代文明实践中心的主体力量，志愿服务是新时代文明实践中心的主要活动方式。新时代文明实践推动建立县级志愿服务促进中心，打造“15分钟服务圈”等措施的推进落实将极大地完善中国志愿服务的基础建设，为中国志愿服务基层阵地的体系化发展、规模化增长、精准化服务奠定良好基础和坚实保障。

4. 深化内涵，志愿服务加快专业研究平台构筑

志愿服务的健康蓬勃发展，不仅需在实践层面搭建践行志愿服务活动的平台与空间，也需要在理论层面提升对志愿服务的认识与理解。2019年，志愿服务加快理论研究和学术平台构筑，为新时代志愿服务深入发展提供智力支持，注入不竭动力。

2019年10月21日，中国志愿服务研究中心揭牌仪式暨“志愿服务与新时代文明实践”研讨会在北京举行，由中央文明办大力支持，挂靠中国社会科学院社会发展战略研究院管理的中国志愿服务研究中心正式成立。研究中心旨在承担统筹指导、示范引领全国志愿服务研究工作，整合资源和力量承接国家重大科研项目，开展理论研究和调研监测，培养高层次人才队伍，促进全国志愿服务研究机构交流合作，其成立对于统筹整合全国研究力量指引全国志愿服务的理论化发展具有重要的战略意义。之后，上海和内蒙古也相继成立了省级志愿服务研究中心，成为地方志愿服务理论化建设的智库平台。

2019年3月，中央文明办、共青团中央启动实施了学雷锋志愿服务重大理论和实践问题课题研究项目，并在8月完成了第一批课题申报。上海市文明办承接并完成了中央文明办委托的关于“如何更好地推动社区志愿服务制度化常态化”的学雷锋志愿服务重大理论和实践问题研究课题。12月，中国青年志愿服务发布大会发布《2019—2020年“学雷锋志愿服务重大理论和实践”课题研究项目》以及中国青年志愿服务优秀项目库丛书计划。同月，全国哲学社会科学工作办公室公布《国家社会科学基金项目2020年度课题指南》，包括“新时代中国特色志愿服务理论研究”“志愿服务在构建基层治理新格局中的发展路径研究”“志愿服务项目运营管理和品牌建设

研究”等系列志愿服务相关课题被列入其中。志愿服务相关课题的立项和深入研究将有力推动中国志愿服务的理论化发展水平，特别是志愿服务系列课题列入代表着国内社科研究领域最高水平的国家社科基金项目，是志愿服务研究的重要突破，势必成为推进志愿服务制度化强有力的理论支撑。

（二）2019 年度上海志愿服务发展态势

2019 年，上海志愿服务事业深入贯彻落实习近平新时代中国特色社会主义思想和党的十九大精神，以弘扬和践行社会主义核心价值观为根本，以贯彻落实习近平总书记致中国志愿服务联合会第二届会员代表大会贺信精神，以及上海市精神文明建设工作会议和李强书记重要讲话、重要批示精神为目标，培养时代新人，培育时代新风，坚持围绕中心、服务大局，立足上海城市发展，完善体系，深耕细作，进一步凸显了扎根基层社区、融入日常民生、参与社会治理的发展趋势，实现了新的飞跃。

1. 常态化机制进一步完善，志愿服务引领城市新风尚

以奉献、友爱、互助、进步为核心的志愿精神，将服务他人、奉献社会与实现个人价值有机融合，激发群众的参与热情，在社会形成正面导向，凝聚起文明向上的积极正能量。2019 年，上海的志愿服务在充分发挥市民主体作用的基础上，进一步拓展，成为引领城市发展的风尚。

一是志愿者队伍持续壮大，活跃度和人均服务时长双增长。自 2007 年实行志愿者实名注册制度以来，上海注册志愿者队伍持续发展壮大。截至 2019 年 12 月 31 日，在全国志愿服务信息系统上海志愿者实名认证注册志愿者达到 4353226 人，占常住人口的 18%，比 2018 年上升 1.4 个百分点；其中志愿服务时间大于 0 的实名志愿者总数为 2795898 人，占 64.2%；人均服务时长为 81.9 小时。整体来看，无论是志愿者参与志愿服务的活跃度，还是人均服务时长，均呈现增长态势；同时，志愿者对持续参与志愿服务活动的热情也出现近年最高数值，有近六成（57.0%）的志愿者表示今后不仅会继续参加志愿服务，还会增加参与时间。从参与活动类型看，伴随生活垃圾分类等重大工作的推进，绿色环保首次跻身志愿者参与志愿服务活动类型的前

三位，名列第二；社区服务依然占据第一位，第三位是城市运行。

二是志愿服务组织有序发展，影响力和吸引力双扩大。广大志愿服务组织是志愿服务事业发展的基础所在，是推进志愿服务常态发展，提高志愿服务活动时效的基本保障。截至2019年底，上海已成立市志愿者协会直属志愿服务总队126支，市级志愿者服务基地140多家；全市累计发布志愿服务项目294117个，志愿服务总时长达3.57亿小时；建成区志愿服务指导中心14家、街（镇）社区志愿服务中心220家；完成全市16个区垃圾分类志愿者队伍的组建。值得注意的是，注册志愿者通过“上海志愿者网”自主查询参与志愿服务的比例达到9.2%，呈现明显上升趋势，这也表明“上海志愿者网”的影响力和吸引力正在不断扩大。

三是志愿文化深入人心，凝聚力和动员力双增强。2019年，上海坚持弘扬志愿精神，发挥志愿文化引领作用和聚合效应，引导和动员市民积极主动参与志愿服务，深入培育具有上海特色的志愿文化。主要体现在三个方面：**第一，深化志愿服务的文化实践品牌建设**。以12·5国际志愿者日和3·5学雷锋日为首尾节点，积极探索和建立上海特色的文明实践志愿服务品牌。如以“3·5”为节点，推出上海市“3·5”学雷锋志愿服务主要活动清单，联合苏、浙、皖三省文明办共同举办“探索与创新”首届长三角地区（上海）志愿服务论坛并发布《长三角志愿服务合作宣言》；以“12·5”为节点，启动2019年上海文明实践志愿服务季系列活动。又如围绕服务保障进口博览会中心任务，开展“五大文明风尚”城市文明志愿服务行动，结合第二届中国国际进口博览会城市文明志愿服务站（岗）的启动仪式，在重点区域、重点行业共布设586个城市文明志愿服务站（岗），推动组建进口博览会志愿服务队219支，动员近6万人次志愿者参与进博会城市文明志愿服务，形成1200多个城市文明志愿服务项目；开展“喜迎进博　志愿申城”2019上海滨江修身志愿公益跑活动。围绕志愿者参与垃圾分类主题，举办“爱满申城—志愿服务短视频征集大赛”（共开展线下活动14场）、千人“捡拾垃圾漫步跑·垃圾分类新时尚”等活动。其他还包括举办2019上海滨江修身志愿公益跑（杨浦场）活动、启动“奋斗新时代　志愿新风采”

上海市志愿服务摄影作品征集评选展示活动等。**第二，优化志愿服务的线上互动空间**。积极运用多元平台拓展志愿文化传播和培育线上空间。如继续加强与上海新闻广播直通990“为志愿加油”的项目合作，推进志愿服务的资源整合、优势互补，形成爱心校服漂流、爱心捐发等常态化社会化优质志愿服务项目。又如围绕垃圾分类专项工作，通过制作和在全市户外LED大屏、楼宇视屏、数字大屏和社区志愿服务中心等宣传阵地播放形式，发布垃圾分类志愿服务公益系列宣传片，利用“上海志愿者网”、“上海志愿者”微信公众号、“上海市志愿者协会”新浪微博等线上渠道发布“垃圾分类”志愿服务信息500多篇，累计阅读数达到105万人次。**第三，强化志愿服务的典型培育平台**。开展多样化的志愿服务先进典型学习宣传工作，如联合《上海故事》开展“全国最美志愿者”故事采编和宣传工作，举办2018年度全国学雷锋志愿服务“四个100”①上海获奖代表交流活动，同时利用微信、微博、网站以及定制U盘等方式，开展各类先进典型的视频展播活动。开展特色化的志愿服务先进评选系列活动，如组织开展2019年度全国学雷锋志愿服务“四个100”上海推选评审展示活动，以及两年一度的上海市志愿服务先进评选展示活动，通过层层选拔、现场评审的方式培育新一轮先进典型，进一步凝聚志愿力量，展示志愿者及志愿服务组织的风采。

2. 组织体系进一步优化，志愿服务呈现运行新局面

组织体系是推动志愿服务可持续发展的基础保证。2019年，上海坚持社会协同、统筹推进的原则，着力完善布局更加合理、管理更加规范、服务更加完善、更加充满活力的志愿服务运行体系。

一是进一步完善工作体系。依照《志愿服务条例》的规定要求，结合上海的实际情况，进一步完善市文明委统一领导、市文明办牵头、有关部门和单位参加的志愿服务协调机制，以及市文明办统筹规划协调指导、市志愿者协会联络各方壮大队伍、市志愿服务公益基金会募集资金大力支持的“一

---

① 宣传推选出100个最美志愿者，100个最佳志愿服务组织、100个最佳志愿服务项目、100个最美志愿服务社区。

体两翼”工作机制。与此同时，2019 年的重要举措包括上海市委书记、市文明委主任李强对上海志愿服务工作作出了专门批示，提出要加强统筹协调推进，为志愿服务工作指明了方向；上海率先召开学习习近平总书记的贺信和中国志愿服务联合会换届工作学习座谈会，针对新时代志愿服务工作的发展方向和主要任务形成了共识；召开上海市志愿者协会第三届会员代表大会，完成协会的换届工作，在强化协会副会长单位组成的同时，增补具有引导力和影响力的相关单位代表、志愿服务组织负责人、志愿服务先进典型代表加入协会理事会，并修改完善协会《章程》，为进一步推进协会的体系建设，发挥枢纽组织核心作用提供支持；增加志愿服务的事业编制，为加强上海志愿服务工作队伍提供保障。总体看，在进一步强化文明办统筹规划、协调指导、督促检查和经验推广的职能基础上，上海不断强化志愿服务工作的组织领导力，各相关部门及人民团体通力协作、全社会共同参与的总体格局得到持续优化。

二是进一步优化运行布局。一方面，通过进一步完善市、区、街镇、村居四级志愿服务组织网络建设，积极构建科学规范的志愿服务组织长效运行体系。另一方面，积极发挥市志愿者协会理事会、会长单位志愿服务工作部门负责人会议，区、委（办）文明办及志愿者协会志愿服务负责人工作例会等的工作机制优势，以及市志愿者服务基地联谊会、外企志愿服务联盟、科技创新志愿服务联盟、文化志愿服务联盟、市场监管志愿服务联盟等枢纽组织的专业优势，汇聚社会强大合力，优化完善志愿服务组织的运行体系。

三是进一步加强工作规范。进一步理顺各项日常工作规范，加大管理力度，提升志愿服务管理效能。2019 年的主要成效之一是进行了志愿服务组织信息的完善和志愿服务网络的梳理工作，包括收集、整理和完善了市志愿者服务基地、市志愿者协会直属志愿服务总队、志愿服务联盟、区志愿者协会、区志愿服务指导中心和街镇社区志愿服务中心等志愿服务组织基本信息，理顺并摸清了志愿服务组织网络的脉络和底数，为志愿服务日常工作的有效开展和规范运作提供了支持。

3. 制度化建设进一步推进，志愿服务强化保障激励新举措

制度化建设是夯实志愿服务事业的基石。2019 年，上海积极完善志愿服务规范化、制度化建设，统筹社会多元资源，开辟政策支持、专项资助、政府购买服务、供需对接等多元化途径和多层面保障，为志愿服务健康发展提供平台。

一是推进志愿服务的制度化和规范化。一方面强化法律法规保障，在贯彻落实全国《志愿服务条例》精神的基础上，市文明办配合市人大、市司法局开展《上海市志愿服务条例》修订调研和协调工作，并对《上海市志愿服务条例修正案（草案）》提出意见和建议。2019 年 11 月 15 日，新修改的《上海市志愿服务条例》经市十五届人大常委会第十五次会议表决通过，并于 2020 年 1 月 1 日起施行。另一方面强化对市级基地、总队的管理和指导，修订《上海市志愿者服务基地创建管理办法》《上海市志愿者协会直属志愿服务总队管理办法》，并完成 8 家基地和 4 个直属总队的申报、核准工作；引导各级志愿者协会和各类志愿服务组织将安全保障纳入日常管理，为志愿者有序参与志愿服务活动提供必要的信息、安全、卫生等有力保障。

二是加强志愿服务的资金和保险保障。积极发挥市志愿服务公益基金会的资金扶持和“关爱好心人”专项基金的困难资助作用。上海志愿服务公益基金会自 2014 年成立以来已资助 703 个项目，资金扶持合计 1209.8 万元；“关爱好心人”专项基金自 2013 年成立至今，已资助受助对象 17 批 456 人次，共计发放善款 373.85 万元。继续落实全市注册志愿者和专业类志愿者多重意外保险保障。截至 2019 年底，合计完成 90.9 万元理赔金额；续签《2019—2021 年上海市志愿者人身保险协议》，并增加“志愿者在参加志愿活动来回途中的人生意外伤害险”条款内容；制定并推出《上海市志愿者保险理赔指引》。

三是完善志愿服务多元激励机制。进一步推进评选表彰、信用激励、资金扶持、困难资助、多重保险、礼遇优待“六位一体”志愿服务综合激励保障机制。具体包括开展各类慰问活动，如 2019 年度春运志愿者慰问、夏

季高温慰问和第二届进口博览会志愿者慰问活动等；落实志愿者信用激励，如将志愿服务时间大于30小时的154万志愿者导入信用平台，与建行上海分行合作推出上海志愿者激励卡（上海志愿者公益龙卡），组织120名上海市全国道德模范、全国学雷锋志愿服务“四个100”上海获奖者、上海市优秀志愿者代表等到10家上海市综合性医院进行免费体检，进一步为志愿者提供医疗急救、心理疏导等服务保障和文体场馆使用、文化活动参与等礼遇项目等。

4. 民生服务进一步加强，志愿服务展现为民新气象

坚持以人民为中心，是精神文明建设实践工作的根本立场，也是志愿服务事业的核心内涵。2019年，上海聚焦社区、关注民生，不断完善社区志愿服务体系，不断提升社区志愿服务民生服务功能，使“服务他人、奉献社会”蔚然成风。

一是进一步推进社区志愿服务体系建设。在形成面向社会和社区辐射、延伸、拓展的志愿服务阵地和载体的基础上，进一步强化创建、督查、评选和联动机制建设，提升社区志愿服务的运作效能。如建立检查评估通报制度和示范中心退出机制，对全市14家区志愿服务指导中心和220家街（镇）社区志愿服务中心开展全覆盖暗访和整改复查工作等，推进社区志愿服务体系基础进一步夯实。聚焦服务保障进口博览会、长三角一体化发展、乡村振兴、垃圾分类等市委市政府重点工作，深化示范创建机制。如以区域性“综合利用阵地资源”和跨区域“条块联动”试点项目为抓手，深入开展2019年“创新、创优”上海市社区志愿服务示范中心创建评选活动，从全市174家申报创建社区志愿服务中心示范中心的单位中评选出年度“制度创新”“品牌创新”“管理创优”“服务创优”示范中心各10家，汇编示范中心风采录，进一步推动社区志愿服务中心提质增效。

二是启动新时代文明实践中心建设试点工作。按照中央要求，上海积极贯彻中共中央办公厅《关于建设新时代文明实践中心试点工作的指导意见》（厅字〔2018〕78号）和全国深化拓展新时代文明实践中心建设试点工作电视电话会议精神，学习借鉴兄弟省市试点工作经验和征求市文明委成员单位

及相关部门意见，以市委办公厅文件形式下发《关于建设新时代文明实践中心试点工作的实施意见》，在12月召开全市建设新时代文明实践中心试点工作部署会，周慧琳出席并讲话，全面启动新时代文明实践中心建设试点工作。在长宁、静安、闵行、金山、崇明等5个区列入第二批全国建设新时代文明实践中心试点区的基础上，其他11个区纳入上海市建设新时代文明实践中心试点区，努力推进区级中心、乡镇（街道）级分中心和村（居）级站三级阵地网络全覆盖，夯实新时代文明实践中心建设基础。

三是推动条块联动志愿服务项目对接民生需求。立足市民生活需求，通过深化条块联动，加强志愿服务资源与市民民生需求的对接。经卫生、科技、经信、民政、市场监督、建设和交通、绿化和市容、文化和旅游、体育、工、青、妇及市志愿服务公益基金会、中国人寿等20家市级条线部门和单位提出意向，市文明办发布目录，基层社区自主点单，条块供需对接，全市共有理论政策宣讲、红色文化传播、“非遗”传承推广、医疗急救培训、阳台蔬菜种植、质量便民服务、垃圾分类、文明养宠、健康科普、智慧生活、亲子阅读、心理健康等63类309项条块联动志愿服务试点项目完成对接并落地见效，促进条线专业化资源和区域多元化资源有效对接，服务供给与百姓需求精准匹配，提升基层志愿服务专业化社会化水平。

5. 内涵建设进一步拓深，志愿服务能级显现新突破

伴随中国特色社会主义进入新时代，志愿服务立足新的历史方位，在不断拓展内容外延的同时，也需进一步提升内涵，进而推动志愿服务不断向广度和深度迈进。2019年，上海进一步强化对志愿服务的能力建设，为新时代上海志愿服务深入发展搭建广阔平台，提供动力支持。

一是深化志愿服务理论研究与实践探索。结合全市“不忘初心，牢记使命，勇当新时代排头兵、先行者”大调研，对上海市志愿服务发展进行了全面深入的调研。如上海市文明办承接中央文明办委托的关于“如何更好地推动社区志愿服务制度化常态化”的学雷锋志愿服务重大理论和实践问题研究课题，协同上海社会科学院社会学研究所深入开展调查研究，并综合运用多年社区志愿服务体系建设研究成果，形成《上海市推进新时代社区

志愿服务制度化常态化研究报告》；组织推进《上海志愿服务发展报告（2019）》研究；完成全国首部省市级志愿服务蓝皮书《上海志愿服务发展蓝皮书（2018）》编辑出版工作等。在进一步促进理论研究向实践转化的同时，通过形成顶层设计与基层探索良性互动，有效推动上海志愿服务向纵深发展。

二是推动志愿服务专业培训覆盖各类群体。在面向基层开展培训需求调研的基础上，围绕社区志愿服务中心建设和志愿服务信息化建设、志愿者服务基地和直属志愿服务总队管理等重点工作，根据基层的实际需求，开展各项重点培训。如联合市红十字会开展上海市社区志愿服务体系应急急救救护员培训，共培训社区、基地、总队以及志愿服务组织骨干志愿者 500 人；支持市志愿服务培训中心开办市民巡访团、市残联、市绿化局、市红十字会、普陀区等市区志愿服务培训班，以及面向江西、沈阳、温州等外省市的志愿服务培训班，共计培训 1000 余人；组织制作“志愿者的保障与支持”“志愿者的能力建设”“志愿者与志愿精神”等培训课件；进一步加大“志愿心”教材全市推广应用力度，指导各级各类志愿服务培训规范化开展，指导全市各区组织开展志愿服务培训 5000 多场次，累计培训 46 万人次；探索开展线上培训新模式，上海志愿者网在线培训志愿者 6.2 万人次。

三是提升志愿服务信息化建设水平。进一步完善“上海志愿者网”上接全国志愿服务信息系统，横贯相关部门单位，下连社区志愿服务中心的信息管理网络，加强与文明创建工作的融合联动，统一采集数据，构建覆盖全市的志愿服务大数据库。打造了由“一网（上海志愿者网）一线（志愿服务热线）一群（志愿服务微信 QQ 咨询群）二平台（志愿服务信用激励平台、在线培训平台）”构成的综合服务平台，更好地服务广大志愿服务组织和志愿者。拓展新媒体网络空间，做深做实“上海志愿者微信服务号”“上海市志愿者协会”官方微博、抖音、百度官方账号平台等新媒体平台，形成与“上海志愿者网”信息互联、数据互通、功能互补的整体格局。

三、 上海志愿服务发展的现实挑战、 应对思路与对策

2019 年，上海志愿服务工作以习近平新时代中国特色社会主义思想为指导，贯彻落实市委、市政府的决策部署，围绕夯实组织领导、聚焦重点任务、激发创新动能、以提升上海志愿服务五大体系建设为抓手，持续推进学雷锋志愿服务制度化常态化，不断深化上海志愿服务内涵式发展，在弘扬志愿精神、服务改善民生以及提升社会治理效能方面取得积极的进展。但与此同时，在工作实践中，依然存在着一些“短板”问题，制约着上海志愿服务的进一步提升。正是从这个意义上看，在 2020 年，上海志愿服务要着眼于经济社会发展的新形势、新要求，进一步转变理念和工作方式，不断推进体制机制创新，并由此进一步提升上海志愿服务工作的能级和水平。

（一）当前上海志愿服务发展面临的现实挑战

正如前文所述，近年来上海志愿服务得到迅速发展，逐步在服务保障进博会等重大活动志愿服务的同时，针对民生服务、生活垃圾分类等日常化、生活化、普及化的志愿服务也取得积极成效；在夯实志愿服务活动社会基础的同时，志愿服务活动的制度化、组织化以及社会化持续推进，信息化程度不断提升。但与此同时，当前上海志愿服务活动面临着一些现实的挑战和瓶颈，主要体现在以下几方面：

1. 志愿服务项目开发有待进一步提升

志愿服务贵在精准对接群众生活生产、城市发展提升的需求，并由此孵化与开发有针对性的项目，使得志愿服务切实为民服务、为社会文明和谐服务。德鲁克曾指出，社会组织一定要有营销的计划，要认真地满足客户的需求。志愿服务的项目开发一定要以需求为导向，要在服务对象明确，服务内容精准，实施方法科学，服务效果显著等四个方面下功夫，才能够有助于志愿服务常态化运作，规范化运行，有助于增进志愿服务效果，吸引更多的志愿者参加和更多资源的整合。从现实看，上海志愿服务项目化水平已然达到

了相当高的水平，但与此同时还应该注意到，在项目开发过程中还存在一些现实问题。数据显示，在区级和社区志愿服务中心项目孵化及运行过程中，“缺乏高效的潜力项目挖掘机制和渠道”（57.1%和46.6%）和“缺乏专业的项目设计运作团队”（42.9%和55.7%）；日常运行中的困难主要也体现为“缺少吸引体制外或年轻群体参与的项目”（42.9%和53.5%），由此可见，进入一个高质量发展的阶段之后，项目开发已然成为志愿服务专业化、精细化需要面对的首要问题。

2. 志愿服务资源整合和供需对接有待进一步强化

志愿服务是人们自主、热心参加的公益活动，同时也是具体实在的社会服务行为，如何把分散的力量组织起来、有序分配、可持续运行，是各类各级志愿服务组织正常运作的关键所在。从特征看，志愿资源具有自愿性、有限性、准公共物品性、公益性等特性；从现实来看，这种资源不仅来自政府、社区及个人，还来自公司等市场组织，尤其是随着“互联网+”线上资源平台的汇总与分发，志愿服务资源由此成为项目或组织运作的重要基础。从上海的情况看，在志愿服务项目和组织快速发展的同时，不同程度地存在资源紧缺。数据显示，区志愿服务指导中心和社区志愿服务中心都认为，项目开发运作中的主要问题为“缺乏多元化社会资源”（50.0%和54.8%）和“缺乏稳定充足的资金支持”（50.0%和37.1%）；同时，在今后推进“条块联动”时，区志愿服务指导中心和社区志愿服务中心最需要“建立可持续的合作共赢机制”（85.7%和53.4%）、“投放更多条线专业优质资源”（71.4%和66.5%），反映出基层对优质志愿服务资源及其整合机制的渴求。由此，进一步做好基层志愿服务资源的精准投入、对接与动员，将是提升志愿服务效能的关键要素。

3. 志愿服务专业培训需要进一步强化

随着中央深入推进志愿服务制度化战略的实施，如何确保各级各类志愿服务组织和广大志愿者在党的领导下沿着正确的方向，科学、规范、专业、健康地发展，凝聚社会正能量，培育和践行社会主义核心价值观，尤其是进一步提升志愿服务专业化能力，离不开针对志愿者及志愿服务组织的培训。上海已经形成较为完备的志愿者能力培训体系，其内涵和方式也不断丰富日趋全面。但与此同时，在专业培训方面还存在一些问题，数据显示，区志愿服务指导中心和社区志愿服务指导中心对“配送培训课程”（85.7%和87.8%）、“推介培训师资”（100.0%和58.8%）和“体验式实训基地”（85.7%和56.6%）有着极大的需求，这也为今后持续做精做细志愿者培训提出更高要求。由此可见，尤其是对于基层志愿服务来说，在普及基本志愿服务知识与技能的培训基础上，对于创新型课程配送、培训师资以及体验式实训有着更为旺盛的需求，这也反映出上海在培训方面应着力丰富其内涵和能级，这就需要更多地激发源自社会各方面的专业资源，辅之以政府强有力支撑，才能进一步夯实志愿服务的基层基础。

4. 志愿服务价值阐释需要进一步推广

从某种程度上看，志愿服务的发展离不开社会文化环境的营造，换言之，就是要将志愿服务的价值进行社会性的阐释与推广。从实践来看，志愿者以形式个性化、方式人性化、内容多样化、途径组织化、管理法治化的志愿服务，诠释了“奉献、友爱、互助、进步”的志愿精神，具有独特的政治、经济与文化价值，如提升社会认同感和社会归属感、倡导以德行善，实现身心合一等。随着志愿服务制度化发展日渐深入，市民对志愿服务的认识以及志愿服务本身的品牌辨识度和影响力仍有待进一步提升。数据显示，当前志愿服务虽然取得较大发展，但就大环境而言，市民认为目前开展志愿服务面临的主要问题为“市民对志愿服务了解不够”“志愿服务组织管理和活动缺乏影响力”和“社区志愿服务站点不够”，分别占61.1%、53.8%和36.8%；志愿者认为主要问题在于“市民对志愿服务了解不够”“志愿服务组织缺乏活动资金”“志愿服务组织管理和活动缺乏影响力”，分别占53.7%、48.5%和40.0%。可见，志愿服务社会价值的阐释与推广依然是当前面临的现实问题，社会文化氛围的塑造既要通过持续广泛的宣传来加以营造，还需要志愿服务自身不断加强志愿者、组织以及项目品牌的塑造，尤其要注重以志愿者及志愿服务组织活动和志愿服务项目运作来彰显自身的价值和社会影响。

当然，正处于高质量发展进程中的上海志愿服务，正从传统注重规模和数量的发展，转向注重内涵和质量的精细化发展，而在这个转变过程中，必须着力完善和落实相关的法规政策措施，通过精细化的体制机制调整来推动志愿服务的能级提升。

（二）围绕中心工作推动上海志愿服务能级提升

近年来，志愿服务工作在推动新时代文明实践与社会治理创新中的地位和作用日益凸显。习近平在中国志愿服务联合会第二次会员大会的贺信中提出“推进志愿服务制度化常态化”，党的十九届四中全会明确提出，“推进新时代文明实践中心建设”“健全志愿服务体系”，这些指示精神为我国志愿服务事业的发展提出了新要求。作为新时代文明实践中心的主要活动方式，志愿服务同样在社会治理创新中发挥着积极的作用，尤其是四中全会强调把中国制度优势更好转化为国家治理效能，为实现“两个一百年”奋斗目标、实现中华民族伟大复兴的中国梦提供有力保证。正是在这一背景下，上海志愿服务要围绕党和国家、市委市政府的中心工作，更加精准对接民生需求，紧紧围绕“新时代文明实践”新要求，着力于创新机制与提升能级，不断推动志愿服务制度化，才能为上海志愿服务发展开创新的空间和增长点。

1. 紧紧围绕培养时代新人提升社区志愿服务发展能级

进入新时代，党的十九大明确提出培养担当民族复兴大任的时代新人。习近平强调，时代新人必须是在思想水平、政治觉悟、道德品质、文化素养、精神状态等方面同新时代要求相符合的。培养时代新人，要靠学习教育、宣传引导，更要靠身体力行、实践养成。学雷锋志愿服务，既体现了人们对高尚精神境界的美好向往，又顺应了人们实现自我价值和人生意义的内在追求，是人民群众乐于参与、踊跃参与的道德实践活动，而城市基层社会为人民群众广泛开展学雷锋志愿服务提供了广阔的空间和舞台，更容易激发共建美好家园的主人翁意识，使人们在为他人送温暖、为社会作贡献的过程中，积极践行和弘扬社会主义核心价值观，坚定理想信念，厚植家国情怀，涵育道德情操，争做有大爱大德大情怀的人。从现实来看，新时代志愿服务的发展要能够与培养时代新人紧密结合起来，以群众需求为导向，立足关爱他人、关爱社会、关爱自然，通过多种方式来全社会志愿服务资源和力量，并由此与公共服务体系有效衔接，在使更多市民群众能够就近就便参与和乐享志愿服务中不断弘扬社会主义核心价值观。

2. 以优化城市治理效能推动志愿服务精准化

党的十九大强调，要推进社会治理现代化，打造共建共治共享的社会治理格局。十九届四中全会强调要把中国制度优势更好转化为国家治理效能，为实现“两个一百年”奋斗目标、实现中华民族伟大复兴的中国梦提供有力保证。学雷锋志愿服务是群众自我服务、自我教育、自我提高的重要方式，是创新社会治理的有效载体，能够有效弥补政府服务和市场服务的不足与缺位，为政府分忧、为百姓解难。正是在贴近群众生活中及时发现和回应民生需求，搭建志愿者、服务对象和服务项目对接平台，引导群众就近就便参与志愿服务的过程中，志愿服务促进公共服务并与便民服务有机衔接。正是在这一实践过程中，志愿服务的重要性日益凸显，推动社会治理的广度、深度和效率进一步增强。从上海来看，通过深度参与服务保障进口博览会、生活垃圾分类实践、新冠肺炎疫情防控、乡村振兴、长三角一体化等，并不断扩展基层志愿服务的领域，志愿服务在城市精细化管理的推动下进一步精细分类不同服务人群、精细化的服务式管理并由此推进供需对接，服务精准且具有个性化，可以说，通过志愿服务的精细化，不仅能够积极回应城市管理精细化的要求，提升社会治理效能，更能够通过有针对性服务的提升不断推进基层志愿服务的能级。

3. 以凝聚社会认同提升志愿服务向心力

随着我国经济社会发展进入新时代，社会加速分化并直接导致流动性、变动性增强，基层社会的日常生活日趋复杂和多样，尤其是不同社群的价值观念出现了明显的分歧。而从实现“两个一百年”奋斗目标，实现中华民族伟大复兴的中国梦来看，需要 13 亿中国人民团结一心、共同奋斗。正是在这一背景下，学雷锋志愿服务，是最能把各行各业广泛凝聚起来的载体，是最能让心怀梦想的人们尽展聪明才智的平台；同时，要将基层社会生活共同体建设成为人人有责、人人尽责、人人享有的社会治理共同体，离不开多元群体工作、学习、生活及实现个人价值和共同梦想，也离不开时时都传递着温暖力量的城市名片和靓丽风景线的志愿服务。而活跃在城乡社区的城市文明志愿者，在服务保障大型赛事、精准扶贫、乡村振兴等国家战略，以及国际友好交往中的作用日益凸显，同时也正是通过这些散布于基层社会的日常化、社会化的志愿服务过程，在服务民生的实践中弘扬志愿精神，辅之以专业水平的提升，并由此进一步提升志愿服务的向心力和执行力。

（三）上海志愿服务高质量发展的对策思路

从总体上看，上海志愿服务经过这些年的快速发展，无论是制度体系还是机制建设都处于历史高位，志愿服务的社会效能也正不断增强，助力城市治理体系和治理能力现代化已经取得了积极的成就。2020 年作为全面小康实现之年，将对志愿服务的内涵与能力建设提出新的更高要求。正基于此，要进一步贯彻落实习近平致中国志愿服务联合会第二届会员代表大会贺信精神和关于学雷锋志愿服务工作的重要指示精神、李强书记对上海志愿服务工作的批示精神，继续以弘扬和践行社会主义核心价值观为根本，培养时代新人，培育时代新风，更好地发挥志愿服务围绕中心、服务大局、引领风尚的作用，进一步推动上海志愿服务内涵化高质量发展。主要做好以下几方面的工作：

1. 以新时代文明实践中心为平台，夯实志愿服务民生服务体系基础

志愿服务的根本在基层，全面推进新时代文明实践中心建设试点工作，构建文明实践三级阵地。进一步完善文明委统一领导、文明办牵头协调、有关部门各负其责、全社会共同参与的志愿服务工作机制和“一体两翼”志愿服务工作格局，强化文明办“统筹规划、协调指导、督促检查和经验推广”的职责。结合新时代文明实践中心建设，强化党建引领，发挥党员先锋模范作用，组建扎根基层社区、常驻群众身边、人员构成多元、覆盖范围广泛的志愿服务队伍，宣传普及习近平新时代中国特色社会主义思想，积极培

育和践行社会主义核心价值观，为推进新时代文明实践提供源源不断的志愿服务力量，打通宣传群众、教育群众、关心群众、服务群众的“最后一公里”。与此同时，各级党委和政府要在规范管理、人才保障、资金扶持、项目资助、场地支持、业务指导、能力培养、供需对接等方面加强政策支持和平台建设，使长期扎根于社区的志愿服务工作人员能够免除后顾之忧，拥有施展才华的更广舞台，志愿服务组织能够更好地承接公共服务、参加公益创投、获取政府补贴与社会捐赠，营造适宜于社区志愿服务制度化常态化发展的生态环境，为基层志愿服务发展保驾护航。并且，要以立足基层社区为基本原则构建开放式参与平台，同时整合各类资源，因地制宜完善“时间银行”等嘉许激励机制，更广泛地吸引多元群体加入志愿服务队伍，尤其是动员市民群众积极参与保护生态环境、维护公共安全、扶老、育幼、助残等邻里守望志愿服务，体现“人人参与、人人尽力、人人享有”的共建共享理念，提升基层志愿服务的内涵和质量。

2. 以条块联动和互联互通机制为牵引，增强志愿服务组织运行效能

着力提升基层志愿服务体系效能，一是完善条块联动机制，统筹文化、科技、教育、体育、卫生等各部门各系统资源，在双向选择、优势互补的基础上，推动条线部门单位与社区志愿服务中心联手共建条块联动志愿服务试点项目，共育专业化志愿服务团队，促进系统专业化资源和区域多元化资源有效对接，服务供给与百姓需求精准匹配，提升基层志愿服务专业化社会化水平，推动文明实践通过志愿服务在基层落地见效。各部门单位注重发挥行业优势，基层社区注重发挥资源多元优势，既彰显区域资源禀赋、文化底蕴和优势特色，又致力于破解区域资源瓶颈和薄弱难题，促进社区志愿服务提质增效。二是提升“上海志愿者网”能级，加强规范化运行和高效管理，完善志愿服务记录制度，强化志愿服务全要素、各主体、全流程、各环节的信息平台功能，提升全市志愿服务数据统一归集、统一管理、共享交换、激励使用等综合能效，更好服务广大志愿服务组织和志愿者。三是完善社区志愿服务中心的平台承载功能，使参与社区志愿服务的不同主体都能在社区志愿服务中心平台上共享信息、经验、资源，便捷开展志愿服务活动。巩固近

年来社区志愿服务体系形成的标准化评估、暗访督查、专题培训、条块联动、示范创建、调查研究等六大工作机制，加强与新时代文明实践志愿服务运行机制相互衔接和嵌入，为新时代文明实践中心有效运行提供基础支撑。四是加强理论研究与专业实践的互动，借助专业研究力量聚焦基础性、前瞻性研究，积极推动上海志愿服务研究的快速发展。同时，面向基层开展培训需求调研，根据需求对接资源以及不同群体特点和需求，开展重点培训与专项培训。

3. 以资源整合和供需对接平台为支撑，激发志愿服务活力和创造力

整合各方面资源，是社区志愿服务常态化制度化的必然要求，尤其是整合社会性、专业性资源更为迫切。深化“互联网+志愿服务”工作模式。推动“互联网+志愿服务”格局全面覆盖，进一步完善“上海志愿者网”上接全国志愿服务信息系统，横贯相关部门单位，下连社区志愿服务中心，融合联通新时代文明实践中心的信息管理网络。进一步拓展资源整合和供需对接平台，推动全社会各类志愿服务资源和力量的组合和整合、嫁接和链接、联动和互动。善于引进外部资源，整合跨界资源，推动优质资源沉到基层，尤其要加强专业性力量协同合作，推动各种资源要素充分整合并有效转化为项目创意，从而以项目创意开发来带动社区志愿服务资源更高层级的再动员和再整合。基层志愿服务站点应当运用社会化思维方式，不断开发和动员社会资源，将区域内的服务资源进行有效统筹和整合，发挥市场的积极性，共同推进志愿服务常态化制度化。如加强与（社区）公益基金会的合作，主动吸纳社区公益基金会及民间基金会的参与；激发（驻区）企业的社会责任意识，可为社区志愿服务中心项目的开展及日常的运营提供源源不断的资金支持；整合基层零散资源，通过定期组织义卖活动、设置捐款箱以及其他捐赠渠道，吸收基层社区的闲散资金，通过居民的力量为社区志愿服务中心提供稳定的资金来源。

4. 以强化项目精准设计为重点，提升志愿服务精细化水平

随着基层社区居民生活需求的多样化，志愿服务项目的孵化需要更精细化，要在大数据分析的基础上精准对接居民需求，确保能够将资源动员与居

民需求有效衔接，提升项目孵化的创造性与及时性。积极创新项目孵化机制，凝聚区域志愿服务力量，服务社区需求，尤其要鼓励基于社区的“随手公益”“微心愿”“一小时志愿”等灵活性较强的项目运作，并形成具有特色优势的活动品牌。要围绕中心工作、重大活动、扶贫救灾、敬老救孤、恤病助残、法律援助、文化支教、环境保护、健康指导等重点方面，关注贫困人员、残障人士、空巢老人、留守儿童等特殊群体，打造一批示范性强、影响力大的品牌项目，在贴近百姓、服务民生中提升社区志愿服务社会化、项目化、专业化运作水平，推动构建共建共享、共治善治的社会治理新格局。尤其是要深化品牌活动如“垃圾分类”工作，深入推进生活垃圾减量分类进机关、进楼宇、进学校宣传活动，广泛开展垃圾分类志愿服务行动。又如“党员到社区，人人做公益”党员志愿服务活动，组织动员先进典型和公众人物加入志愿者队伍，各展所长、各尽所能，确保党员志愿服务工作取得实效。

5. 以过程监督和评估为抓手，增强志愿服务多元主体的获得感

完善“需求排摸、志愿者招募、项目实施、过程监督、效果评估、优化提升”的闭环式项目管理流程，形成志愿服务制度化常态化与提升服务质量和满意度的良性循环，其中过程监督和效果评估是关键所在。评估的标准需要与基层志愿服务体系的功能定位紧密相连，评估的方式也需要结合不同社区志愿服务中心的具体情况，尤其在机制上需要针对社区志愿服务中心、志愿服务项目及志愿服务团队建立全方位的评估体系。一是针对志愿服务团队的评估，不仅要评估团队资质、内部管理等团队自身情况，也要评估团队承接的服务或项目执行情况。二是针对志愿服务项目的评估，主要体现志愿服务“全过程、全要素、全团队”三个维度，贯穿项目实施、项目执行各要素以及团队建设。三是针对社区志愿服务中心的评估，可根据社区志愿服务中心的发展，不断拓展功能领域和评估内容。通过这三个层次的评估，来实现对社区志愿服务运作的整体评价。需要指出的是，这种对于基层志愿服务的多维度评估可以引入社会化机制，同时也要发挥基层社区党组织党建引领，使其能够在社区治理与发展的整体格局中凸显其重要影响力。加强志愿

服务各个环节的闭环式管理和监督，包括对志愿服务的前期需求评估，志愿者的职责和任务设计，志愿者招募、挑选和匹配，志愿者管理和培训，志愿者激励和保障，以及志愿服务项目的绩效和影响评估，不断提升志愿服务项目管理的科学化水平。

专 题 篇

Special Topics

上海市新冠肺炎疫情防控志愿服务专题报告

摘 要： 新冠肺炎疫情发生以来，上海各级志愿服务组织第一时间积极响应，强化组织动员、宣传推广和综合保障，引导广大志愿者安全有序参与疫情防控志愿服务，为坚决打赢疫情防控阻击战提供有力保障，市民通过参与志愿服务践行社会主义核心价值观，传递城市温度，共同营造文明、大爱、安全、有序的社会氛围。通过不断总结疫情防控工作中志愿服务的经验，分析志愿服务在防控工作中的行为特征与实际意义，为常态化开展疫情防控和重大突发事件志愿服务提供有效经验和启示。

关键词： 新冠肺炎疫情防控　志愿服务　经验启示

上海四十多万志愿者疫情防控服务汇聚磅礴力量

潘　敏

上海各级志愿服务组织学习贯彻习近平总书记关于疫情防控工作的重要讲话精神，强化组织动员、宣传推广和综合保障，引导广大志愿者安全有序参与疫情防控服务，为上海打赢疫情防控阻击战和确保城市有序运行提供了有力支持。截至2020年6月24日12点，全市各级志愿服务组织在上海志愿者网发布12231个疫情防控志愿服务项目，招募上岗志愿者427380人，累计服务31887972小时，人均服务74.61小时。

一、强化组织动员，织牢联防联控安全网

一是发挥市文明办牵头统筹，各区、有关部门和单位协同参与的志愿服务协调机制作用。市文明办围绕关键区域、时间节点、依靠力量、服务内容等四方面工作重点制定工作方案，发动文明社区（镇）、文明行业、文明单位、文明家庭、道德模范等精神文明创建主体作出表率，并于“3·5”学雷锋主题日发出开展疫情防控志愿服务活动的通知，进一步掀起疫情防控志愿服务活动热潮；市志愿者协会向全市各级志愿服务组织和志愿者发起倡议。会同团市委向全市各级团组织、团干部、团员青年发出《致青年书》，定向招募道口监测、社区排查等10类岗位。截至第一季度，组织发动9.8万名志愿者在交通道口、基层社区等重点领域服务，并组建青年突击队1618支、突击队员近4.2万人；协助市级机关选派5批共计4068名党员干部，下沉到社区、道口、机场口岸、地铁站点等防控一线顶岗；协调市卫健委发动近2万名医疗卫生志愿者参与线上咨询问诊、入院预检等457项服务，其中70多名专业心理疏导志愿者24小时接听市心理援助热线，汇聚社

会各界参与疫情防控志愿服务的合力。

二是全市各级志愿者协会、16 家区志愿服务指导中心和 220 家社区志愿服务中心与志愿服务项目供需直接对接。所有志愿者协会、志愿服务中心向社会公布联系人和联系方式，上海志愿者网和微信公众号开辟“疫情防控志愿服务”招募通道，发布志愿者注册指南，确保志愿者随时随地注册，最便捷搜索和参与疫情防控志愿服务项目。针对道口值守等急需类项目及应急救援、外语翻译等专业类项目，在上海志愿者网上置顶发布并多渠道推送需求信息，协调有关部门和市级志愿服务总队、服务基地，加强条块联动，调配增援力量。

三是全市各级志愿服务组织根据基层一线需求，落实落细服务团队。全市各级志愿服务组织根据基层一线需求，组织广大志愿者，在社区参与体温测量、人员排摸、口罩登记购买、隔离安置、防疫宣传、楼道消毒等；在交通枢纽和重要道口参与车辆疏导、信息登记、体温检测、秩序维护、外语翻译等；在网络上参与防疫辟谣、科普宣传、课程辅导、心理疏导等。基层防疫一线涌现出一大批优秀的志愿者和志愿服务团队，其中有居家隔离期刚满就报名社区防疫志愿者的党员黄琼芳、“六亲不认”的 95 后道口值守大学生志愿者杨乐彦、一脱下警服就换上志愿者马甲的社区民警朱慧敏，也有一批获得全国最美志愿者和市杰出志愿者称号的志愿者骨干领衔的志愿服务组织，如张志勇公益服务社团队、殷仁俊“爱心剪”工作室、林浩普莱德青年应急救援服务中心，还有甘当道口守护者的上海音速青年志愿服务中心、虹桥高铁站双语志愿服务分队等团队。

二、强化宣传推广，聚防疫抗疫正能量

一是构建“一网多微”宣传矩阵。加强上海志愿者网及其微信、微博、抖音、百度账号共同构建的“一网多微”平台组合式联动宣传，推介长宁区“四要两不”①社区疫情联防联控志愿服务工作指南、浦东防疫志愿者工

① “四要两不”：要坚持实事求是，要落实防护到位，要落实安全第一，要做好激励保障；不搞形式主义，身体条件不符合规定的不得上岗。

作法等基层和部门联防联控的措施成效，讲述“神笔爷叔”“爱心便当”“爱心剪”等抗疫一线的感人事迹，普及科学防护知识，并通过热线接听、网络互动，回应群众关切，加强正面引导。截至2020年6月24日12:00，“一网多微”已发布3769条疫情防控志愿服务信息，累计阅读量超过614万人次。上海志愿者网累计访问量近1305万人次；累计新增注册志愿者392339人。

二是加大新闻媒体宣传力度。与《新民晚报》联合策划推出“来吧，下一个志愿者就是你”专版，依托《解放日报》开辟“志愿者在行动”专栏，向各大主流媒体推送新闻素材和线索，让正能量充盈舆论空间，让真善美激发全社会同舟共济、共克时艰的磅礴力量。截至2020年第一季度，新华社、上观、文汇、新民、澎湃、东方网等主流新闻媒体刊发上海疫情防控志愿服务报道310多篇，其中新华社2月5日刊发的相关报道点击量超过100万人次。

三是推出各类宣传推广载体。组织开展“志愿同心共战‘疫’”系列短视频宣传活动，邀请SMG东方卫视中心主持人曹可凡、何婕、金炜等，“最美志愿者”黄豆豆、张玉霞、张志勇等及火车站、机场、社区、高速道口等疫情防控一线志愿服务团队，茅善玉、谷好好等市戏曲中心文化志愿者代表等拍摄宣传视频和海报，号召广大市民加入疫情防控志愿者行列。在“一网多微”平台已发布356个系列视频和海报，并提供下载资源库，阅读量近180万人次。通过开展志愿服务摄影大赛疫情防控作品展示、“春风化‘疫’、文明有方”疫情防控网络文明传播、“艺起前行”主题活动等，征集展示摄影作品、微视频、微电影、微讲座、微小品，营造强信心、暖人心、聚民心的社会氛围。

三、强化综合保障，确保志愿者自身安全

一是加强物资保障。截至第一季度，上海市志愿服务公益基金会已筹措捐款资金416.1万元，募集和采购防护口罩120.29万只、乳胶手套66.17万只、一次性雨衣5万件、消毒液2.05万桶、三得利饮料2.97万箱，以及防

护服、护目镜、体温计、防护面罩、红糖姜茶、金小草固态饮料等保障物资，送达武汉和上海市各区文明办、志愿者协会。市志愿者协会牵线光明乳业公司为火车站值守的志愿者送上光明牛奶1.48万盒、面包1.23万个等慰问物资。

二是加强培训指导。坚持“安全第一”原则，市志愿者协会在上海志愿者网的“在线培训”栏目发布新型冠状病毒感染的肺炎预防指南和疫情心理调适指南等培训课件，并根据疫情防控形势变化定期发布工作提示，市民政局、团市委分别制定发布《新冠肺炎疫情防控志愿者服务手册》和《疫情防控应急志愿服务的工作指引》，强化岗前培训，普及安全防护知识，为志愿者安全有序参与志愿服务提供指导。

三是加强保险保障。市志愿者协会协同中国人寿，为全市参加疫情防控的注册志愿者，提供最高赔付50万元的“守护志愿者特定保险”。

2020年6月25日

作者简介：

潘敏，中共上海市委宣传部副部长、上海市精神文明建设委员会办公室主任、上海市志愿者协会会长

上海志愿者在抗疫中的重要作用

陈振民

进入2020年，一场突如其来的新型冠状病毒感染的肺炎疫情暴发。全面防控新冠肺炎疫情进入关键时期。党中央国务院作出重要部署，号召全国上下行动起来，打响疫情防控的人民战争、整体战、阻击战。上海按照市委、市政府统一部署要求在1月24日启动重大突发公共卫生事件一级响应机制，进一步动员全社会力量，采取大量务实有效的大规模的疫情防控措施，坚决遏制疫情蔓延势头。在这场面广量大、时间长、危险程度高的防控之战中，社区防控是主要战场之一，是预防控制疫情发展的第一线。而广大志愿者，是社区防控的重要力量，是党和政府调集人力遏制疫情发展的重要补充来源。是全民抗疫中最勇敢、走在最前面、不断给予疫情笼罩之中的人们以信心、希望和温暖的优秀人群之一，在社区疫情防控阻击战中发挥了不可缺少的重要作用。

截至2020年5月4日12:00，自疫情发生以来，全市各级志愿服务组织在“上海志愿者网”发布11448个志愿服务项目，招募志愿者395001人，累计服务27752003小时，人均服务70.26小时；累计新增注册志愿者283912人。这些项目、志愿者、服务内容和时间，都与疫情防控有关，主要服务场所在社区。

一、在抗疫中的上海做法和成效

（一）在控制新冠病毒传播的整体战中明确以社区为重点

新冠病毒疫情暴发以来，整个社会生活进入一个特殊时期，除了特殊行业与部门外，所有市民在家里蹲守，所有的公共场所关闭，交通出行也受到严格限制。社区事实上成为人们 24 小时生活聚集之地。就疫情防控而言，社区已成为整个城市防控的最基本的单元，成为采取基础性的公共卫生管理措施的重点区域。社区胜则全市胜。上海市委市政府成立新冠病毒性肺炎疫情防控领导小组，在防控整体部署中，明确社区是重点，把各项有关防控举措快速有力落实到社区。通过强化社区管理、尽快发现病例、追踪密切接触者、保持社交距离、实行行动限制等来遏制疫情蔓延。要求社区居民学习防护知识，遵守防控规定，做到不串门、不集会、不聚餐、外出主动佩戴口罩、主动配合有关部门排查。事实证明，社区已成为新冠疫情的成功阻击地。

（二）充分发挥社区志愿者在疫情防控阻击战中的重要作用

上海启动重大突发公共卫生一级响应机制以后，全市志愿服务组织响应党和政府号召和特殊时期要求，停止了大量的与疫情防控无关的集体活动。众多志愿者作为市民，也安心在家不添乱，服从安排。但是相当一部分社区志愿者和帮助困难家庭、空巢老人、残障人士等弱势群体的志愿服务项目，仍然立足社区、就近就便延续着平时的服务。如在两区四个街道开展的新沪商“人之老”（“小老”帮“老老”）志愿服务项目，在疫情防控中坚持做好自身防护的前提下，转变服务方式，对结对老人从原来的进门服务改为定时按门铃问需求提供帮助。各区街镇在落实全市居民区防控措施时，也都把原有的社区志愿者团队作为防控力量的重要来源安排使用。

1 月 28 日，市文明办、市志愿者协会对全市各级志愿服务组织和志愿者发出《关于号召积极参与疫情防控志愿服务的倡议书》，要求全市志愿者及组织立足社区，就近就便为社区基层组织提供支持帮助。16 个区第一时间响应，结合区情发布区域疫情防控志愿服务的安排意见，调配各种各类志愿者力量，投入社区防控第一线。自此，上海社区疫情防控志愿服务全面展开，融入社区防控工作的整体安排之中。

（三）强化志愿者参与联防联控的组织动员

1. 完善工作体系，构筑服务网络

在发出倡议书的基础上，市文明办、市志愿者协会和各区文明办、志愿者协会都制定了疫情防控志愿服务工作实施方案，明确志愿服务四个方面的重点：一是以社区和机场、火车站、长途汽车站、高速道口、地铁公交以及人口密集场所为重要区域；二是以疫情防控关键、紧要的“窗口期”和返程复工高峰期、防止境外疫情输入为重要节点；三是以党员、青年、机关干部、社区志愿服务组织和社区群众活动带头人、乡贤等骨干志愿者以及医疗卫生、应急救援等专业志愿者为重要力量；四是以防疫宣传、协助测温、秩序维护、环境整治、心理疏导为重要内容。按照属地原则、条块联动的要求，强化组织动员，充分发挥志愿者和志愿服务的作用，筑牢开展属地防控、社区防控、群防群控的志愿服务网络。

我们可以看到在强而有力的组织动员之下，首先是党员志愿者，各级党政机关、企事业单位的党组织派出党员干部、公务员下沉到社区、道口，以志愿者的身份率先加入社区防控的志愿服务行动之中。紧接着，来自工青妇组织的职工、青年、巾帼志愿者和来自社区单位和居民区的志愿者也都络绎不绝地加入社区疫情防控志愿服务行列。如市建设交通工作党委组织2批次20名党员志愿者赴崇明区陈家镇参与疫情防控顶岗工作；市科技机关派出10名党员干部志愿者支援黄浦区南京东路街道防控工作；浦东新区各条线各行业2万多名志愿者参与社区和企业的防疫志愿服务项目200多个；青浦区集结440名区级单位志愿者下沉社区，守护居民安全；松江区“医动青春”青年志愿服务队每天调配140名医务青年驻守枫泾等道口，为入户车辆人员检测体温登记信息；虹口区欧阳街道发起了“争做一小时防疫志愿者的倡议”共有1600多名居民报名加入，自愿参与为小区看守大门、巡逻巡查、关心居家隔离人员等工作；社区共建单位上海市计算技术研究所组建战疫志愿者团队，增援静安寺街道疫情防控，相关的案例还有很多。

2. 统筹调配力量，强化供需对接

首先是明确服务项目和岗位便于统筹调配，根据基层一线防疫工作需求，志愿者在属地联防联控中的作用，全市各级志愿服务组织在服务社区防控中逐渐明确志愿者的服务项目和岗位，即在居民区参与体温测量、人员排摸、口罩登记、安置点服务、防疫宣传、楼道消毒、秩序维护、便民服务、心理疏导等；在街镇社区所在的交通枢纽和重要道口参与车辆疏导、信息登记、体温检测、秩序维护、外语翻译等服务；在网络上参与防疫辟谣、科普宣传、课程辅导、心理疏导等服务。

为了解决一段时间以来社区防控力量不足，缺少人手的困难，全市各级志愿者协会、220 家社区志愿服务中心向社会公布联系人和联系方式便于供需对接和就近就便参与志愿服务；“上海志愿者网”和“上海志愿者”微信公众号开辟“疫情防控志愿服务”专项招募通道，增加人工审核方式，确保志愿者可以随时随地注册、最短时间完成认证，最便捷搜索到周边适合自己参与的服务项目。市文明办、市志愿者协会针对道口值守等急需一类的项目和应急救援、外语翻译等专业类的项目，在“上海志愿者网”上置顶发布，借助微博、微信群、QQ 群等各类渠道推送需求信息，协调有关部门和市级志愿服务总队、志愿者服务基地组织志愿者增援。

（四）加强综合保障，保护志愿者安全

1. 加强物资保障

由于疫情发生突然，志愿者在参与社区疫情防控阻击战时，也面临防疫物资和防护用品紧缺的困难。2 月 3 日，上海市志愿服务公益基金会发出《关于为支援疫情防控一线基层社区工作者和志愿者捐赠防护用品的倡议》，得到社会爱心企业和爱心人士的踊跃响应。截至 2020 年 3 月 30 日，已募集和支出资金 802.94 万元，募集物资价值 1485.55 万元。已先后 8 次向 16 个区所有街镇的参与疫情防控的社区工作者和志愿者发放口罩、乳胶手套、一次性雨衣、消毒液、饮料以及防护服、防护镜、体温计、面罩等各类物资，共计 221.55 万（个、件、套），有效缓解社区志愿者缺少防护用品的困难。

各区各街道也积极筹措资金，千方百计采购物资为社区志愿者提供保障。在阻击国外疫情输入的志愿服务中又紧急提供250台翻译机供志愿者使用。各区还成立专门的后勤保障志愿服务团队，确保物资优先供应志愿者。

2. 加强培训保障

市文明办要求各级志愿服务组织坚持“安全第一”的原则，重视志愿者自身安全防护的严格管理，强化岗前培训，确保人身安全。民政局、团市委还专门制定培训指南。

3. 加强保险保障

市志愿者协会协同中国人寿上海市公司为全市参加疫情防控志愿服务的注册志愿者提供最高赔付50万元的“守护志愿者特定保险”。

二、 疫情防控志愿服务的上海模式（特点）和经验

（一）依托社区建设的传统和优势开展疫情防控志愿服务

上海有重视社区建设的传统，从20世纪50年代的里弄工作到80年代的居民小区建设，都以严谨精细见长。90年代的城市管理体制改革，更是明确了二级政府、三级管理、四级网络，重在第三级管理的要求。多年来，文明小区文明社区的创建，社区在涉及安全、环境、教育、卫生、生活便利等各项城市管理工作的综合管理整合协调作用日益凸显，社区共建、党建联建和共治共享的社区治理结构创新的渐次开展，使得同一区域范围的社区居民、物业管理公司、单位等，日益紧密地成为社区生活共同体。与此同时，也造就了一大批作风硬、善协调、特别能办事的街镇干部和社区工作者。在本次疫情防控战中，我们可以清醒地看到这样的体制和工作的优势是如何体现的；看到党建引领下党组织的堡垒作用和党员的先锋模范作用；看到社区单位的增援和社会力量的凝聚；看到在疫情危险面前挺身而出，守护社区安全的队伍是一个集合体，里面有街镇机关干部、社区企事业单位员工、物业管理人员，也有社区工作者和居民，他们有着一个共同的名字——疫情防控志愿者。

（二）依托比较成熟的志愿服务组织体系和运行机制开展疫情防控志愿服务

上海志愿服务有着光荣的传统和深厚的群众基础。社区志愿服务是整个上海志愿服务事业中最重要的组成部分。人数最多、服务最经常、与民生关系最密切。在改革开放以来的历次重大活动重大事件中都有突出的表现。尤其是多年来已经形成并不断发展完善的组织体系、运行机制和工作格局，在这次突如其来的疫情阻击战中，提供了坚强有力的保证，发挥了卓有成效的作用，经受住了疫情防控的严峻考验。包括在市一级形成的志愿服务“一体两翼”工作机制①。16个区建立相应组织管理机制，建成区志愿服务指导中心14家、街（镇）社区志愿服务中心220家。2019年12月与全国志愿服务信息系统对接的“上海志愿者网”共有实名注册志愿者433万人，全市志愿服务组织达2.4万多个，其中市志愿者协会直属志愿者服务总队126支，市级志愿者服务基地140多家；全市累计发布志愿服务项目28万多个，志愿服务总时长3.48亿小时。

正是因为有了这样一个运转有效的组织体系和运行机制，当疫情防控战打响之后，上海的志愿服务才能做到闻风而动、快速反应、积极参与，让疫情防控成为近期全市志愿服务的主战场；才能按照全市疫情防控的整体部署、主动定位、突出重点、精准对接、有序参与；才能形成分级分层、上下贯通、纵横交错、条块联动的组织动员网络；才能务实有效地实施疫情防控志愿服务的统筹协调、力量配置和激励保障。在此次疫情防控志愿服务中，可以发现历年来上海志愿服务形成的许多好的经验和方式方法，特别是党的十八大以来推进志愿服务制度化建设的成果得到充分的运用，如需求导向、项目导向、属地管理、社工+志愿者、专业化项目和队伍建设、信息化推进、服务时间记录、积分管理和兑换激励办法等。志愿服务的内容，包括项目和

① “一体两翼”工作机制：市文明办统筹规划协调指导、市志愿者协会联络各方壮大队伍、市志愿服务公益基金会募集资金、提供保障。

岗位，也有了新的拓展，服务方式也适应防控要求实现了新的转变。截至2020年5月4日12:00的统计，全市各级志愿者组织在“上海志愿者网”上发布20类11448个“疫情防控”志愿服务项目，其中防疫宣传、平安守护、医疗卫生、文明劝导、应急救援类项目参与度最高。公共卫生响应机制从一级转为二级以后，随着文明健康科学生活方式的普及宣传，科普志愿服务和心理健康等志愿服务项目有了明显增加。视频、网络、直播等线上志愿服务方式也广泛适用；在城市人居环境整治中，大批志愿者积极参与清洁家园行动，开展对重点路段、商铺集中区域、沿街单位门面和周边卫生死角、乱张贴、乱停放等综合治理，防控新的传染病。

（三）依托志愿文化的引领弘扬，为抗疫志愿服务提供精神支撑、扩大社会认同

此次抗疫以来，无数志愿者挺身而出，逆行作战，加入阻击新冠病毒传播的行列，不仅为上海的疫情防控工作增添力量，更让千千万万市民在所在社区、身边周围感受到志愿者的可亲可敬可爱，感受到人间自有大爱，城市自有温度，增强了众志成城，共渡难关的信心。无论是各级领导的讲话和慰问，或是新闻媒体宣传，还是普通市民的微信传递，最关注最赞许的除了驰援武汉湖北和坚守本市防控救治最前线的医务工作者外，就是辛勤守护我们共同家园的志愿者。在这个非常时期，活跃在社区、道口、机场、车站的志愿者的形象和志愿者的服装标识、志愿者身上释放的爱心善意、责任担当、公共意识和家国情怀，通过新闻报道、公益广告、微信推送、人际交流等得到广泛传播，得到前所未有的社会认同，也成为志愿者坚守岗位，持之以恒打赢这场阻击战的动力。在上海，志愿服务的影响力、号召力前所未有，成为一部分人身体力行、所有市民广泛认同的生活方式。

三、有关思考与建议

我国全面防控新冠肺炎疫情的工作已取得阶段性成果，采取的务实灵活

的大规模防控措施已成功改变疫情的发展轨迹，疫情下降，持续向好发展，复工复产复市、防止境外疫情输入正在有序开展。世卫组织高度赞赏中国“非凡的动员力”和积极有效的干预措施，各国政要和专业人士也在议论中国的战疫经验。在此情形下，紧密联系上海在抗疫中尤其是社区防控疫情中组织动员志愿者发挥作用的经验和做法，深入思考疫情防控的“中国之治”，中国共产党领导下的制度优势，“以人民为中心”“集中力量办大事”和人民群众的信心、信念和信任在疫情防控中的体现，深入思考在疫情防控过程中显现的志愿服务的中国特色、上海特点就特别有意义，值得进一步总结和探讨。

就加强社会（社区）建设、有效应对公共突发事件而论，上海社区志愿者在抗疫中发挥的作用印证了社会动员极其重要性。而有效的社会动员来自平时要夯实社区治理的基础，形成基本的体制、机制和队伍，来自日常工作的活力和有效性。基础不牢、地动山摇，“平时”决定“战时”。也要进一步思考如何将“战时”的好的经验和做法，及时转化到疫情过后的社会治理之中。

若干建议：

1. 当前，防控志愿服务已进入适应持久战的要求常态化开展的新阶段。要进一步广泛动员，加强统筹调配，落实针对性措施，在充实社区防控力量上，进一步发挥党员先锋模范作用，倡导党员就近就便到社区报到。参与小区出入口管理，重点人群管理，公共场所和设备管理，关心关爱困难人员，社区宣传教育等各类疫情防控志愿服务，更好地发挥志愿者在属地群防群控网络体系中的作用。进一步发挥企事业单位基层党组织战斗堡垒作用，文明单位的引领作用和党建联建作用，加强与属地联动。

2. 各区、各部门、基层单位和市志愿服务公益基金会对志愿者的防护物资要进一步保障到位。

3. 进一步完善、激励措施。据悉，市文明办、市志愿者协会将联合市发改委、市信用中心对符合一定志愿服务时间的疫情防控志愿者信息纳入征信平台，给予信用正向激励。同时，市、区、街镇三个层面加强嘉许激励，开展先进评选，树立志愿者的良好形象。

4. 在适当时候，总结此次抗疫志愿服务的成功经验，研究制定上海市重大公共事件志愿服务动员管理条例或规定。

2020 年 5 月 8 日

作者简介：

陈振民，中国志愿服务联合会副秘书长、上海市文明办原巡视员，上海市志愿服务公益基金会理事长、上海市志愿者协会副会长

上海市疫情防控志愿服务体系建设的经验启示

田　丰

在上海市疫情防控的战斗一线，20 多万志愿者参与联防联控工作，在基层社区疫情防控中发挥非常重要作用。

一、上海抗疫志愿服务开展的基础条件

（一）管理权力下放和基层职能聚焦

上海在多个层次培育“政社共治”与“居民自治”，以解决社区公共性不足问题。通过区域化党建推动社区共治发展，实现管理重心下移，进一步提升居委会的治理能力，加强基层队伍建设。在居委社区层面，普遍改变公共服务问题的生成模式，探索自下而上公共议题的清单，公众从传统治理逻辑下的被动响应者转变为共建共治共享社会治理新格局新制度下的积极行动者，进一步激活居民区的自治活力。同时，上海市停止街镇招商引资、开发产业园区等经济职能，将基层街镇的工作重点转移到社会治理上来，初步建立社区工作者职业化体系和志愿者服务队伍，进一步破解城市管理和社区治理难题。

（二）公共服务外包和专业力量介入

上海构建多层级联动的购买服务机制，在政府购买服务制度的实际运行过程中，强化政府购买服务过程中的社会参与机制，使公众讨论和社会意见成为政府购买服务的前置条件，基层政府和职能部门则根据工作性质、数量来判断设置服务外包的事项。在公共服务外包中积极引入专业力量，积极推动社会组织参与基层社区治理，不仅发挥社会组织的专业优势和深度介入优

势，而且借由专业社会组织成功激发出居民的自治参与度、凝聚力，使专业社会组织成为政府和居民之间沟通协调的桥梁。

（三）志愿服务与公共服务管理相结合

上海市志愿服务与百姓民生、公共服务深度对接，社区志愿服务中心也成为以服务民生为宗旨的系统性、集成性、交互性的志愿服务终端平台，推动社区志愿服务体系形态的基本形成和提升。通过志愿服务和公共服务相互结合，打通促进社会共治共享的“最后一公里”，使志愿服务真正扎根社区，精准对接需求，送到群众家门口，做到百姓心坎上，增强群众对志愿服务的认同感。志愿服务和公共服务相结合，寓管理于服务的效果，在提升城市生活品质的同时，进一步增强市民群众的获得感、幸福感、安全感和信任感。

二、上海抗疫志愿服务开展的运行机制

（一）启动四级联动机制，党员干部作为志愿者下沉基层社区

面对疫情上海启动一级应急响应，迅速启动市、区、街镇、居村四级联动机制，数万党员干部作为志愿者“一竿子插到底”下沉基层。上海市市级机关工作党委建立机关党员干部下沉顶岗工作机制，先后选派三批次55家单位、3100余名机关党员骨干，上海各区共组织2万余名机关、事业单位干部下沉社区，深入街镇居村、高速道口、火车站、地铁站、机场等一线，作为志愿者顶岗开展社区防控、商铺巡查、道口管控、人员疏导等一线任务。

（二）加强阵地统筹机制，文明实践中心成为志愿服务大舞台

上海市新时代文明实践中心建设是在社区志愿服务中心的基础上进一步统筹整合资源，做好系统内外、体制内外、线上线下“三个统筹”，用好用足现有公共服务资源，把新时代文明实践中心打造成创新社会治理的重要载体。在上海抗疫过程中，全市新时代文明实践中心、各级志愿者协会、16

家区志愿服务指导中心和220家社区志愿服务中心向社会公布联系人和联系方式，“上海志愿者网”和微信公众号开辟“疫情防控志愿服务”招募通道，确保志愿者随时随地注册、最短时间完成认证、最便捷搜索和参与疫情防控志愿服务项目。针对道口值守等急需类项目及应急救援、外语翻译等专业类项目，在“上海志愿者网”上置顶发布并多渠道推送需求信息，协调有关部门和市级志愿服务总队、服务基地，加强条块联动，调配增援力量。

（三）一轴多元合作机制，围绕党建动员志愿服务的社会力量

上海市基层社区治理形成以党组织为核心，以市场组织、企业组织、社会组织参与的一轴多元的合作机制。疫情当前，上海建立健全“街道党组织—楼宇（园区、商圈）党组织—企业党组织”三级响应机制，把楼宇、园区、商圈党群服务站作为“一线指挥部”，由楼宇、园区、商圈党组织会同物业和企业党组织、党建指导员、街道疫情联络员、党员志愿者等组成联合工作小组，设立党建责任区，因地制宜创新防控举措，有序推动复工复产复市。在一轴多元合作机制下，上海市通过党组织互联互动、党员先锋引领，构建城市基层社区防控体系，不仅筑牢社区疫情防控的“防火墙”，而且为社会多方力量参与留下制度性空间。

（四）寓管理于服务机制，精细化志愿服务快速响应供需对接

上海依托网格化社区，压紧压实街镇居村属地责任，统筹群防群治力量，寓管理于服务，运用精细化志愿服务，做到早预防、早发现、早解决。如面对春节假期后的返程高峰，上海把外来人员精细化管理总结为五步工作法：第一步核实信息，包括从哪里来、家里几口人、乘坐什么交通工具、什么时候到沪等。第二步消毒，第一时间由专业消毒人员对其经过的公共区域，包括电梯、电梯间、楼道间、家门口进行消毒。第三步上门告知，居委会、派出所、社区卫生服务中心一起上门，让其填写健康登记表和隔离承诺书。送上必备防控物资，如口罩、体温计、消毒液、垃圾袋，以及部分方便储存的食品。第四步垃圾集中收运，每天定时有社区工作人员和志愿者上门

收集垃圾进行消毒，然后专人专桶专车送到指定地点。第五步做好日常联系保障，每天两次联系隔离人，确保无异常。正是有了寓管理于服务的精细化做法，让志愿服务和居民需求精准对接，才使得社区疫情防控手段行之有效，居家隔离人员安心，社区居民放心。

（五）完善评估激励机制，将社会信用纳入志愿服务评价体系

新修订的《上海市志愿服务条例》于 2020 年 1 月 1 日起实施，重点是完善志愿服务的评估激励机制：对有良好志愿服务记录的志愿者，在其本人需要志愿服务时予以优先安排；鼓励社会各界根据自身能力和实际情况为有良好志愿服务记录的志愿者提供优待，鼓励有关单位在同等条件下优先招录有良好志愿服务的志愿者；对在志愿服务活动中表现突出的志愿者和志愿服务组织，给予表彰、奖励。此外，还建立了志愿服务领域信用信息归集机制，依法给予信用激励。志愿服务评估激励机制有效地动员广大志愿者的参与，据上海市志愿者协会统计，截至 2020 年 3 月 24 日中午 12 时，上海累计招募疫情防控志愿者 275406 人，累计服务时长超过 1578 万小时，人均服务时长超过 57 小时。上海市志愿者协会已于 3 月 25 日向全市参加有“疫情防控”关键词的相关志愿服务项目，服务时长不少于 1 小时的广大志愿者发放证书，及时兑现了表彰、奖励措施。

三、 推动文明实践志愿服务的深入开展政策启示

志愿者和志愿服务不仅为上海这座超大型城市的疫情防控工作增添了力量，更让千千万万市民感受到城市的温暖，增强众志成城、共渡难关的信心，也为推动文明实践志愿服务工作的深入开展提供经验借鉴和政策启示。

（一）立足社区，加强新时代文明中心阵地建设

当前志愿服务事业在大型赛会活动和项目化运作中积累了一些经验，但此次疫情证明志愿服务必须立足社区、服务群众才能获得真正的生命力、战

斗力和成长动力，因此，加强新时代文明中心阵地建设必须把基层社区作为重点，志愿服务重心下沉，关注群众诉求，践行文明实践。

（二）立足民生，寓社区治理和管理于志愿服务

破解疫情防控过程中的社区管理难题的关键在于人民最关心最直接最现实的利益问题，也就是抓住群众的民生诉求问题，志愿服务本与公共服务充分结合，惠民生、聚真情。此次疫情防控证明，做好群众服务工作，有助于社区治理和管理，应该大力推动寓管理于服务的方式开展志愿服务工作。

（三）立足立法，完善志愿服务的评估激励机制

上海市通过立法为志愿服务建章立制，完善志愿服务的评估激励机制，并且能够迅速兑现相应褒奖激励措施，调动企业、居民、社会组织参与志愿服务的积极性。完善志愿服务的考核评估办法，探索建立志愿服务分类清单，进一步完善“以精神奖励为主、物质奖励为辅”的褒奖激励机制。

（四）立足党建，引领培养基层社区核心志愿者

在疫情防控过程中，基层党组织发挥核心轴作用，党员干部成为核心志愿者，党建在社会治理创新中的引领作用得到有效拓展，党的组织网络、社区网格化网络和志愿服务网络成为链接体制内外抗疫力量的新平台。因此，以党员干部为核心志愿者，推动三网合一，探索以区域化党建推动志愿服务工作的模式，不断吸纳多方力量参与志愿服务事业，共同为加强基层社会治理创新提供网络支持。

2020 年 4 月 9 日

作者简介：

田丰，中国社会科学院社会发展战略研究院研究员、中国志愿服务研究中心常务副秘书长

上海市推进生活垃圾分类志愿服务专题报告

杨　雄　俞　伟　汪曙光　裘晓兰　魏莉莉

摘　要： 党的十九大以来，人民对于生活品质有了更高的要求。为深入贯彻落实习近平总书记对上海提出的“垃圾分类需要全面参与，要抓实抓好这项工作”的指示精神，上海立足自身情况，积极探索实践志愿服务参与社会治理新路径。调查研究发现，上海垃圾分类工作取得积极成效，市民对垃圾分类工作表示出高度认可的态度，并能够在志愿者的协作参与下较好地完成垃圾分类工作，市民对垃圾分类工作和志愿服务满意度持续提高，垃圾分类常态化、规范化的发展态势逐渐形成。然而，在工作实践中依然存在着制约垃圾分类工作良好运行与发展的困境。为此，要进一步巩固并提升生活垃圾分类工作的成效，就必须将其与志愿服务工作创新、社会治理创新以及新时代文明实践紧密结合。

关键词： 垃圾分类　社会治理　志愿服务

志愿服务是社会文明程度的重要标志，是加强思想道德建设、培育和践行社会主义核心价值观的重要载体，在新时代背景下，志愿服务也是创新社会治理的重要实践。党的十九届四中全会提出，“必须加强和创新社会治理”“建设人人有责、人人尽责、人人享有的社会治理共同体”。对标中央要求，上海积极立足特大型城市流动人口多、社会结构复杂、治理难度大的实际情况，结合习近平总书记交办的全面推进生活垃圾分类重要任务，大胆探索和实践志愿服务参与社会治理新路径，构建党委领导、政府负责、社会协同、公众参与的社会治理大格局，推动志愿服务从提供社会服务向参与社会治理、凝聚社会共识跨越，成为展现城市风度，提升城市温度的实践舞台。

一、垃圾分类：志愿服务参与社会治理的实践路径

（一）垃圾分类与社会治理

作为高品质生活的重要内容，生活垃圾分类的重要性近年来日益凸显。从国家层面来看，垃圾分类事关人民的生活环境改善，事关绿色可持续发展大局，已然上升至国家战略高度。2016 年 12 月，习近平在中央财经领导小组第 14 次会议提出普遍推行垃圾分类制度。2017 年，《政府工作报告》将普遍推行垃圾分类制度列入城乡环境综合整治重要工作；3 月，国务院办公厅转发的国家发改委、住建部《生活垃圾分类制度实施方案》，对“普遍推行生活垃圾分类制度”做出部署，制定推出了生活垃圾分类制度实施的目标、垃圾分类的类别、激励机制，并明确在 46 个城市先行实施生活垃圾强制分类；12 月，住房城乡建设部印发《关于加快推进部分重点城市生活垃圾分类工作的通知》，加快推进北京、上海等 46 个重点城市生活垃圾分类工作，提出到 2020 年底要基本建成生活垃圾分类处理系统，基本形成相应的法律法规和标准体系，形成可复制、可推广的生活垃圾分类模式，至 2035 年前，46 个重点城市全面建立城市生活垃圾分类制度，垃圾分类达到国际先进水平的目标要求。可见，国家层面的大背景下，作为关系民生的重要政府举措，我国正加速推进垃圾分类工作，设立了明确的推进“时间表”，其重要性和紧迫性都被提上了新的高度。

垃圾分类是一项系统性工程，并不只是简单地设置分类垃圾桶，而是需要建立起分类投放、分类收集、分类运输、分类处理的生活垃圾综合处理系统，其主要挑战来自两个方面。一是技术支撑。垃圾分类要求的不仅仅是居

民在源头上对生活垃圾进行分类投放，如果没有相应完善的分类运输与处理体系，垃圾分类将始终无法完成预期目标。因此，依靠技术的研发和创新，提高与前端分类相匹配的终端处理能力，是推进垃圾分类的核心支撑。二是治理创新。作为前端的最重要环节，如何确保居民按照规定进行分类投放是一个巨大的挑战。前端分类的成效将直接影响后续垃圾的处理效果，也因此，分类投放是整个垃圾分类系统的基础。而能否实现前端分类，有赖于居民能否形成分类意识与行为习惯。要促成居民意识与行为养成，很大程度上依赖于社会氛围、社会力量参与以及社区自治共治的基层基础，依赖于社会治理的创新。

十八届三中全会提出要实现国家治理体系和治理能力现代化，十九大进一步提出建立共建共治共享的社会治理模式与新格局，到2035年“现代社会治理格局基本形成”，十九届四中全会更是对坚持和完善共建共治共享的社会治理制度提出明确要求。

从社会治理现代化的角度看，其核心是“共”。“共建”，即共同参与社会建设，就是要坚持人民主体地位，构筑社会各界和广大人民有序参与建设的机制和体制，激发社会力量参与社会建设的能力和活力。“共治”，即共同参与社会治理，就是要坚持依靠人民治理社会，发挥人民社会自治的能力，支持人民参与社会治理。“共享”，即共同享有治理成果，就是要追求造福人民的发展，坚持让全体人民共同享受发展和治理成果，追求全体人民共同富裕目标。从这一视角来看，垃圾分类不仅是生态治理的重要举措，也是社会治理的绝好支点，是国家治理体系和治理能力现代化的最基本要求。可以说，垃圾分类为落实贯彻加强社会治理体系建设任务，为打造共建共治共享新格局目标提供了一个精准的实践平台。

（二）志愿服务:通过参与生活垃圾分类推进城市治理

从城市层面来看，垃圾分类是绿色生态文明建设的重要举措，也是城市文明程度和市民文明素养的直接体现。2018年11月，习近平在进博会后视察上海时指出：“垃圾分类工作就是新时尚”“垃圾分类需要全民参与，上海要把这项工作抓紧抓实办好”在对上海提出任务要求的同时，也为推进上海城市治理指明了落实路径。

2019 年，上海生活垃圾分类工作提速。1 月，市人大通过《上海市生活垃圾管理条例》并于 7 月 1 日实施。《上海市生活垃圾管理条例》在明确可回收物、有害垃圾、湿垃圾和干垃圾 4 种生活垃圾分类标准，旅店、餐馆不得主动提供一次性用品的同时，首次明确对生活垃圾全流程进行分类，确立分类投放管理责任人制度和相应法律责任等。这标志着在推行 20 多年后，“垃圾分类”在申城正式纳入法治框架，也意味着上海进入史上最严垃圾分类新征程。3 月，《关于建立完善本市生活垃圾全程分类体系的实施方案》出台；4 月，《上海市生活垃圾全程分类体系建设行动计划（2018—2020 年）》出台，提出到 2020 年底，基本实现单位生活垃圾强制分类全覆盖，居民区普遍推行生活垃圾分类制度。由此，上海打响垃圾分类的“攻坚战”和“持久战”。

“以人民为中心，为了人民，依靠人民”是上海社会治理的基本依据，也是推进垃圾分类的核心依靠。正如市委书记李强同志指出的：垃圾分类是一项系统工程，是一场革命性的绿色转型，必须举全市之力、集各方智慧，上中下游一起抓，前中末端齐发力，形成全社会共同推进的强大合力。其中，志愿服务成为凝聚和激发社会合力，创新和实践社会治理的新助力。市文明办、市志愿者协会联合市绿化和市容管理局以志愿服务体系建设为抓手，贯彻落实上海市委、市政府对生活垃圾分类工作提出的重要指示，围绕中心、服务大局，进一步引导广大市民积极参与城市生活垃圾分类和减量工作，充分认识生活垃圾分类对推进社会文明进步的重要意义，广泛发动组织志愿者积极参与垃圾分类实践、宣传和引导，通过志愿服务引领垃圾分类新时尚，通过志愿服务探索上海社会治理新路径。

《上海市生活垃圾管理条例》正式实施半年，取得良好的成效。总体来看，上海基本形成垃圾全程分类收运体系，大力推进了垃圾资源化利用设施建设，居民区分类达标率从 15%提高到 90%，全市平均每天分出的可回收物增长 431.8%，湿垃圾增长 88.8%，干垃圾减少 17.5%，有害垃圾增长

504.1%，垃圾填埋比例从41.4%下降到20%。在上海推进生活垃圾分类减量的工作中，志愿服务深度介入社会治理的广阔空间，以广大市民为主体的志愿者通过多元途径参与生活垃圾分类，成为不可或缺的重要力量，真正实现了城市共治共管、共建共享。

一是构建生活垃圾分类的志愿服务推进机制。全市构建"生活垃圾分类"市、区、街镇、居民区（单位、楼宇）四级志愿服务队伍体系组织；制定垃圾分类志愿服务工作的相关章程、管理办法和操作手册；完善垃圾分类志愿者注册机制、队伍管理机制、信息对接机制、考评激励机制、孵化培训机制；同时积极发挥市志愿服务公益基金会募集资金造血功能，对垃圾分类志愿服务项目予以全力支持。

二是加强垃圾分类志愿者队伍的建设。在市文明办的指导下，成立城市生活垃圾分类志愿服务总队，并在全市16个区完成了生活垃圾分类志愿服务分队全覆盖，分类指导条块单位成立垃圾分类志愿者讲师团。截至2019年12月，在上海志愿者网注册的"垃圾分类"志愿服务团队共有59个，有超过34.8万名志愿者参与实践服务；截至2019年9月，发布"垃圾分类"志愿服务项目超过7800个。

三是广泛开展垃圾分类志愿服务活动。在市文明办指导下，各区、委（办）深入社区、机关、企业、学校、军营等基层，通过漫画展板、黑板报、传统小喇叭、主题活动等多样化宣传形式，鼓励市民积极、主动参与生活垃圾分类。组织"身边最美生活垃圾分类达人"评选活动，通过培育垃圾分类工作典型，提高市民对垃圾分类工作的关注度。市民寻访团志愿者进行垃圾分类专项巡防，及时发现反馈并帮助解决问题。开展各类垃圾分类的主题活动，如举办"垃圾分类新时尚"上海滨江修身志愿公益跑活动、上海市未成年人"小手牵大手"垃圾分类实践活动等，引导市民进行正确的生活垃圾分类和投放。

四是深入展开垃圾分类志愿文化的宣传推广。组织有影响力和号召力的社会公众人物拍摄垃圾分类说唱MV和公益宣传篇，积极开展垃圾分类的宣传和推广。利用全市户外LED大屏、楼宇视频、数字大屏和社区志愿服务中心等宣传阵地，在全市 16 个区的商圈楼宇、重点路段、广场公园、社区小区的 2 万多个端口播放垃圾分类公益宣传片，每天辐射人流达到近百万人次。推出“垃圾分类志愿先行”公益宣传片，通过上海电视台东方卫视、新闻综合、都市等各频道及东方明珠移动电视播放等渠道向市民广泛宣传。利用“上海志愿者”网站、微博、腾讯视频等多元平台宣传垃圾分类志愿服务信息，累计访问量达 43.6 万人次。

垃圾分类本质上是生活理念的变迁，是治理能力的体现，既要有自上而下的精细化机制和评估，也要有自下而上的自治参与和自我教育。上海以志愿服务为抓手，形成全社会共同参与生活垃圾分类管理的良好氛围，在折射了社会文明程度的同时也体现了城市治理水平。

二、 2019 年上海推进生活垃圾分类志愿服务调查发现

作为高品质生活的重要内容，生活垃圾分类近年来日益凸显其重要性。为了解上海市民和志愿者对生活垃圾分类的认知和行为以及参与生活垃圾分类志愿服务活动的基本情况，上海市精神文明建设委员会办公室、上海市志愿者协会、上海社会科学院社会学研究所课题组于 2019 年底联合开展面向全市注册志愿者和市民的问卷调查，共获得有效样本 1766 份，其中志愿者样本 861 份，市民样本 905 份。调查主要结果如下：

（一）大多数市民和志愿者能正确认知生活垃圾分类且能做到主动分类投放

自 2019 年 7 月 1 日《上海市生活垃圾管理条例》施行以来，上海市民逐渐形成对垃圾分类的正确认识并能付诸行动。调查显示（见图 1、图 2），有 71.8%的市民和 83.7%的志愿者能够准确区分不同颜色的垃圾桶所分别对应投放的垃圾种类；有 80.1%的市民和 90.1%的志愿者在没有监督员的情况下，每次扔垃圾时都会主动遵循垃圾分类，体现了较高的主动性和自觉性。

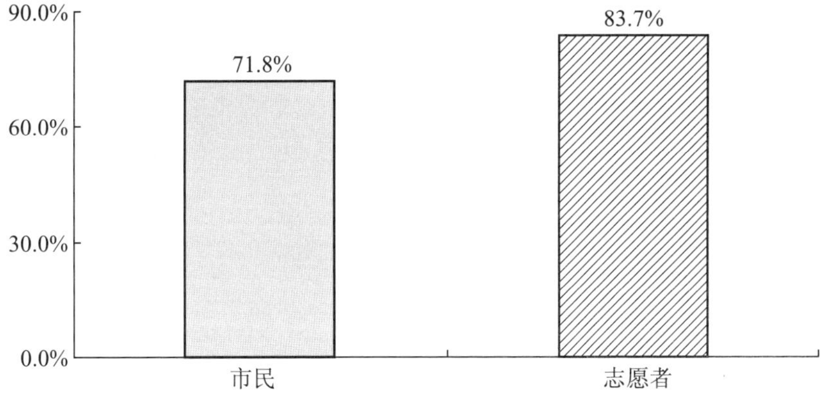

图 1　市民和志愿者垃圾分类正确认知率

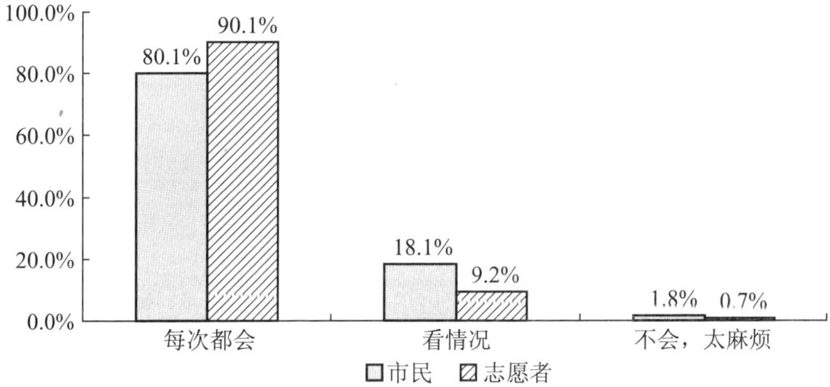

图 2　市民和志愿者主动分类投放垃圾的情况

从不同户籍市民群体的比较来看（见图 3），上海户籍以及有居住证的外地户籍市民垃圾分类正确认知和主动投放的比例相对更高。数据显示，上海户籍、外地户籍（有居住证）和外地户籍（无居住证）的市民能够准确区分不同颜色的垃圾桶所分别对应投放的垃圾种类的比例分别为 72.7%、73.8%和 67.2%；上海户籍、有居住证（外地户籍）和无居住证（外地户籍）的市民在没有监督员的情况下，每次扔垃圾时都会主动遵循垃圾分类的分别占 84.7%、77.0%和 69.4%。

从不同年龄市民群体的比较来看（见图 4），年龄越大的市民每次扔垃

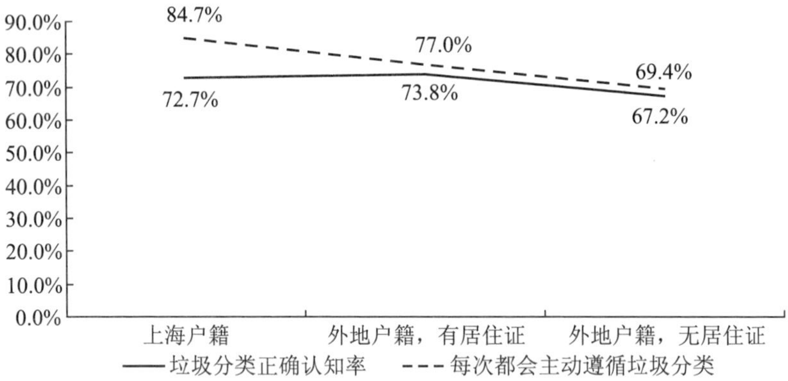

图 3　不同户籍市民群体垃圾分类正确认知和主动投放的比例

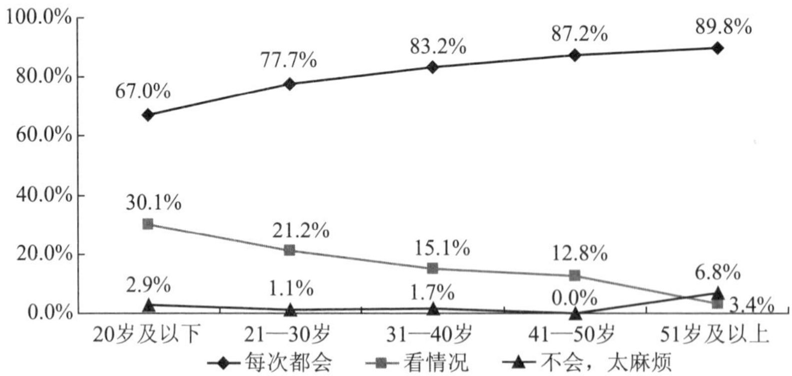

图 4　不同年龄段市民群体主动分类投放垃圾的占比

圾时都会主动遵循垃圾分类的比例相对更高。具体而言，年龄段为“20 岁及以下”“21—30 岁”“31—40 岁”“41—50 岁”和“51 岁及以上”的市民每次都会主动分类投放垃圾的分别占 67.0%、77.7%、83.2%、87.2%和 89.8%，可见随着年龄的增长，上海市民每次都会主动分类投放垃圾的占比呈现不断上升的趋势。

（二）半数左右市民和志愿者对“定时定点”分类投放垃圾持肯定态度

调查显示（见图 5），对于推进实施“定时定点”（每天固定时间段到固定地点）分类投放垃圾，有44.5%的市民和57.3%的志愿者持肯定态度，认为这种做法“非常好，有利于监督管理，应该全面推进”，有48.6%的市民和37.9%的志愿者持中间态度，认为“有些不方便，可以在有条件的地方部分推进”，还有6.9%的市民和4.9%的志愿者持反对态度，认为“不符合老百姓的生活习惯，应该停止推进”。

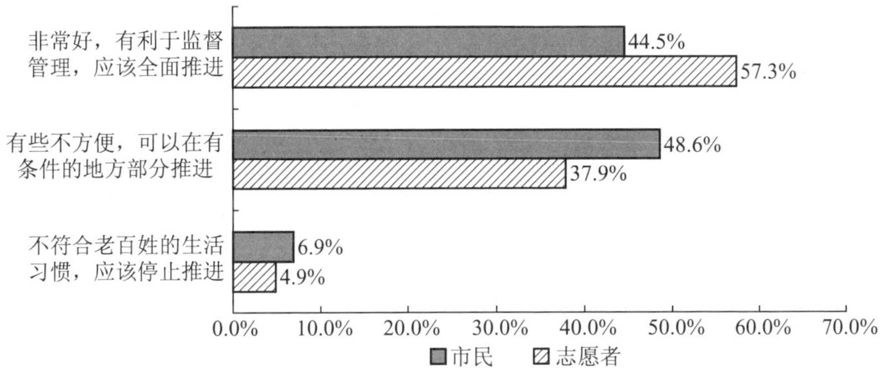

图5　市民和志愿者对“定时定点”分类投放垃圾的态度

从不同年龄市民群体的比较来看（见图6），年龄在50岁及以上的市民对“定时定点”分类投放垃圾持最为肯定的态度。具体而言，年龄段为“20岁及以下”“21—30岁”“31—40岁”“41—50岁”和“51岁及以上”

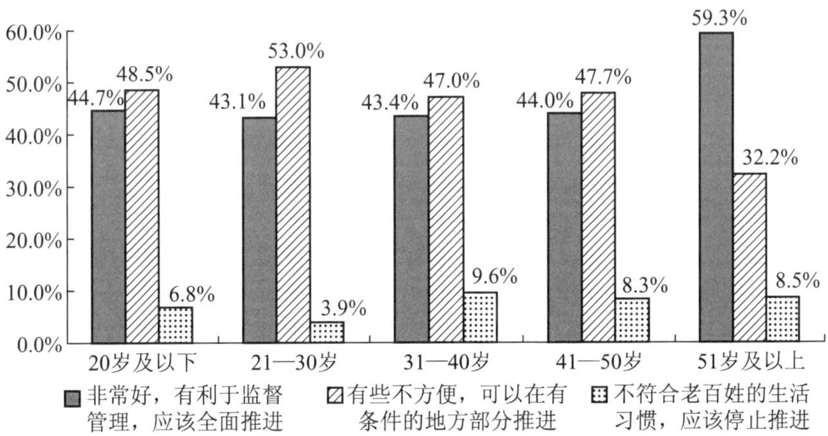

图6　不同年龄段市民对“定时定点”分类投放垃圾的态度

的市民认为“定时定点”分类投放垃圾“非常好，有利于监督管理，应该全面推进”的分别占44.7%、43.1%、43.4%、44.0%和59.3%。可见，前四个年龄群体认为非常好的比例比较接近，相比之下，50 岁及以上的市民认为非常好的占比要远远高于前四个年龄段。

为便于资源化利用，垃圾分类要求破袋投放湿垃圾（见图 7），对此仅有 1/3 左右的市民和志愿者持赞同态度，有 2/3 左右的市民和志愿者希望通过其他措施解决破袋问题。具体而言，分别有 33.8%的市民和 38.7%的志愿者赞同破袋投放“应作为居民投放垃圾时的基本要求”，有 28.7%的市民和 26.7%的志愿者认为“应在后续处理时通过技术手段，解决破袋问题”，有 32.0%的市民和 25.9%的志愿者认为“应通过推荐使用降解垃圾袋，解决破袋问题”，有 3.5%的市民和 8.0%的志愿者认为“应直接用桶装湿垃圾，取代破袋投放”。可见破袋投放对于大多数上海市民和志愿者而言都是一个存有困扰的问题，希望通过相关技术的改进和其他措施来加以解决。

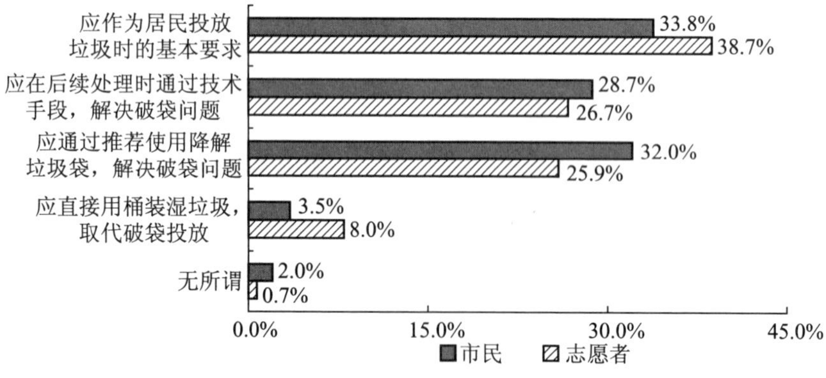

图 7　市民和志愿者对湿垃圾破袋投放的态度

从不同受教育程度市民群体的比较来看（见表 1），受教育程度越高的市民对湿垃圾破袋投放持赞成态度的比例越低。具体而言，受教育程度为“高中及以下”“大专、高职”“大学本科”和“研究生”认为“定时定点”应作为居民投放垃圾时的基本要求的分别占 43.8%、41.1%、31.0%和 30.4%。相比之下，受教育程度较高的市民更希望能够通过其他方式解决破袋问题，如加强技术手段、使用降解垃圾袋等。

表 1　不同受教育程度市民群体对“定时定点”分类投放垃圾的态度

选　　项	高中及以下	大专、高职	大学本科	研究生
应作为居民投放垃圾时的基本要求	43.8%	41.1%	31.0%	30.4%
应在后续处理时通过技术手段，解决破袋问题	16.9%	24.7%	31.4%	30.4%
应通过推荐使用降解垃圾袋，解决破袋问题	21.3%	28.8%	33.7%	36.6%
应直接用桶装湿垃圾，取代破袋投放	14.6%	3.4%	2.2%	1.8%
无所谓	3.4%	2.1%	1.8%	0.9%

（三）超半数市民和志愿者对生活垃圾分类的实施效果有较高满意度

从对生活垃圾分类实施效果的打分情况（1—10 分）来看，市民打分的平均分为 7.26 分，志愿者打分的平均分为 7.67 分，志愿者的打分略高于市民。从具体的打分情况来看（见图 8），市民中打分为 10 分的占 7.5%，9 分的占 13.8%，8 分的占 29.0%，这表明有 50.3%的上海市民打分在 8 分及以上；志愿者中打分为 10 分的占 13.8%，9 分的占 15.4%，8 分的占 31.3%，这表明有 60.5%的志愿者打分在 8 分及以上，可见，有超过半数的市民和志愿者对生活垃圾分类的实施效果总体较为满意。

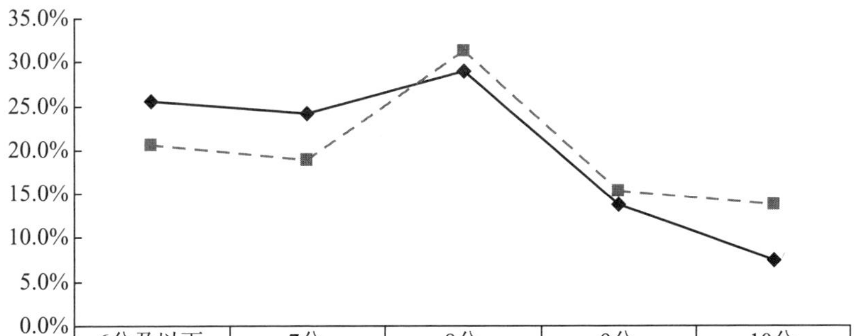

	6分及以下	7分	8分	9分	10分
市民	25.5%	24.2%	29.0%	13.8%	7.5%
志愿者	20.6%	18.9%	31.3%	15.4%	13.8%

图 8　市民和志愿者对生活垃圾分类实施效果的满意度

从不同受教育程度市民群体对生活垃圾分类实施效果的打分情况来看（见图9），受教育程度为“高中及以下”“大专、高职”“大学本科”和“研究生”的打分分别为7.57分、7.63分、7.19分和6.90分，可见，相比较而言，研究生的打分最低。

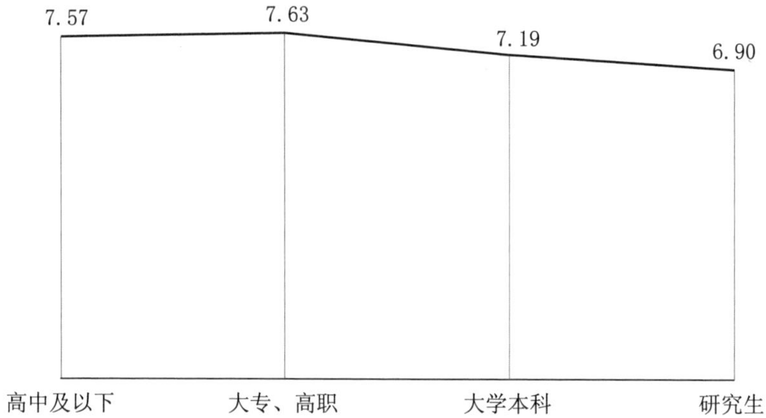

图9　不同受教育程度市民群体对生活垃圾分类实施效果的满意度

（四）市民和志愿者高度认同志愿者在推进生活垃圾分类工作中的积极作用

调查显示（见图10），有75.5%的市民和81.3%的志愿者认为志愿者在推进生活垃圾分类工作中的作用大，其中市民认为作用很大的占26.4%，认

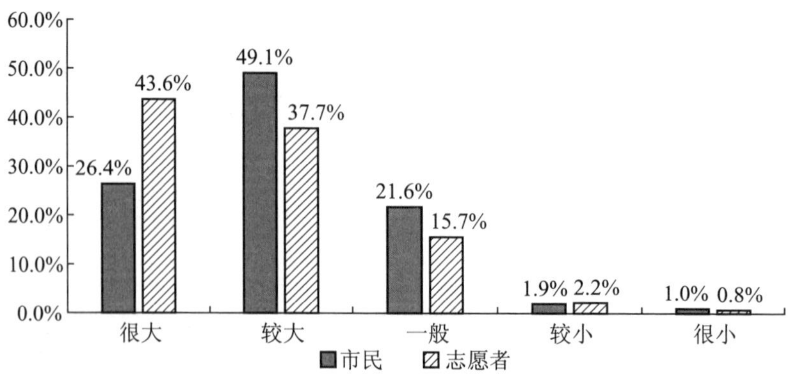

图10　市民和志愿者对志愿者在推进生活垃圾分类工作中作用的评价

为作用比较大的占 49.1%；志愿者认为作用很大的占 43.6%，认为作用比较大的占 37.7%。以上体现出市民和志愿者对志愿者推进生活垃圾分类工作的较高认同度，并且志愿者的认同度高于市民。

从不同受教育程度市民群体的评价情况来看（见图 11)，受教育程度较高的市民对志愿者在推进生活垃圾分类工作中作用的评价略低。具体而言，受教育程度为“高中及以下”“大专、高职”“大学本科”和“研究生”认为作用“很大”的分别占 37.1%、34.2%、23.5%和 22.3%。可见，大学本科和研究生市民对志愿者在推进生活垃圾分类工作中作用的评价相对更低。

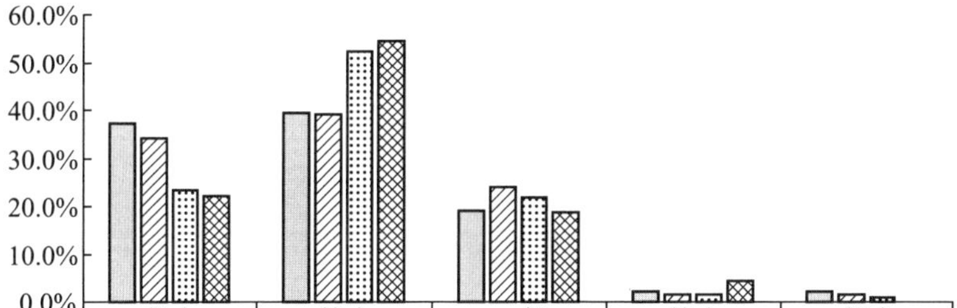

	很大	较大	一般	较小	很小
高中及以下	37.1%	39.3%	19.1%	2.2%	2.3%
大专、高职	34.2%	39.0%	24.0%	1.4%	1.4%
大学本科	23.5%	52.2%	22.0%	1.4%	0.9%
研究生	22.3%	54.5%	18.8%	4.4%	0.0%

图 11　不同受教育程度市民群体对志愿者在推进生活垃圾分类工作中作用的评价

（五）超半数受访志愿者参与过生活垃圾分类志愿服务活动

调查显示（见图 12)，51.8%的志愿者和 18.0%的市民表示自己参与过生活垃圾分类的志愿服务活动。

从不同政治面貌市民群体参与生活垃圾分类志愿服务活动的情况来看（见图 13)，中共党员的参与占比相对更高。其中，中共党员、共青团员、民主党派和群众的参与占比分别为 65.0%、33.7%、42.9%和 48.6%，可见中共党员的参与比例要远远高于其他群体。

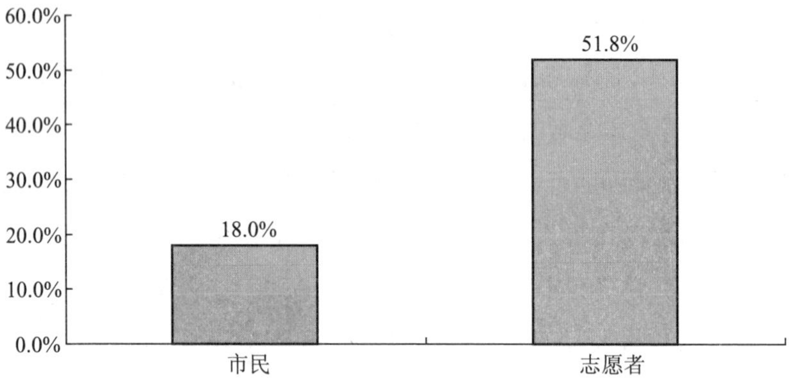

图 12　市民和志愿者参与生活垃圾分类志愿服务活动的占比

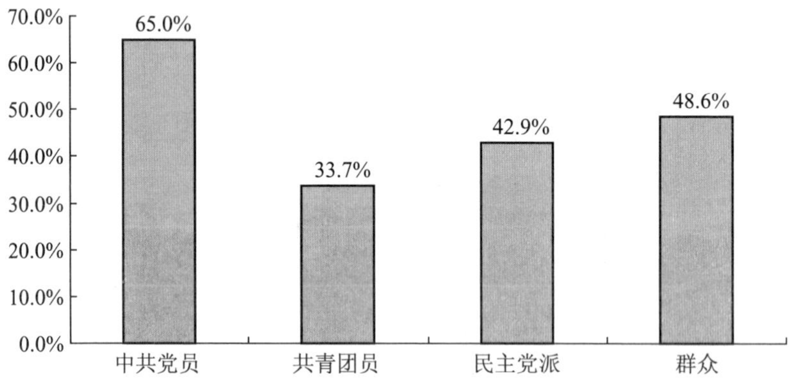

图 13　不同政治面貌志愿者参与生活垃圾分类志愿服务活动的占比

从参与的具体活动来看（见图 14），参与过的市民中有 66.9%参与过宣传推广活动，如协助配合社区进行生活垃圾分类宣传等，64.4%参与过投放引导活动，如引导示范居民正确投放生活垃圾等，41.1%参与过社会公益活动，如组织或服务于垃圾分类、环保等公益活动；参与过的志愿者中，有 80.7%参与过宣传推广活动、63.9%参与过投放引导活动、57.2%参与过社会公益活动。

调查还显示（见图 15），志愿者和市民均有较高意愿参与生活垃圾分类的志愿服务活动。其中，志愿者表示愿意参与“宣传推广”“投放引导”和“社会公益”的分别占 73.4%、57.1%和 68.1%；市民表示愿意参与“宣传推

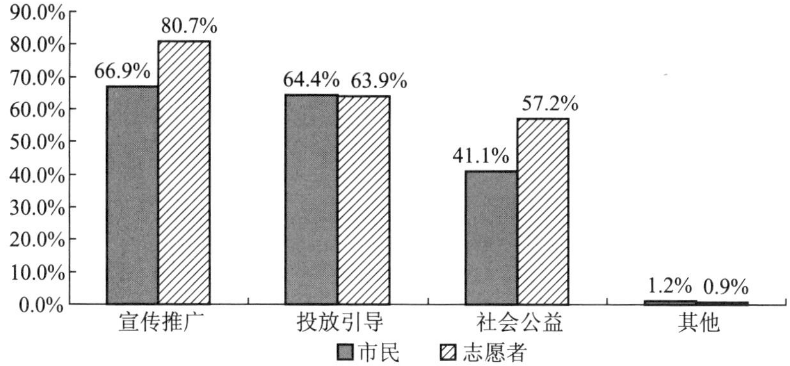

图 14　市民和志愿者参与过生活垃圾分类志愿服务活动的类别

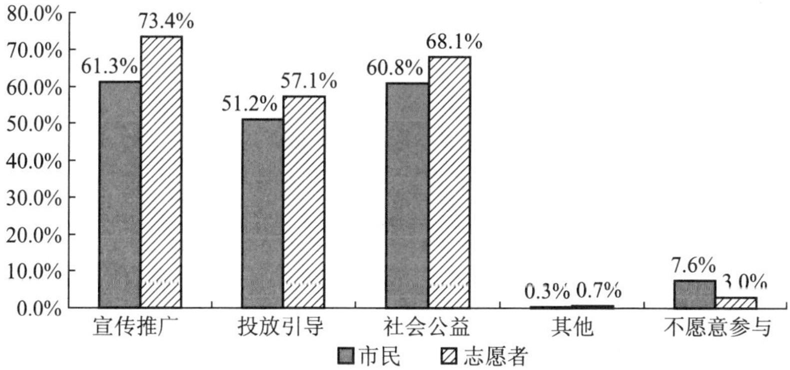

图 15　市民和志愿者参与生活垃圾分类志愿服务活动的意愿

广”“投放引导”和“社会公益”的分别占 61.3%、51.2%和 60.8%。仅有 7.6%的市民和 3.0%的志愿者表示自己不愿意参与生活垃圾分类志愿服务活动。

（六）设施不够完善和分类标准复杂是当前推进生活垃圾分类的主要困难

对于上海推进生活垃圾分类的主要困难（见图 16），受访市民认为排在前三位的是“垃圾分类设施不够完善”“垃圾分类标准太过复杂”和

"居民意识薄弱"，选择占比分别为50.1%、50.1%和48.3%。受访志愿者认为排在前三位的困难是"垃圾分类设施不够完善""居民意识薄弱"和"后续对分类垃圾的处理问题"，选择占比分别为53.2%、50.8%和43.0%，志愿者的选择与市民略有差异。此外，还有部分市民和志愿者选择"居民缺乏相关知识"和"相关规定可操作性较低"，相比之下，市民和志愿者选择"政府宣传力度不够"的比例最低。以上数据一方面体现了市民对政府宣传工作的肯定，另一方面也指明了上海未来推进生活垃圾分类的工作方向。

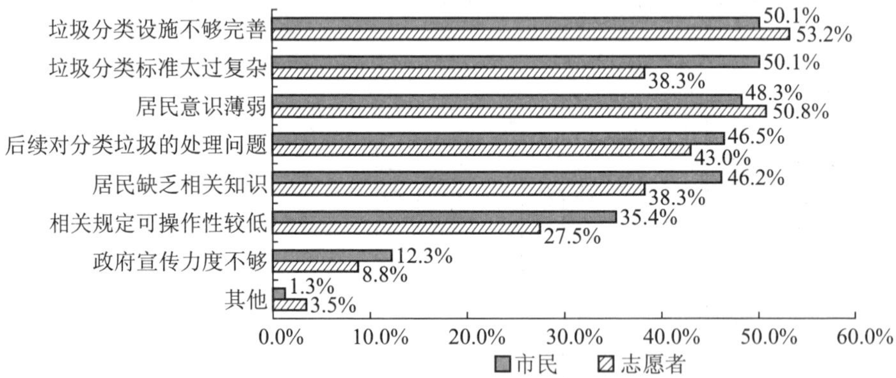

图16　市民和志愿者认为上海推进生活垃圾分类的主要困难

三、今后以志愿服务持续推进垃圾分类工作的建议

垃圾分类事实上是一个系统性的社会工程与社会革命，不仅需要自上而下的政府推动与自下而上的社会治理相衔接，还要能够生活垃圾产生与处理全过程的协同。如前所述，当前上海的垃圾分类工作已经取得积极成效，在其中市民和志愿者都付出了艰苦的努力。但与此同时，正如调查数据所显示的，在今后进一步保持和提升生活垃圾分类功能的效能，就需要与志愿服务工作创新紧密结合、社会治理创新紧密结合、与新时代文明实践紧密结合。具体来说，主要在以下几方面：

（一）垃圾分类工作要与志愿服务工作相结合

志愿服务是培育践行社会主义核心价值观的生动实践，是现代社会文明进步的重要标志，是加强和促进精神文明建设的重要载体。正如在前文所展示的，在推进垃圾分类工作过程中，在市文明办的统筹下，各条线、各街镇志愿者齐上阵，确保了垃圾分类工作从推进到进一步深化。从某种程度上看，上海在今后一段时期内，持续推进垃圾分类工作将是志愿服务的重要组成部分。在实践层面，除了进一步动员社会力量之外，还需要在工作中持之以恒。

化繁为简创新全社会参与，简化垃圾分类的各类信息、技术。围绕着垃圾分类而形成的分类目录、操作系统、处理设备等各类信息、技术纷繁复杂（如分类目录精细化、餐厨垃圾粉碎机等的适用性等），其间涉及一定的专业性但少有权威解读或社会化传播，在一定程度上使得普通公众对于垃圾分类望而却步，反映出全民垃圾分类的素养缺失，尤其是由于相关媒体信息“爆炸”且内容繁杂则令人难以掌握。由此，建议在提供的信息或技术基础上，进一步整合提炼生活垃圾分类的关键要点，为市民提供简化版的垃圾分类攻略或指南，以利于一般公众普及。

持之以恒战略与小步快跑战术相结合，发挥志愿服务体制优势。垃圾分类是一项水滴穿石的工作，是居民生活习惯养成的过程，需要持之以恒地推进。从国外实践看，德国用了 50 年，日本用了 27 年，垃圾分类才见成效。而过去 19 年间，垃圾分类之所以进展缓慢，其症结就在于持续性欠缺，如垃圾种类频繁更改、政府在后续的分类处理上不够成熟等，使得时紧时松，居民无法养成相应的习惯。由此，政府在垃圾分类的相关政策出台及其实践中，要能够持之以恒，注重层层递进；同时还要能够在战术落实上小步快跑，即在坚持分类实践的同时鼓励各种“微创新”，有效改善和提升垃圾分类处理全流程的效率。

（二）垃圾分类工作要与社会治理创新相结合

党的十四届四中全会指出，坚持和完善共建共治共享的社会治理制度，保持社会稳定、维护国家安全。如前所述，垃圾分类是一个需要所有居民共同参与、共同完成的议题。它关系到每一个社区成员，触动所有人的利益和生活方式。正基于此，持续深化垃圾分类工作，有必要通过垃圾分类来凝聚社会共识，并由此促进社区自治、社区营造，重新探讨邻里关系，学习邻里之间如何对话，如何协商社区公共议题。正是从这个意义上讲，垃圾分类工作的长效机制构建离不开社会治理创新。

以街镇社区为重点，进一步夯实基层社区的长效机制。居民日常生活在社区，生活垃圾分类的重点也在基层社区。从分类工作推进来看，基层社区纷纷探索各种创新模式与工作法，取得了积极的成效，反映出上海在基层社会治理方面的体制优势。但同时，街镇政府部门在主导推进中也面临着高成本与边际效益递减的困境。无论是志愿者值班（补贴）还是分类垃圾桶提供，乃至于小区摄像头安装（监控）等，都付出了极为高昂的经济和社会成本；相较之下，社区居民的参与度仍有待进一步提升。实践经验表明，党建引领和社区自治是推进垃圾分类的关键要素。由此，形成垃圾分类的长效机制，有必要进一步激发社区居民活力，创新自治形式，如可通过社区自治金项目来整合各类社区团队力量（文艺团队、广场舞等），以点带面，在激发居民参与的同时进一步提升基层治理水平。

充分动员各方面社会力量参与垃圾分类。与禁烟、禁放烟花爆竹不同，垃圾分类几乎是一项涉及全人群、全天候的社会实践，需要社会、主管部门提供各种软硬件的支持，尤其需要各方面社会力量的参与。从现实来看，《条例》的出台与执行为用法律的权威性和强制力来推行垃圾分类、确保垃圾分类能得到有效执行提供了保障，但垃圾分类的主导推进力量仍然是政府行政力量，各方面社会力量如社会组织（车友会、环保组织等）参与仍然处于碎片化、局部化状态。由此，可结合创新社会治理的路径，通过政府购买服务的方式引入各类（环保）社会组织、通过政策创新引入各类法人企业投入等，并由此形成政府主导与社会协同的并进。

（三）垃圾分类工作要与新时代文明实践推进相结合

新时代文明实践中心是一种具有公民思想政治教育功能和属性的公共空间，是思想政治教育公共空间的一种创新形式，既要“凝聚群众、引导群众、以文化人、成风化俗”，又要能够加强民众的精神联系，促进精神文明实践共同体的形成，进而推动社会文明的整体进步。垃圾分类工作正提供了这样的实践空间，要推动市民在参与垃圾分类过程中形成共识，广泛深入地组织各种公众性实践活动，并注重教育内容的通俗化亲近性，引导民众积极、有效地参与其中。

进一步做好宣传动员工作，形成垃圾分类社会共识。从精益管理的角度看，推动生产生活方式变革，首要的步骤在于形成社会共识。垃圾分类推进中的种种问题，在很大程度上在于各方面人群对垃圾分类缺乏共识，尚未形成人人参与推进垃圾分类的共识。由此，要进一步完善全媒体社会宣传格局，创新宣传方式，如在利用各类媒体（自媒体）宣传的同时，可以组织如生态文明讲师团、开放社会参观垃圾处理厂等形式或活动，来进一步形成“要我做”到“我要做”的社会责任意识。

2020 年 2 月

作者介绍：

杨雄，上海社会科学院社会调查中心主任、研究员，上海社会科学院社会学研究所研究员，上海市志愿者协会副会长

俞伟，上海市精神文明建设委员会办公室志愿服务工作处处长、上海市志愿者协会秘书长

汪曙光，上海市精神文明建设委员会办公室志愿服务工作处四级调研员

裘晓兰，上海社会科学院社会学研究所助理研究员

魏莉莉，上海社会科学院社会学研究所副研究员

上海市推进新时代社区志愿服务制度化常态化研究报告

杨　雄　俞　伟　管晓玲　张虎祥

摘　要：　近年来，上海以市政府实事项目为抓手，在全市共建立 14 家区志愿服务指导中心、220 家街镇社区志愿服务中心和 5000 多个居村学雷锋志愿服务站，推动了社区志愿服务体系形态完善、内涵提升、惠及民生，使学雷锋志愿服务在扎根社区中更好地发挥围绕中心、服务大局、引领风尚的重要作用。本研究聚焦近四年来上海推进社区志愿服务制度化常态化的实践经验，尤其是推动组织体制与机制方面的创新举措，在此基础上，把握进一步推进新时代社区志愿服务制度化常态化的现实路径，并为今后弘扬时代新风、培养时代新人、提升社会文明程度、推进社会治理精细化现代化及新时代文明实践中心建设提供有益的借鉴。

关键词：　社区　志愿服务　制度化　常态化

随着中国特色社会主义进入新时代，经济社会发展进入新阶段，学雷锋志愿服务被赋予新的历史使命。作为新时代文明实践的主要方式，其在培养时代新人、提升社会文明程度、推进社会治理现代化、凝聚实现中华民族伟大复兴强大力量的实践中正发挥着越来越重要的作用。推动新时代学雷锋志愿服务持续健康发展，制度化常态化是关键所在，阵地是基本依托，社区志愿服务制度化常态化是基础工程，直接关系到基层民生保障、社会治理创新以及新时代文明实践中心建设能级和水平。

近年来，上海以市政府实事项目为抓手，在全市共建立 14 家区志愿服务指导中心、220 家街镇社区志愿服务中心和 5000 多个居村学雷锋志愿服务站，在横向上实现社区志愿服务中心全覆盖，在纵向上形成市、区、街镇、居村四级志愿服务网络，推动社区志愿服务体系形态完善、内涵提升、惠及民生，使学雷锋志愿服务在扎根社区中更好地发挥围绕中心、服务大局、引领风尚的重要作用。由此，本研究聚焦近四年来上海推进社区志愿服务制度化常态化的实践经验，尤其是组织体制与推进机制方面的创新举措，在此基础上，把握进一步推进新时代社区志愿服务制度化常态化的现实路径，并为今后培养时代新人、提升社会文明程度、推进社会治理精细化现代化及新时代文明实践中心建设提供有益的借鉴。

一、社区志愿服务发展的时代背景和实践基础

随着我国经济社会发展进入新时代，学雷锋志愿服务面临新的机遇和挑战，其发展理念、体制机制、载体手段等方面都将呈现出新的发展态势。正是在这一背景下，如何更好推动社区志愿服务制度化常态化，直接关系新时代学雷锋志愿服务能否实现转型升级，也成为理论界和实务实践者关注的焦点。正基于此，我们有必要把握当前我国志愿服务转型发展的新形势，进一步增强对社区志愿服务制度化常态化重要意义的认识。

（一）社区志愿服务发展的时代背景和重要意义

随着我国经济社会发展进入新时代，社会领域也呈现出与以往不同的特征：**首先，**经济社会发展使人们的思想观念更加多元，不同利益群体在形成的同时其需求也日益多样化。**其次，**社会的快速流动、利益格局及资源配置方式的深刻调整导致社会多元主体间关系的高度复杂化，人们的利益诉求更加多样、参与社会事务的意愿更加强烈，社会治理面临的形势更加复杂、任务更加繁重。与此同时，经济社会的快速发展迫切需要调动社会各方面力量共同参与。**第三，**现代信息技术及互联网科技、大数据、现代金融等技术的

快速升级换代，不断冲击和改变社会的认知、认同及传统的管理组织方式，社会生活的不确定性日益增强，群体、组织、空间等有形的边界日益模糊，组织和整合社会生活、秩序的主导权力来源和机制将持续发生改变。从现实来看，这些挑战都对宣传思想文化和精神文明建设工作改进创新、社会治理模式现代化等提出了新的要求。正是在这一背景下，学雷锋志愿服务得到快速的发展，已经融入经济、社会、文化、生态文明建设方方面面，并通过融入社区、融入生活，成为人民群众奉献爱心的重要渠道，成为社会主义核心价值观落细落小落实的重要载体，社会参与日益广泛、服务领域不断拓展，制度保障更加健全，在价值引领、服务大局、惠民利民中发挥着重要作用。

当代中国的志愿服务从 20 世纪 80 年代开始，是在继承“学雷锋、做好事”和中华民族邻里互助的传统，以及借鉴国外现代志愿服务精神的基础上发展起来的。而今，志愿服务正在迎来其发展的新时代，逐渐成为国家战略的常态化元素，成为国家及地方发展不可或缺的组成部分。党的十八大以来，以习近平同志为核心的党中央高度重视学雷锋志愿服务，作出一系列重要部署，出台一系列重要政策，推动学雷锋志愿服务工作蓬勃开展。

2016 年，习近平两次主持召开中央全面深化改革领导小组会议，专题审议志愿服务工作，相继出台《关于支持和发展志愿服务组织的意见》（文明办〔2016〕10 号）和《关于公共文化设施开展学雷锋志愿服务的实施意见》（文明办〔2016〕22 号）。

2017 年，我国第一部志愿服务专项行政法规《志愿服务条例》于 9 月颁布并于 12 月 1 日起施行。2017 年 10 月，习近平总书记在党的十九大报告关于“加强思想道德建设”中明确提出“推进诚信建设和志愿服务制度化，强化社会责任意识、规则意识、奉献意识”，标志着我国志愿服务事业进入了新的战略机遇期，也对新时代志愿服务创新发展提出了更高要求。

2018 年 7 月 6 日，习近平主持召开中央全面深化改革委员会第三次会议并发表重要讲话。会议审议通过《关于建设新时代文明实践中心试点工作的指导意见》（厅字〔2018〕78 号）。中办印发的《指导意见》明确指出，文明实践中心的主体力量是志愿者，主要活动方式是志愿服务。志愿服务工作要贯彻落实中央要求，把推进新时代文明实践中心建设作为重中之重，将更多力量和资源向这方面聚集，确保文明实践中心有效运行。

2019 年 5 月，中央编办批复同意在中央文明办三局加挂“全国志愿服务工作协调小组办公室”牌子，增加“负责全国志愿服务工作的统筹规划、协调指导、督促检查和经验推广”的职责，增加行政编制 4 个，中国志愿服务联合会 25 个事业单位编制。

2019 年 7 月 23 日—24 日，中宣部、中央文明办召开中国志愿服务联合会第二届会员代表大会，中共中央总书记、国家主席、中央军委主席习近平发来贺信。习近平强调，中国志愿服务联合会要认真履行引领、联合、服务、促进的职责，为广大志愿者、志愿服务组织服务他人、奉献社会创造条件。各级党委和政府要为志愿服务搭建更多平台，给予更多支持，推进志愿服务制度化常态化。

当前，我们要从统筹推进“五位一体”总体布局和协调推进“四个全面”战略布局的高度，从推动物质文明和精神文明协调发展的高度，进一步提高对新时代推进社区志愿服务重大意义的认识。

1. 社区志愿服务是培养时代新人的重要途径。进入新时代，党的十九大明确提出培养担当民族复兴大任的时代新人。习近平强调，时代新人必须是在思想水平、政治觉悟、道德品质、文化素养、精神状态等方面同新时代要求相符合的。培养时代新人，要靠学习教育、宣传引导，更要靠身体力行、实践养成。学雷锋志愿服务，既体现了人们对高尚精神境界的美好向往，又顺应了人们实现自我价值和人生意义的内在追求，是人民群众乐于参与、踊跃参与的道德实践活动，而社区为人民群众广泛开展学雷锋志愿服务提供了广阔的空间和舞台，更容易激发共建美好家园的主人翁意识，使人们在为他人送温暖、为社会作贡献的过程中，积极践行和弘扬社会主义核心价值观，坚定理想信念，厚植家国情怀，涵育道德情操，争做有大爱大德大情怀的人。

2. 社区志愿服务是提升社会文明程度的重要载体。社会文明程度的显著提升，既是全面建成小康社会、全面建设社会主义现代化国家的重要任务，也是实现人们对美好生活向往的必然要求。学雷锋志愿服务体现了人们对社会的责任意识、奉献意识，既是社会文明进步的产物和标志，又推动着社会的文明进步。对于基层社区来说，学雷锋志愿服务搞得越好的社区，往往更能够形成守望相助的良好人际关系和良好家风、淳朴民风和文明社风，文明程度和居民文明素质也越高，发展后劲和潜力也越强。

3. 社区志愿服务是推进社会治理现代化的重要方式。党的十九大强调，要推进社会治理现代化，打造共建共治共享的社会治理格局。学雷锋志愿服务是群众自我服务、自我教育、自我提高的重要方式，是创新社会治理的有效载体，能够有效弥补政府服务和市场服务的不足与缺位，为政府分忧、为百姓解难。社区志愿服务能够在贴近群众生活中及时发现和回应民生需求，搭建志愿者、服务对象和服务项目对接平台，引导群众就近就便参与志愿服务，促进公共服务、便民服务有机衔接。正是在这一实践过程中，社区志愿服务的重要性日益凸显，推动社会治理的广度、深度和效率进一步增强。

4. 社区志愿服务是凝聚实现中国梦强大力量的重要纽带。实现“两个一百年”奋斗目标，实现中华民族伟大复兴的中国梦，需要13亿中国人民团结一心、共同奋斗。学雷锋志愿服务，是最能把各行各业的人们广泛凝聚起来的载体，是最能让心怀梦想的人们尽展聪明才智的平台，而社区是居民、企事业单位职工、社会组织人士、未成年人等各类群体集聚的场域，也是多元群体工作、学习、生活及实现个人价值和共同梦想的所在，志愿服务成为时时都传递着温暖力量的城市名片和靓丽风景线。活跃在城乡社区的城市文明志愿者，在服务保障大型赛事、精准扶贫、乡村振兴等国家战略，以及国际友好交往中的作用日益凸显。

（二）上海社区志愿服务的发展历程

改革开放为我国志愿服务发展奠定了时代条件和思想基础，孕育了社区志愿服务的萌芽。从上海社区志愿服务的发展脉络来看，主要经历了四个阶段，即萌芽阶段、普及阶段、提升阶段以及后世博的深化阶段。

党的十一届三中全会以来，随着我国经济体制改革的推进，人民生活水平的提高，居民对精神文化和社会服务的需求急剧增长，社区志愿服务出现萌芽并发展起来。一方面，依托“学雷锋”活动以及“五讲四美三热爱”等活动的开展，引导群众投身精神文明建设实践，为志愿服务活动奠定了较好的群众基础，青年群体等走进社区，使“学雷锋、做好事”蔚然成风，成为社区志愿服务的先行者；另一方面，则是源于社区居民的邻里互助活动，20世纪80年代，上海住房条件较差，邻里之间联系密切、交往频繁，“远亲不如近邻”，邻帮邻、户帮户活动，孕育了社区志愿服务的雏形。这一阶段的特点是群众参与面较窄，服务手段、项目、对象单一，以零散状态为主。

进入20世纪80年代中期之后，1986年，国家民政部第一次提出在城市开展社区服务工作的要求。1987年9月，民政部明确提出：“倡导民间的互助精神，以灵活多样的社会服务形式，为居民特别是有困难的人提供各类社会福利的社会服务。”1997年7月27日，上海市志愿者协会注册登记成立，随后各区、县志愿者协会分会相继成立，志愿者活动的宗旨和任务进一步明确，市、区、街镇和基层单位的三级管理四级网络组织体系逐步建立。这一阶段的特点是社区志愿服务活动蓬勃开展，社区志愿者队伍不断壮大，活动规模扩大，服务内容拓展，服务对象也从社区困难群体延伸到全体社区居民，从民政的帮困救助、社区服务范畴向精神文明建设意义上的覆盖领域更广泛、内涵更丰富的志愿服务转变。但志愿服务活动缺乏总体规划，功能还处于探索阶段，志愿服务还没有形成整体效应。

进入21世纪之后，上海社区志愿服务得到进一步发展，志愿服务在促进社会和谐的过程中，获得广阔的发展空间，展现出强大的社会影响力。2009年4月23日，第十三届上海市人民代表大会常务委员会第10次会议通过《上海市志愿服务条例》，并于2009年6月1日起正式实施，标志着上海志愿服务事业的发展进入一个有法规鼓励、保障和规范的新阶段。这个阶段的社区志愿服务活动运行管理更加规范，组织形式更加灵活，服务类型更加多样，服务内容更加丰富，涌现出一批志愿服务优秀个人品牌和集体项目。

2010年上海世博会之后，上海志愿服务进入后世博时代，社区志愿服务向纵深发展，为志愿服务从“战时”向“平时”转型提供动力。在党和政府“加强社会建设、创新社会治理”的重要战略部署下，作为创新社会治理的有效途径和加强新形势下精神文明建设的有力抓手，志愿服务得到了进一步的提升和发展。而经过世博会的洗礼，上海的志愿服务事业也开创出了新的局面：志愿服务理念更加深入人心，市民群众参与热情更加高涨，社会各方关心支持的氛围更加浓厚，志愿服务工作推进体系更加完善，志愿服务不仅在内涵上有了进一步的提升，同时在组织管理、项目运作、保障机制等方面都有了进一步的全面性、系统性完善。尤其是2012年上海启动了社区志愿服务阵地建设，推动各区积极试点探索，并于2016—2017年以市政府实事项目为抓手，进一步推动街镇的志愿服务的制度化常态化建设，在提高市民文明素质和城市文明程度、形成志愿服务社会动员机制和社会保障体系等方面发挥了积极作用，成为推进上海基层社会治理的基本力量之一。

（三）支撑上海社区志愿服务发展的五大体系保障

近年来，上海志愿服务逐步探索形成了组织运行、制度保障、能力建设、民生服务和文化涵育等五大体系，为社区志愿服务制度化常态化发展提供了有力保障，而社区志愿服务制度化常态化发展又为五大体系落地见效夯实了基础。截至2019年6月底，通过与全国志愿服务信息系统对接的“上海志愿者网”实名注册的志愿者达415万人，占常住人口的17%，提前完成国家“十三五”规划目标。全市志愿服务组织达2.3万多个，其中市志愿者协会直属总队达120多支，发布志愿服务项目25万多个，建成区志愿服务指导中心14家、街镇社区志愿服务中心220家、市级志愿者服务基地140多家。这些良好的发展态势，离不开上海志愿服务体制机制不断健全和社区志愿服务体系日趋完善，并在两者相互促进、相辅相成的共同推动下，上海学雷锋志愿服务正从规模化发展向内涵式发展转型升级。

1. 完善组织运行体系，汇聚学雷锋志愿服务宏大力量。完善市文明办统筹规划协调指导、市志愿者协会联络各方壮大队伍、市志愿服务公益基金会募集资金大力支持的“一体两翼”工作机制，形成党政各部门、社会各方面共同支持参与的工作格局。推动各级志愿者协会、志愿者服务基地联谊会、外企志愿服务联盟等组织体现自身优势，积极发挥牵头协调和社会化配置资源的作用，为各类志愿服务组织、项目、活动规范运作和蓬勃发展提供指导和帮助。每年资助志愿服务小微项目，建立“互联网+电波+志愿服务”供需对接平台，依托各级各类志愿服务阵地，开辟政策支持、专项资助、政府购买服务、资源对接等多元化途径，推动志愿服务组织发挥优势、各展所长。

2. 完善制度保障体系，优化学雷锋志愿服务社会生态。强化法律制度保障，开展《上海市志愿服务条例》监督调研和修法工作，逐步完善登记管理、资金支持、人才培育、项目运作、监督评估、供需对接、服务记录等配套制度，制定《上海市突发事件志愿服务管理办法》《上海市志愿者服务基地创建管理办法》《上海市志愿者协会志愿服务总队管理办法》等专项文件，形成“条例—制度—办法”相互衔接的法律制度体系。强化资金资源保障，发挥上海志愿服务公益基金的资金扶持和“关爱好心人”专项基金的困难资助作用，探索社会化资金募集渠道。强化信用激励保障，将符合条件的实名注册志愿者、历届上海市志愿服务先进集体和个人及志愿服务捐款单位等志愿服务信息纳入市信用平台。强化保险礼遇保障，为全市所有的注册志愿者提供多重意外保险保障，为志愿者提供健康体检、心理疏导、就医便利等医疗服务和文体类礼遇项目，提升志愿者的美誉度。

3. 完善能力建设体系，形成学雷锋志愿服务持续动力。以理论研究为先导，举办上海志愿服务论坛和长三角地区志愿服务论坛，研制年度《上海志愿服务发展报告》，出版《上海志愿服务发展蓝皮书（2018）》，汇编《上海志愿服务丛书》。以专业培训为核心，建立国内首个雷锋学院，成立上海市志愿服务培训中心，编印“志愿心”和“志愿行”教材，构建线上线下相融合、分层分类相衔接的培训系统。建立文体场馆、医院、交通枢纽、旅游窗口等一批专业化志愿者服务基地，培育和壮大文化、医疗、应急、心理咨询、法律援助等专业化志愿服务团队。以“互联网+”为支撑，完成“上海志愿者网”能级提升，在纵向上实现上接全国志愿服务信息系统，下连社区志愿服务中心的全线贯通；在横向上打造集咨询、激励、培训等为一体的综合服务平台，不断完善覆盖全市的志愿服务信息汇集、使用和共享大数据库。

4. 完善民生服务体系，增强学雷锋志愿服务惠民实效。以市政府实事项目为抓手，完善社区志愿服务体系。聚焦民生关切，广泛开展“邻里守望”志愿服务活动。聚焦扶贫、济困、扶老、救孤、恤病、助残、救灾、助医、助学等九大方面，积极探索政企合作、政社联动新模式，加强社会化运作，打造跨界合作志愿服务品牌，形成“垃圾分类”“交通文明”“老伙伴”“随手公益”“相约宅基头”“惠民医盟”“千人帮万家”“乐邻互助站”等一大批扎根社区、服务民生的“邻里守望”志愿服务特色项目，整合跨界资源，释放品牌效应，推动学雷锋志愿服务深度融入社会治理。

5. 完善文化涵育体系，营造学雷锋志愿服务浓郁氛围。创新活动载体，举办上海志愿服务文化推广季，开展上海志愿服务网络文化节、“为好人点赞”志愿者晚会、“温暖申城、志愿先行”微电影征集评选展示等大型活动，召开志愿服务为主题的市政府新闻发布会，评选上海市年度志愿服务十件大事，不断扩大志愿文化的社会影响力。突出典型引领，以党员干部、公众人物、青少年、先进模范为示范带动，将志愿服务不少于60课时纳入高中阶段综合素质评价，作为高考升学依据，形成了“党员到社区，人人做公益”党员志愿服务、劳模便民志愿服务等一批品牌项目，培育了南京东路学雷锋志愿服务联盟、上海外企志愿服务联盟、浦东高行爱心妈妈以及500多个专业性的志愿服务总队和基地等一批先进团队，选树了张兴儒、黄吉人等一批全国“四个100”先进典型。上海在历年全国学雷锋志愿服务“四个100”先进典型宣传推选活动中均名列前茅。融入社会生活，建立了上海雷锋纪念馆、学雷锋主题公园、雷锋广场、雷锋集市、雷锋驿站等一大批学雷锋志愿服务文化地标，在全市实施规范统一的上海志愿者视觉识别系统，发挥公益广告、艺术作品、微电影等文化载体启迪激励作用，构筑温暖人心的志愿文化风景线。

正是在上海志愿服务制度化建设的顶层设计和综合保障下，社区志愿服务也日益呈现出常态化制度化发展的良好态势。

二、本研究的基本思路与方法

（一）社区志愿服务常态化制度化的理论内涵

从理论上看，常态是指经常出现、持续存在的正常状态。常态化就是要把阶段性任务转化为经常性工作，经常抓、经常做，不间断、不停滞。制度是操作规程和行动准则，反映着对客观规律的理性认识。制度化，就是各项工作要在基本内容、方式方法、操作程序等方面有章可循、照章办事，做到规范化落实，防止和克服随意性。从这方面来说，制度化是规范化的前提、科学化的基础，是保证工作质量、增强工作效果的重要条件。

如前所述，志愿服务发展的转型，意味着日常化与社会化的发展趋向。与此同时，对于社区志愿服务，常态化和制度化两方面要求是相辅相成、紧密相关的，不能相互脱离或相互割裂。常态化是制度化的基础和落实。没有长期的志愿服务实践，就难以形成行之有效的体制机制；同时，无论多么完善的体制机制，只有落实到经常性志愿服务实践中，才能发挥应有的作用，体现自身的价值。制度化是常态化的保障和引领，是更高层次的常态化。没有制度化的保障，常态化就难以真正持久；没有制度化的引领，常态化就只是在低层次、低水平上循环，志愿服务的质量和效果难以提高。正基于此，推进社区志愿服务的制度化常态化，就是要坚持常态化和制度化有机融合、同步推进，在相辅相成、相互转化中不断实现更高质量更高水平的制度化常态化。

正是从这个意义上看，新时代上海在社区志愿服务中逐步完善基层志愿服务网络、聚焦供需对接孵化项目、强化激励褒奖和培训管理以及涵育志愿文化等方面持续推进，正在探索形成一整套行之有效的社区志愿服务制度化常态化发展路径。

(二)研究方法与样本基本状况

本研究采用定量研究与定性研究相结合的方式,力图较为全面展现上海社区志愿服务制度化常态化的实践脉络、经验、问题瓶颈,并在此基础上进一步提出有针对性的建议。

定量研究聚焦社区志愿服务体系,主要针对区志愿服务指导中心及街镇社区志愿服务中心连续四年(2015—2018)的问卷追踪调查,并由此展现上海社区志愿服务体系的发展脉络。截至2019年底,全市共有区志愿服务指导中心14家、社区志愿服务中心220家,覆盖全市所有街镇社区,且在有需求并具备条件的功能区、开发区等同级别行政管理区域也已部分设立。同时,居村一级实现学雷锋志愿服务站全覆盖。借助连续四年的问卷调查数据,进行历史比较分析并展现当前社区志愿服务制度化常态化发展中存在的现实问题和瓶颈。

定性研究为文献研究和实地研究。文献分析主要聚焦当前志愿服务发展的现实背景、国内外基层志愿服务的最新进展和发展经验以及上海在推进志愿服务工作中的探索与实践等内容展开。首先,结合进入新时代以来我国经济社会发展的新态势,从培养时代新人、提升社会文明程度、推进社会治理现代化以及凝聚实现中国梦强大力量等方面总结新时代推进社区志愿服务制度化常态化的重要意义;其次,针对国内外社区志愿服务制度化常态化的实践经验借鉴;同时追溯上海社区志愿服务发展的历程,总结上海在推进社区志愿服务制度化常态化中的组织运行、制度保障、能力建设、民生服务及文化涵育五方面工作体系支撑,并由此为本研究报告提供了坚实的基础。实地调查主要通过对典型区、街镇两级志愿服务中心的走访、座谈以及资料分析,展现不同类型的中心在实际运作过程中的典型经验、现实问题及其现状,并综合相关研究形成对策思路。

三、上海推进社区志愿服务制度化常态化的实践探索

近年来,上海深入贯彻党中央、上海市委关于推进社区志愿服务的相关

部署，在创新社会治理中逐步完善基层志愿服务网络，并通过多样化的举措持续推进社区志愿服务的制度化常态化，社区志愿服务的日常化与社会化不断增强，志愿服务对于改善民生、创新社会治理及培育社会主义核心价值观的基本功能不断增强。但与此同时，在社区志愿服务制度化常态化实践过程中仍然存在一些现实问题和挑战，需要持续加以改进。

（一）社区志愿服务的常态化实践：制度化的基础与落实

1. 阵地化建设：构建社区志愿服务网络。**中心使用面积持续增加，硬件设施持续改善**。借助上海市政府实事项目的推进，2016 年以来，各区、街镇充分利用社区文化活动中心、党建服务中心、生活服务中心、社会组织服务中心、白领服务中心等现有场地和设施，积极盘活存量，促进资源共享。从硬件配置来看，2018 年使用面积超过 80 平方米的社区志愿服务中心占比为 90.0%，各中心的使用面积呈现持续扩展的态势；虽以与其他机构合建为主（73.6%），但以社区志愿服务中心为主体建设并为其他机构共用占比为 26.4%，较 2017 年有所增长（6.8%）。可使用总面积均值为 452.46 平方米（中位数为 163 平方米），独立面积平均值为 64.12 平方米（中位数为 38 平方米），共享面积为 465.67 平方米（中位数为 200 平方米）。同时，在 2018 年，12.3% 的中心完成新建，10.0%的中心完成改扩建，硬件设施得到持续改善。主要

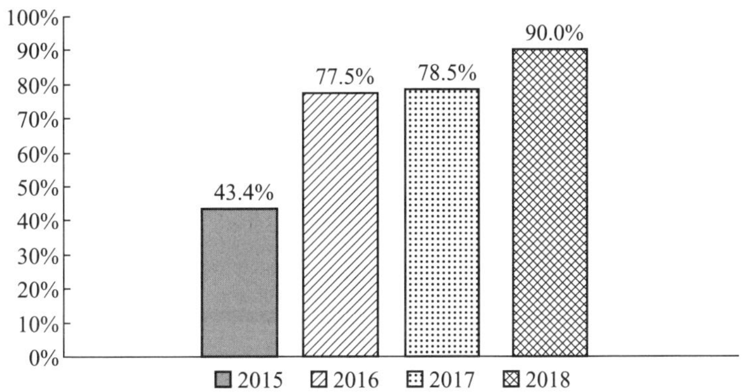

图 1　2015—2018 年使用面积超过 80 平方米的社区志愿服务中心占比

体现在展示空间更大（81.5%）、场地更大（77.8%）以及增加专门的功能室（63.0%）、离居民更近（63.0%）、位置更醒目（59.3%）以及周边交通更便利（37.0%）等方面，体现出政府实事项目实施后的基础设施建设的推进成效。

社区志愿服务中心人员配备以2人为主，专兼职搭配成主流趋势。社区志愿服务中心2018年平均拥有工作人员3人（中位数为2人），基本与2017年持平；在人员构成上，专职人员和兼职人员其中位数为3人和2人，较2017年的1人（中位数）明显上升。可见，当前社区志愿服务中心的人员配备已经相对稳定，专兼职的搭配也相对合理。

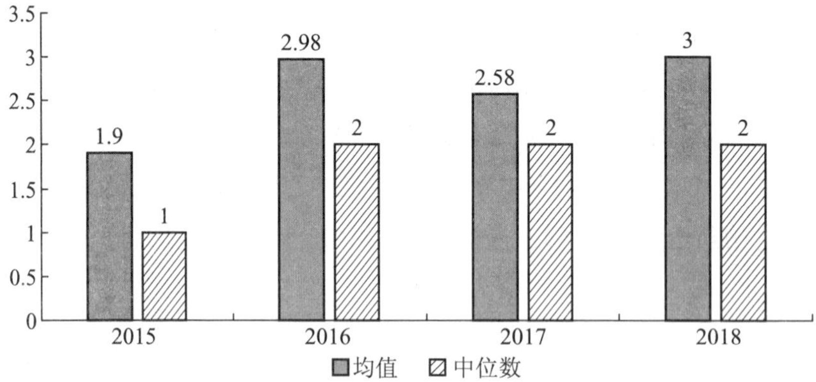

图2　2015—2018年社区志愿服务中心人员配置（均值与中位数）（人）

运作经费以政府财政支持为主且较为充足。2016—2017年，市区财政累计投入超过1.5亿元，其中市文化事业建设经费两年共计投入近7000万元，为每个评估达标中心提供一次性补贴30万元，在不要求区级配比资金的情况下，区级财政两年投入软硬件建设费用超过8000万元。各中心日常运作经费纳入地方财政预算，2018年各中心平均经费投入为24.1万元，较2017年经费投入30.2万元有所下降。这主要因为前几年社区志愿服务中心的硬件经费投入较多，2018年进入以内涵建设为主的阶段，故经费投入较前几年有所下降。具体来看，政府财政支持是社区志愿服务中心主要的经费保障，社区中心运作经费中财政经费占比均值为85.93%（中位数为100%），而社会募集、企业赞助以及其他渠道资金不足3%。总体上看，社区志愿服务中心的运作经费较为充足。

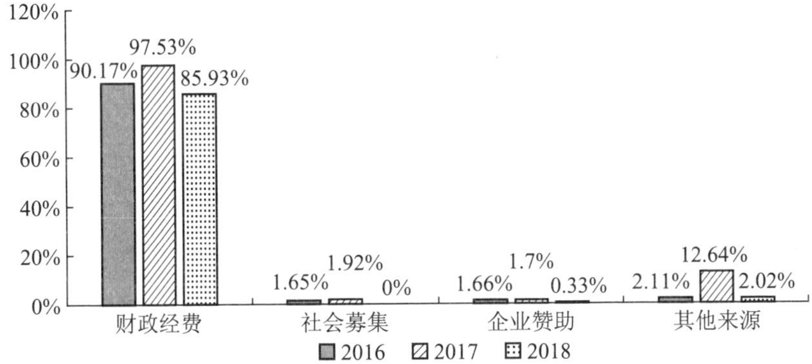

图3　2016—2018年社区志愿服务中心经费来源占比（均值）

从阵地建设来看，全市220家社区志愿服务中心还充分整合区域志愿者服务基地、雷锋驿站、公益集市等各类阵地资源，进一步完善了市、区、街镇、居村四级志愿服务网络。在实践中，各区还根据自身实际情况进行创新探索，如松江区整合松江大学城10所高校资源，建立区级志愿服务指导中心分中心；黄浦区挖掘区域志愿文化传统底蕴，在南京东路和豫园等城市地标，建立学雷锋志愿服务特色站点，使志愿服务网络更完善，覆盖更多人群。

2. 实体化运行：搭建政府与社会合作平台。**社区志愿服务中心的运作模式基本以街镇自主管理为主，但已呈现出多元性、社会化运作趋势**。从历年调查数据来看，社区志愿服务中心的运作模式主要还是以街镇自主管理为主，但呈逐年下降态势，2018年的比例为62.7%，低于2017年的65.4%。值得注意的是，社区志愿服务中心运作呈现出多元性和社会化发展特征，借助社会化力量运作的占比逐年上升为35.9%，较2017年上升2.3个百分点。2017—2018年社区志愿服务示范中心采用街镇自主管理模式的占56.3%，低于非示范中心的65.8%近10个百分点；而示范中心采用多种社会化运作方式的占42.3%，远高于非示范中心的33.0%。可见，引入社会力量来管理和运营社区志愿服务中心是极为有效的运行模式。

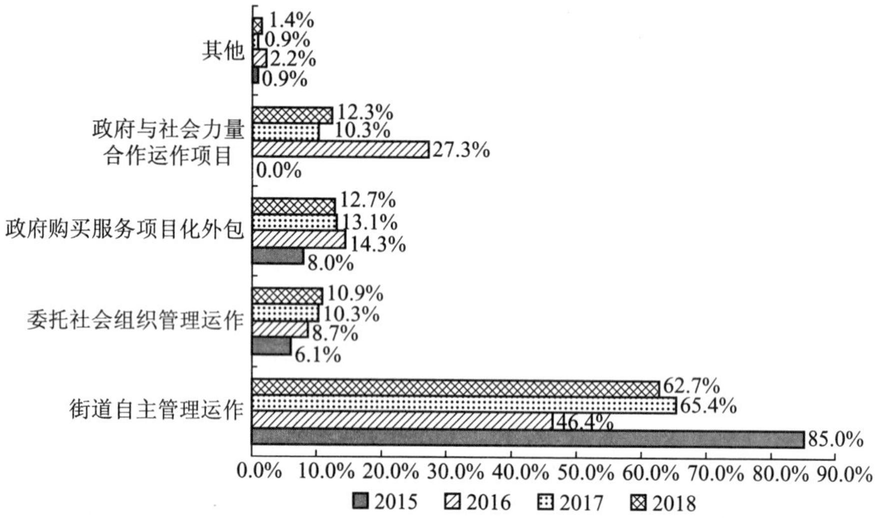

图4　2015—2018年社区志愿服务中心运作模式

与此同时，中心旗下志愿服务团队、有合作关系的社会组织、常态化项目持续增加。中心的功能能否有效发挥，取决于其旗下的志愿服务团队、建立合作关系的社会组织以及常态化项目等的情况。从社区中心来看，2018年其旗下各类志愿服务团队均值为72支，有长期合作的社会组织为5个，

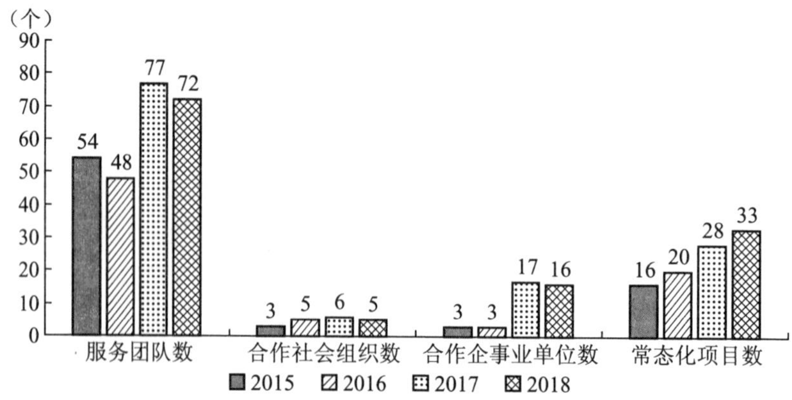

图5　2015—2018年社区志愿服务中心服务资源状况（均值）

有长期合作的企事业单位均值为16个，均较2017年有所下降，但总体比2015—2016年有明显提升，且2018年拥有常态化项目33个，较2017年增加5个；每个社区中心志愿服务基地为8个。在2017—2018年的示范中心中，旗下志愿服务团队、有合作关系的社会组织以及常态化项目数量（均值）分别为92、6、47个，均高于非示范中心的61、4和26个。可见，社区中心所拥有的服务资源2018年的数量虽较2017年有所下降，但其内涵和质量在动态调整中持续发展。

3. 信息化管理：助力服务绩效提升。**基层志愿服务信息化逐步完善，全国志愿服务信息系统成为活动开展有效助力**。志愿服务的发展离不开信息化支撑，尤其是在现代信息技术的推动下，建立和运作信息平台，将直接提升志愿服务的绩效。在实事项目推进中，中心的信息化建设日益完善。

“上海志愿者网”依托实事项目建设，实现上接全国志愿服务信息管理系统，下连社区志愿服务中心的全线贯通，构建覆盖全市的志愿服务终端信息共享平台和大数据库，推动志愿服务实体网络与信息网络无缝联接、线上资源与线下资源充分整合，促进志愿服务管理和服务精细化水平。调查显示，2018年98.6%的中心定期发布各类志愿服务信息，较2017年高出3.7个百分点，每月发布一次以上的为68.6%。87.3%的中心定期录入志愿服务活动信息，较2017年有较大的下降，这与前两年与全国系统对接存在一定

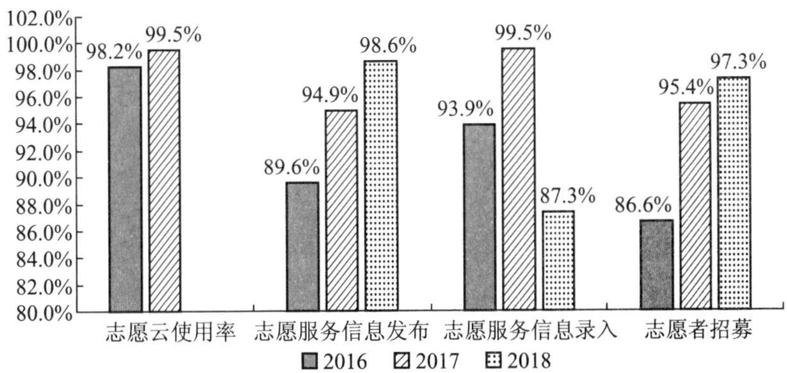

图6　2016—2018年社区志愿服务中心使用“上海志愿者网”情况

的批量导入有关，2018 年后进入实时录入、常态管理阶段。97.3%的中心通过“上海志愿者网”招募志愿者，较 2017 年高出 1.9 个百分点。

同时，各区积极探索“互联网+志愿服务”功能，在 APP 或者公众号等平台上开展志愿服务宣传，在中心设置触摸式互动式电子屏，创新“公益宝”“微心愿”等线上线下资源整合平台，开发既对接“上海志愿者网”又嵌入区域志愿服务资源库的信息交互平台，便于志愿者和广大市民了解志愿服务文化和便捷参与志愿服务，从“生活化”“数据化”入手，使志愿服务供需对接更精准，志愿服务项目更加接地气、聚人气。可见，信息化水平的提升，不仅有利于规范社区志愿服务活动，弘扬志愿服务文化，而且有利于提升社区志愿服务资源整合与力量统筹的效能。

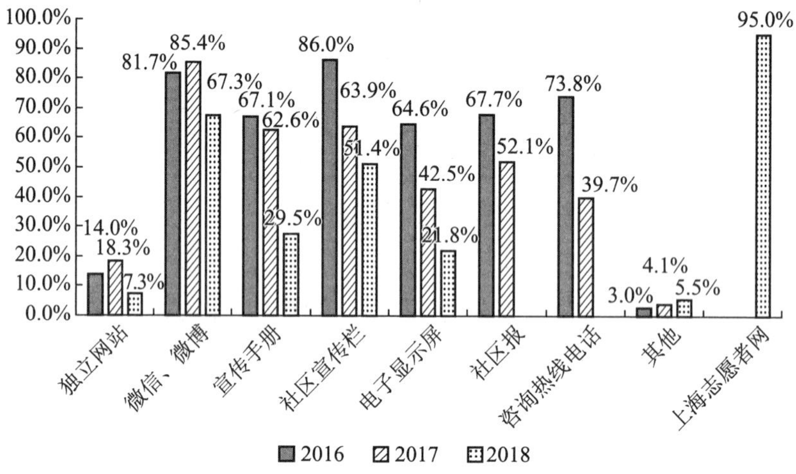

图 7　2016—2018 年社区志愿服务中心的宣传途径

4. 项目化运作：推进供需无缝对接。从国内外志愿服务发展的趋势来看，项目化运作成为推动志愿服务的主要方式。从实践来看，源自社区生活的新孵化项目更加注重从基层社会群众的实际生活出发来孵化项目，更加贴近群众、更接地气。全市每个社区志愿服务中心平均拥有的常态化志愿服务项目已从 2015 年的 17 个上升为 2018 年的 33 个，融入民生领域的各个方面，将“最后一公里”的温暖送抵“群众心坎里”。

志愿服务的需求在基层，服务也要随之下沉并在基层对接，中心的需求和服务“两清单”有效解决志愿服务“最后一公里”的问题。就社区志愿服务中心而言，数据显示，2018 年 80.5%的社区中心孵化了新的服务项目，虽较 2017 年降低 8.8 个百分点，但在孵化新项目的数量上，2018 年均值为 3.85 个（中位数为 3 个），较 2017 年增加 1 个，反映出整体上的提升较为明显。需要注意的是，2018 年这些新孵化项目主要来自社区中心的基层排摸（78.0%）、“座谈交流”（49.2%）以及“骨干团队提出”（46.3%），相较于 2017 年基层排摸（68.6%）、“骨干团队提出”（52.4%）以及“座谈交流”（44.5%），社区中心的新孵化项目有效激活了骨干团队的中介作用，更加贴近群众、更接地气。

社区志愿服务中心以完善功能为核心，着眼满足广大群众普遍化需求和特殊群体差异化需求，创新“居民区项目发布—区域单位资源配置—社会组织专业设计—社区综合统筹”项目化运作服务链、“需求调研—项目策划—宣传展示”项目化运作管理链等工作流程，建立稳定的供需对接平台，定期发布常态化项目清单，开展项目认领。虽然 2018 年将需求转化为志愿服务项目的社区志愿服务中心比例有所下降，但值得注意的是，开展项目创投或招投标的社区志愿服务中心占 9.1%，体现了基层在实践中不断探索更加高效、更富活力的社会化运作机制。

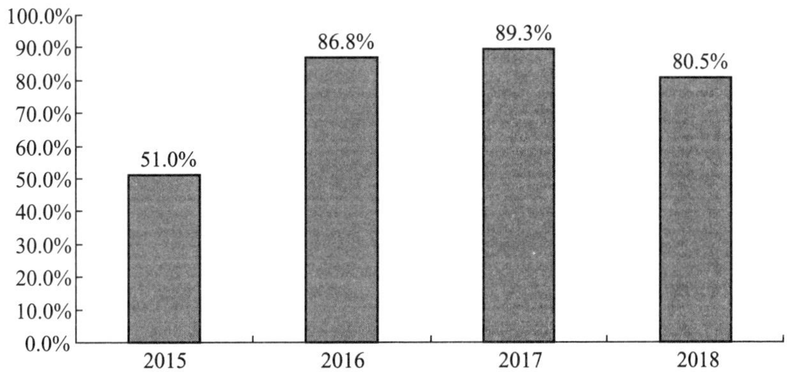

图 8　2015—2018 年有新孵化项目的社区志愿服务中心占比

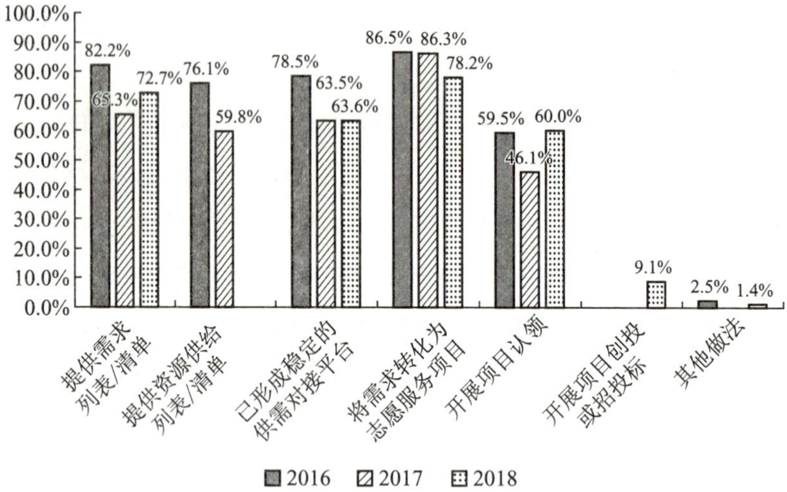

图 9　2016—2018 年社区志愿服务中心进行供需对接的主要方式

5. 品牌化塑造：培育典型引领创新。在社区志愿服务蓬勃发展的当下，通过品牌建设整合社会资源，拓展服务内容，探索建立长效机制，是志愿服务发展的迫切要求。随着社区志愿服务体系的不断完善，一大批围绕中心、服务大局、扎根社区、惠及民生的品牌项目应运而生。这些项目聚焦服务保障进口博览会、垃圾分类、长三角一体化发展、乡村振兴、交通文明、“五违四必”区域环境综合治理、中小河道综合整治、烟花爆竹禁燃等市委、市政府中心工作，围绕扶贫、济困、扶老、救孤、恤病、助残、救灾、助医、助学等九大民生重点领域，关注贫困人员、残障人士、空巢老人、留守儿童等特殊群体，吸引越来越多的志愿者积极参与，推动了学雷锋志愿服务深度融入社会治理。

结合《上海志愿服务发展报告（2019 年）》数据，2018 年志愿者参与的各类志愿服务项目中，“社区服务”排在首位，志愿者参与社区志愿服务中心开展的志愿服务项目中，“社区服务”也排在首位，选择占比均超过 50%。并且，志愿者和市民表示愿意参与“进口博览会”志愿服务项目的占比最高，分别达 81.3%和 78.5%，有 47.8%的志愿者和 39.3%的市民表示愿意参与“交通大整治”项目，46.6%的志愿者和 43.0%的市民愿意参加“生活垃圾分类”项目。可见，志愿者在社区志愿服务项目中的广泛参与度，广大市民对参与具有社会热点以及与自己生活密切相关的志愿服务项目的较高热忱度，为社区志愿服务项目化运作和品牌化塑造提供了内生动力。

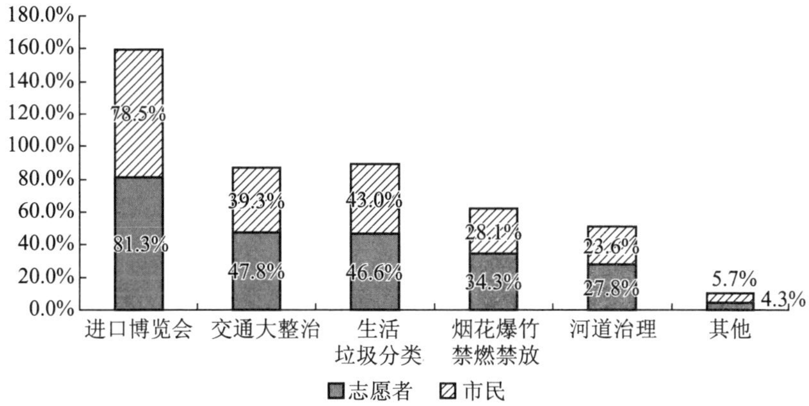

图 10　志愿者和市民参与志愿服务项目的意愿

以“进口博览会城市文明志愿服务”品牌项目为例，全市围绕“党员先锋行动、美丽家园行动、平安守护行动、暖心微笑行动、文明风尚行动”等五大主题，开展“迎进口博览盛会，展申城志愿风采”城市文明志愿服务实践行动，区和街镇两级志愿服务中心加强城市文明志愿者招募、管理、培训、激励、保障工作机制，形成志愿服务同城效应，放大进口博览会溢出效应。

以“垃圾分类志愿服务”品牌项目为例，全市范围建立生活垃圾分类志愿服务市级总队、区级分队、街镇基层服务队三级队伍体系，成立垃圾分类志愿者讲师团，开展垃圾分类志愿者专项培训，开展“捡拾垃圾漫步跑·垃圾分类新时尚”上海滨江修身志愿公益跑、“跟着明星做志愿”等主题实践活动，掀起生活垃圾分类减量宣传和实践热潮，使垃圾分类成为上海市民人人自觉参与的“新时尚”。截至 2019 年 9 月，在“上海志愿者网”注册的“垃圾分类”志愿团队 112 个，发布“垃圾分类”志愿服务项目 7800 多个，累计超过 38 万人次的志愿者参与垃圾分类志愿服务。

以“交通文明志愿服务”品牌为例，交通文明志愿服务已普遍成为全市社区志愿服务中心的常态化服务项目，“微笑四叶草”“拯救斑马线”已成为申城耳熟能详的交通文明志愿服务品牌，“高行爱心妈妈”等一大批品牌团队数年如一日积极开展文明交通劝导，已成为申城一道靓丽的风景线。

同时，两级志愿服务中心结合各自优势和特点，因地制宜塑造了智力助残志愿服务、“一小时公益”社区公益微创项目、“金相邻”“路管会”“弄管会”自治共治项目、“七彩爱心屋”关爱留守儿童、“快乐志愿，光明同行，为好人点赞”邻里守望志愿服务、“用心发现，用爱行动——关爱母亲河”环保志愿服务、“金山护水先锋行动”万名党员志愿者参与中小河道综合整治大行动、平安志愿者守望禁燃行动等一大批品牌项目，发挥志愿服务在价值引领、道德示范、公益服务、关爱帮助、互助合作等方面的积极作用，进一步增强市民群众的获得感和幸福感。

（二）社区志愿服务的制度化实践：常态化的保障与引领

1. 标准化评估机制：以评估推进规范化建设。从市级层面看，市文明办出台《上海市区级志愿服务指导中心功能优化评估标准》和《上海市社区志愿服务中心功能优化评估标准》，形成区级指导中心统筹协调、指导服务、管理监督、宣传引导等四大功能与社区志愿服务中心供需对接、注册认证、项目孵化、资源整合、能力建设、团队培育、指导监督、激励保障、文化建设等九大功能上下衔接、相互支撑的标准体系，建立督导和评估机制，对两级中心规范化建设进行全覆盖评估验收。

从区中心来看，2018 年调查显示，93.3%建有志愿服务活动过程的监督机制，建立对社区志愿服务中心九大功能发挥情况的评估机制也达到 100%；同时，区中心指导社区中心的主要方式为“分层分类培训”和“信息化操作培训”（均为 100%）、“指导社区志愿服务中心开展示范中心创建”（93.3%）、“培育领军人才”（86.7%）、“支持草根组织或团队”和“指导社区志愿服务中心开展试点项目”（均为 80%）、“扶持有需要的潜力项目”

(73.3%)。在监督的主要方式上，以“定期召开负责人会议”和“开展经验交流分享活动”（均为93.3%），其后依次为“定期开展基层调研指导”(86.7%)、“加强骨干业务培训”（80.0%）以及“定期出具评估报告和指导意见”（60.0%）和“组建专家型志愿者队伍进行日常指导”（33.3%）。

就社区中心而言，2018年数据显示，已经建有志愿服务过程监督机制的占79.5%。从评估机制的实施来看，上级部门对中心的评估形式主要还是“定期召开负责人例会”（74.1%）、“加强骨干业务培训”（73.2%）、“开展经验交流分享活动”（68.6%）以及“定期基层调研指导”（64.5%）。同时，针对基层学雷锋志愿服务工作站的评估形式也以“加强骨干业务培训”(77.7%)、“定期召开负责人例会”和“开展经验交流分享活动”（均为70.9%）以及“实地调研并提出指导意见”（58.2%）为主。此外，70.5%的中心建有项目评估机制，其评估方式以“自己评估”（38.7%）和“上级单位评估”（28.4%）为主，“第三方评估”和“居民评估”的占比还比较少，分别为16.8%和15.5%。

2. 全覆盖暗访督查机制：以监督推进持续发展。从2016年市政府实事项目推进开始，全覆盖实地督导就一直在强化。由市文明办、市志愿者协会工作人员组成的督导工作小组分赴16个区，全覆盖实地推动实事项目，解读标准要求，并与各区共同研究和解决存在的重点难点问题，确保实事项目按时间节点有序推进。2018年之后，市文明办每年委托市市民巡访团对全市两级志愿服务中心进行全覆盖暗访，针对硬件设施、常态运行、功能发挥等情况进行督促检查，较为全面真实地反映社区志愿服务中心的实践运作，并建立通报制度，督促基层整改落实，促进日常工作的可持续开展。

3. 专题培训机制：为社区志愿服务赋能。为进一步为社区志愿服务赋能，从市、区乃至于街镇，都积极组织全覆盖专题培训。举办区、街镇两级志愿服务中心管理骨干专题培训班，提升一线管理骨干的综合素质和业务能力，全市两级中心全部派员参加，收到良好效果。同时，两级中心各自也都围绕“志愿服务知识与技能”“志愿服务过程与组织管理”“志愿服务保障与支持”“志愿服务文化精神理念”“志愿服务项目孵化与运作”“志愿服务与社区工作实务”以及“应急与风险防范”等开展志愿者定期培训，培训安排实现全覆盖。各区也根据自身的实际情况，创新志愿者培训方式，如**普陀区**搭建社区志愿服务中心“掌门人沙龙”“中心有约——你身边的志愿服务顾问”交流平台，**崇明区**推出“一镇一品”志愿服务系列专题培训，提升基层志愿服务组织能力；**闵行区**以“社区新动力”志愿服务计划为牵引，推动两级中心功能在基层落地生根。

4. 条块联动机制：推动多元化资源有效配置。在社区志愿服务的实践过程中，上海创新条块联动志愿服务试点工作机制，统筹科技、教育、经信、卫生、民政、市场监督、建设和交通、绿化和市容、文化和旅游、体育、工、青、妇等各部门各系统资源，发布年度《上海市条块联动志愿服务试点项目条线意向目录》，在双向选择的基础上，促进条线部门单位与社区志愿服务中心共育团队、共建项目。围绕服务保障进口博览会、长三角一体化发展、乡村振兴、垃圾分类等市委市政府重点工作，2018 年推动全市 14 家市级部门单位与 70 家有需求的社区志愿服务中心资源对接，合作开展家庭健康管理、创业指导、绿化服务、青年社会组织进社区、助老行动等 14 个大项 94 个具体志愿服务试点项目，2019 年更是联手 20 家市级条线部门单位，推动理论政策宣讲、红色文化传播、“非遗”传承推广、医疗急救培训、阳台蔬菜种植、质量便民服务①、垃圾分类、文明养宠、健康科普、智慧生活、亲子阅读、心理健康等 63 个大类 309 个条块联动志愿服务试点项目与 3 家区志愿服务指导中心和 202 家街镇社区志愿服务中心完成对接，促进条线专业化资源和区域多元化资源有效对接，服务供给与百姓需求精准匹配，提升基层志愿服务专业化社会化水平。

5. 示范创建机制：以褒奖激励激发活力。市文明办每年在全市 220 家街镇社区志愿服务中心中广泛开展“创新、创优”上海市社区志愿服务示范中心创建评选活动，实施一批试点项目，推动社区志愿服务中心在常态化运

---

① 市场监管系统推出的专业化志愿服务项目，为社区提供电梯、煤气、家电等与市民生活紧密相联的质量检测服务。

作中释放创新活力，增强创优动力，提升发展能级。在各区推选和专家评审的基础上，每年评选一批在制度创新、品牌创新、管理创优、服务创优等四个方面表现突出的示范中心。2017—2018年共评出制度创新、品牌创新、管理创优、服务创优示范中心共75家，已占全市街镇社区志愿服务中心的34%，其中有5家还获得不同奖项的示范中心荣誉。每年汇编《“创新、创优”上海市社区志愿服务示范中心风采录》，推广示范中心的先进经验，并落实评估退出机制，确保示范中心的先进性和引领性。区和街镇两级志愿服务中心也在实践中因地制宜探索志愿服务褒奖激励机制，在以精神性的评奖和宣传为主的同时，用于激励的资源和激励的方式也日趋社会化，志愿服务激励正逐步从行政推动转向行政推动与社会化并重。例如，通过设置志愿服务时间兑换机，让志愿者的志愿服务时长可以兑换实物，让志愿者更乐于参与公益，积累时长；挖掘社区内优秀志愿服务项目，通过基金会或者企业资助形式，标准化操作。以长宁区为例，区级中心积极挖掘关爱、激励、回馈志愿者的方式和渠道，建立“送健康、送欢乐、送文化、送服务”系列关爱帮扶志愿者工作机制。此外，“七彩积分行动”“时间银行”“幸福红包”“公益护照”等一大批激励回馈机制在基层应运而生，为强化志愿服务正向激励增添动力。

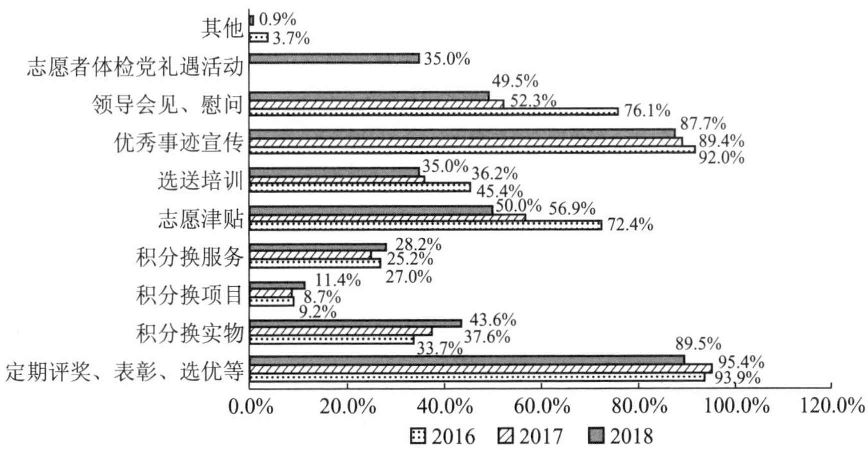

图11　2016—2018年社区志愿服务中心建立褒奖激励机制情况

6. 调查研究机制：以理论研究促实践提升。市文明办、市志愿者协会加强与上海社会科学院社会学研究所等科研机构的深度合作，通过聚焦理论前沿、搭建智库平台，进一步提升理论研究与实践探索相结合的能力，推动上海社区志愿服务再上水平。在实践中，连续进行四年（2015—2018）的社区志愿服务追踪问卷调查，形成《上海市社区志愿服务中心发展报告》《上海市社区志愿服务中心案例集》等调研成果和经验材料。尤其是2017年市文明办将“建设和完善上海社区志愿服务体系研究”纳入市社科规划专项课题，将社区志愿服务发展研究纳入制度化的理论研究范畴，并在总结经验、评估成效的基础上，探索完善社区志愿服务体系的新路径、新举措。各区也立足实际，拾遗补缺，完善工作机制，强化功能到位，进一步提升志愿服务阵地管理效能和惠民实效。

（三）社区志愿服务制度化常态化存在的现实挑战

上海社区志愿服务制度化常态化建设积累的实践经验，为上海志愿服务事业可持续发展和社会治理创新提供坚实的基础，但随着近年来基层社会生活的日趋复杂化，要实现更高水平的制度化常态化，还需要在项目化、社会化、专业化、长效化以及协同度等方面进一步提升。

1. 社区志愿服务工作者队伍的稳定性和专业性有待进一步增强。社区志愿服务制度化常态化有赖于一支相对稳定的高素质志愿服务工作者队伍。2017年调查显示，社区志愿服务中心认为影响自身功能发挥的最主要问题是“缺乏专业管理人才”的占46.7%，2018年跟踪调查，这一选项仍排在第一位，占比更是提高到53.2%。截至2019年9月，社区志愿服务中心的专职工作人员主要以“社区工作者”（73.1%）、“社会组织雇员”（15.4%）以及“聘用人员”（12.5%）等为主，平均在职时间均在半年左右。实地调查也发现，专职工作人员往往由于其业绩、组织变更等方面而流动性比较大，队伍的不稳定性使得许多工作无法保持连续性，进而影响了志愿服务制度化常态化，使得志愿服务工作很难在巩固提升中改进创新。

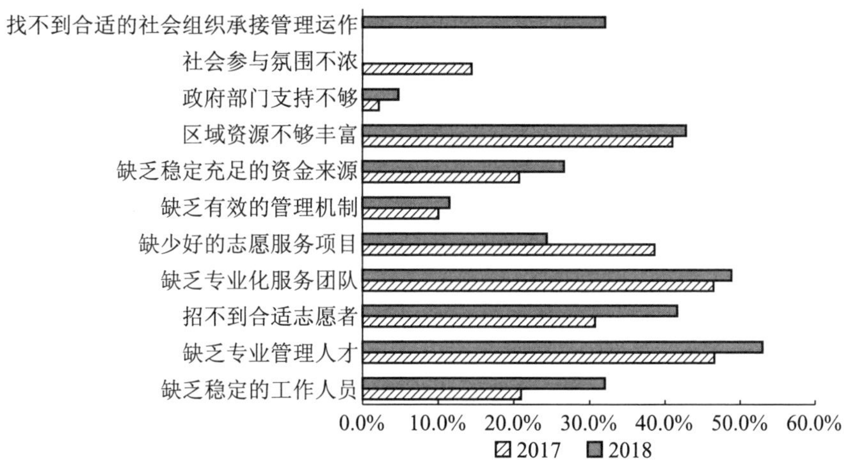

图 12　2017—2018 年社区志愿服务中心日常运作存在的困难

2. 社区志愿服务团队的专业化水平有待进一步提升。社区志愿服务领域更多属于日常生活的民生服务，社会化是其最为显著的特征。但随着新时代社区需求的进一步精细化与多样化，由此带来了专业化服务需求的提升。市民对社区志愿服务中心提供的服务如社区服务、医疗卫生、绿色环保以及文化教育等，都涉及专业知识与技能。且 2017 年和 2018 年调查显示，“缺乏专业服务团队”始终是社区志愿服务中心面临的突出难题。而对于那些源自社区的草根性志愿服务团队来说，专业化水平的提升则显得尤为迫在眉睫。

3. 社区志愿服务的制度规范与实践操作的系统性有待进一步增强。社区志愿服务制度化常态化意味着相关体制机制的完善与贯彻落实，而贯彻落实更是重中之重。从现实来看，虽然当前各种推进社区志愿服务的制度和机制已经确立并日渐展现其效力，各社区志愿服务中心也形成了卓有成效的制度与做法，但从实践来看，制度规范和实践操作之间仍存在一定的距离，“两张皮”的现象较为突出，这反映出制度化常态化的深层次问题，常态化实践与制度化设计没有形成动态转化机制，过程管理的有效性需要引起重视。

4. 社区志愿服务的监督评估有待进一步社会化。志愿服务活动的公信力既来自其秉承的宗旨、践行的领域以及志愿精神弘扬等，除了志愿服务组织和志愿者的自我约束之外，也需要来自各方面的监督和评估。2018 年调查数据显示，虽然大多数（70.5%）的社区志愿服务中心的监督评估机制已经建立，但主要还是以上级单位评估（28.4%）和自我评估（38.7%）为主，第三方机构评估和居民评估的占比尽管还比较少，分别为 16.8% 和 15.5%。从长远来看，仅凭街道及志愿服务机构的外部之力难以推动社区志愿服务中心健康可持续发展。为了确保管理过程的公平、透明与有效，减少服务过程中可能出现的冲突与矛盾，应该建立更加专业化与系统化的社会监督评估体系。

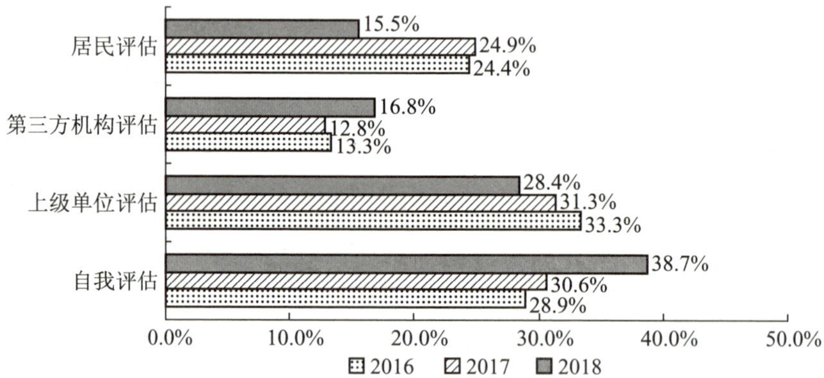

图 13　2016—2018 年社区志愿服务中心项目评估方式

5. 参与社区志愿服务的社会多元力量的耦合度有待进一步提升。志愿服务关注的是民生改善与治理创新，必然要扎根于基层社会生活，整合各方面资源，才能够获得其生命力。2017—2018 年调查数据显示，“区域资源不够丰富”是社区志愿服务中心日常运作中排在第三位的主要困难（2017 年选择占 41.1%，2018 年选择占比有所增加，达 43.2%）。社区志愿服务中心对社区内各种社会资源的整合度还不充分，对社区外部资源的嵌入能力更加缺乏。同时，社区志愿服务体系各部分之间的协同与整合也日益成为问题焦点，如志愿者、志愿服务团队、社会组织及志愿者服务基地分属于不同机构及部门，机构之间又易形成政策壁垒，导致信息平台及组织体系的人为割裂，亟待有效加以整合。

这些问题的存在，一方面源自基层社会生活日益复杂且变动性增强，要求现有的社区志愿服务网络不断优化；另一方面则要求激发基层社会的内在活力和动力，以社会化方式来推进志愿服务的持续发展。

四、新时代推进社区志愿服务制度化的思路与建议

（一）国内外社区志愿服务制度化常态化的经验借鉴

在发达国家和地区，社区成为志愿者活动的重要载体，志愿服务活动是在社区这个社会结构的草根层次上进行的。社区除文化、体育及宗教活动外，通常还有各种由社区民间团体发起的志愿服务活动，如单亲父母俱乐部、老年人活动中心、妇女援助中心等。通过这些民间社区志愿性的团体进行志愿服务，志愿者不但为移民子女提供外语培训，为老年人和伤残人提供帮助，为妇女提供心理咨询，为失足青少年提供心理和学业上的指导与培训，而且积极组织参与社区环境治理、募集资金和竞选宣传等活动，为社区发展贡献自己的爱心、智慧和力量。

如在美国，社区志愿者数量众多，它的组织形式一般分为两大类：一类是由社会工作者、社区委员会、学校、教区、居民等自发组织起来的综合性服务组织。它所提供的服务项目广泛，既包括各种文化体育娱乐服务活动、各种义务教育活动，也包括居民所需的各种生活服务，甚至住房、就业服务；另一类是由具有专业知识与技能的志愿者组成的专业性服务组织，是依社区需要产生的服务团体。志愿服务社区化，对于社会的稳定，经济的持续发展，社会福利的优化都起到了重要的推动作用。

又如新加坡，新加坡在志愿者招募、管理、活动策划与组织等方面形成一套完善的制度，已形成一支以志愿者为主的比较稳定的志愿服务队伍。志愿者以社区为载体，适合不同阶层、不同年龄、不同种族的民众共同参与且相对稳定、深入普及、运作有序及组织规范。志愿服务组织也具有很强的社会化特点，有社会服务的管理部门如社会发展部、国家教育部课外活动中心

等，也有法定机构如人民协会、国家社会福利理事会等，还有非营利性的私人公司（社团）如华社自助理事会等。此外，志愿服务的资金也趋向于多样化，除了青年理事会综合协调部下设青年服务基金和青年国际基金以外，志愿服务组织也通过“分享计划”向社会募集捐款；联络所通过举办培训班等方式筹集资金维持开销；各类慈善组织将举行募捐义演义卖的收入捐赠给志愿服务组织；以及企业赞助等也是重要的收入来源。

从国内看，深圳等城市也积极打造社区志愿服务实体阵地。首先，加强社区U站建设。在全市所有社区服务中心建设社区U站，纳入深圳社会建设“风景林”工程，将社区志愿服务纳入社区服务中心的评估范畴。开发“菜单式”的社区志愿服务项目，丰富不同类型社区U站的工作内容，提升社区U站的活力。其次，开发社区志愿服务岗位。鼓励各行业部门在社区综合服务中心、社区党员活动室、社区图书室等开发设置志愿服务岗位，如社区日间照料、家庭调解、四点半学校等，便于志愿者居家或在工作单位就近参与志愿服务。第三，发展社区志愿服务队伍。重点发展志愿服务的专职社工队伍，采取专职社工任社会服务项目经理的方式，推行“医务社工+志愿者”“环保社工+志愿者”“学校社工+志愿者”等服务形式，加快构建“社工+义工10分钟服务圈”。

（二）推进新时代社区志愿服务制度化常态化的对策思路

自觉服务党和国家工作大局，是我国志愿服务事业的优良传统。社区志愿服务也要在围绕中心、服务大局中找准方位，彰显价值。展望新时代中国特色志愿服务发展之路和上海经济社会发展新趋势，上海社区志愿服务要深入学习宣传贯彻习近平致中国志愿服务联合会第二届会员代表大会贺信精神和考察上海重要讲话精神，围绕推动乡村振兴、建设美丽中国、共建“一带一路”、推进长三角一体化发展等国家重大发展战略和进口博览会、垃圾分类、交通文明等市委市政府重点工作，推进上海社区志愿服务制度化常态化向高质量内涵式转型升级，更加注重以机制创新支撑新时代文明实践中心有效运转，更加注重以平台建设激发社会内在活力和创造力，推动社区志愿服务形成全区域统筹、多方面联动、各领域融合的工作格局。

1. 加强组织领导，优化党建引领、政府主导、社会参与的社区志愿服务发展格局。进一步完善文明委统一领导、文明办牵头协调、有关部门各负共责、全社会共同参与的志愿服务工作机制，强化文明办“统筹规划、协调指导、督促检查和经验推广”的职责。完善市文明办统筹规划协调指导、市志愿者协会联络各方壮大队伍、市志愿服务公益基金会募集资金大力支持的“一体两翼”工作格局。结合新时代文明实践中心建设，强化党建引领，发挥党员先锋模范作用，组建扎根基层社区、常驻群众身边、人员构成多元、覆盖范围广泛的志愿服务队伍，宣传普及习近平新时代中国特色社会主义思想，积极培育和践行社会主义核心价值观，为推进新时代文明实践提供源源不断的志愿服务力量，打通宣传群众、教育群众、关心群众、服务群众的“最后一公里”。与此同时，在规范管理、人才保障、资金扶持、项目资助、场地支持、业务指导、能力培养、供需对接等方面加强政策支持和平台建设，使长期扎根于社区的志愿服务工作人员能够免除后顾之忧，拥有施展才华的更广舞台，志愿服务组织能够更好地承接公共服务、参加公益创投、获取政府补贴与社会捐赠，营造适宜于社区志愿服务制度化常态化发展的生态环境，为社区志愿服务发展保驾护航。并且，以立足社区为基本原则构建开放式参与平台，同时整合各类资源，因地制宜完善“时间银行”等嘉许激励机制，更广泛地吸引多元群体加入志愿服务队伍，尤其是动员市民群众积极参与保护生态环境、维护公共安全、扶老、育幼、助残等邻里守望志愿服务，体现“人人参与、人人尽力、人人享有”的共建共享理念，提升社区志愿服务的内涵和质量。

2. 推进条块联动与互联互通，增强社区志愿服务体系运行效能。一是完善条块联动机制，统筹文化、科技、教育、体育、卫生等各部门各系统资源，在双向选择、优势互补的基础上，推动条线部门单位与社区志愿服务中心联手共建条块联动志愿服务试点项目，共育专业化志愿服务团队，促进系统专业化资源和区域多元化资源有效对接，服务供给与百姓需求精准匹配，提升基层志愿服务专业化社会化水平，推动文明实践志愿服务在基层落地见效。各部门单位注重发挥行业优势，基层社区注重发挥资源多元优势，既彰显区域资源禀赋、文化底蕴和优势特色，又致力于破解区域资源瓶颈和薄弱难题，促进社区志愿服务提质增效。二是提升“上海志愿者网”能级，加强规范化运行和高效管理，完善志愿服务记录制度，强化志愿服务全要素、各主体、全流程、各环节的信息平台功能，提升全市志愿服务数据统一归集、统一管理、共享交换、激励使用等综合能效，更好地服务于广大志愿服务组织和志愿者。三是完善社区志愿服务中心的平台承载功能，使参与社区志愿服务的不同主体都能在社区志愿服务中心平台上共享信息、经验、资源，便捷开展志愿服务活动。社区志愿服务中心还要拓展需求收集渠道，及时把握相关利益主体的实际需求，充分发挥枢纽作用，促进社区志愿服务体系内外互联互通，高效运行。

3. 加强资源整合平台建设，激发社区志愿服务的活力和创造力。整合各方面资源，是社区志愿服务常态化制度化的必然要求，尤其是整合社会性、专业性资源更为迫切。着力打通社区与社会的联系，根据社区的需要整合各类资源，引入社会组织、公益组织参与志愿服务活动开展。进一步拓展资源整合和供需对接平台，推动全社会各类志愿服务资源和力量的组合和整合、嫁接和链接、联动和互动。善于引进外部资源，整合跨界资源，推动优质资源沉到基层，尤其要加强专业性力量协同合作，推动各种资源要素充分整合并有效转化为项目创意，从而以项目创意开发来带动社区志愿服务资源更高层级的再动员和再整合。社区志愿服务站点应当运用社会化思维方式，不断开发和动员社会资源，将区域内的服务资源进行有效统筹和整合，发挥市场的积极性，共同推进社区志愿服务常态化制度化。如加强与（社区）公益基金会的合作，主动吸纳社区公益基金会及民间基金会的参与；激发（驻区）企业的社会责任意识，可为社区志愿服务中心项目的开展及日常的运营提供源源不断的资金支持；整合社区内零散资源，通过定期组织义卖活动、设置捐款箱以及其他捐赠渠道，吸收社区内的闲散资金，通过居民的力量为社区志愿服务中心提供稳定的资金来源。

4. 强化项目精准设计，提升社区志愿服务精细化管理水平。随着社区居民生活需求的多样化，社区志愿服务项目的孵化需要更精细化，在大数据分析的基础上精准对接居民需求，确保能够将资源动员与居民需求有效衔接，进一步提升项目孵化的创造性与及时性。积极创新项目孵化机制，凝聚区域志愿服务力量，服务社区需求，尤其要鼓励基于社区的“随手公益”“微公益”等灵活性较强的项目运作，并形成具有特色优势的活动品牌。围绕重大活动、扶贫救灾、敬老救孤、恤病助残、法律援助、文化支教、环境保护、健康指导等重点方面，关注贫困人员、残障人士、空巢老人、留守儿童等特殊群体，打造一批示范性强、影响力大的品牌项目，在贴近百姓、服务民生中提升社区志愿服务社会化、项目化、专业化运作水平，推动构建共建共享、共治善治的社会治理新格局。

5. 加强过程监督和评估，增强社区志愿服务多元主体的获得感。完善“需求排摸、志愿者招募、项目实施、过程监督、效果评估、优化提升”的闭环式项目管理流程，形成志愿服务制度化常态化与提升服务质量和满意度的良性循环，其中过程监督和效果评估是关键所在。评估的标准需要与社区志愿服务中心的功能定位紧密相连，评估的方式也需要结合社区志愿服务中心的具体情况，尤其在机制上需要针对社区志愿服务中心、志愿服务项目及志愿服务团队建立全方位的评估体系。一是针对志愿服务团队的评估，不仅要评估团队资质、内部管理等团队自身情况，也要评估团队承接的服务或项目执行情况。二是针对志愿服务项目的评估，主要体现志愿服务“全过程、全要素、全团队”三个维度，贯穿项目实施、项目执行各要素以及团队建设。三是针对社区志愿服务中心的评估，可根据社区志愿服务中心的发展，不断拓展功能领域和评估内容。通过这三个层次的评估，来实现对社区志愿服务运作的整体评价。需要指出的是，这种对于社区志愿服务的多维度评估可以引入社会化机制，同时也要发挥社区党组织党建引领，使其能够在社区发展的整体格局中凸显其重要影响力。要加强志愿服务各个环节的闭环式管理和监督，包括对志愿服务的前期需求评估，志愿者的职责和任务设计，志愿者招募、挑选和匹配，志愿者教育和培训，志愿者日常管理和指导，志愿者激励以及志愿服务项目的绩效和影响评估，不断提升志愿服务项目管理的科学化水平。

2019年9月

作者简介：

杨雄，上海社会科学院调查中心主任、上海社会科学院社会学所研究员、上海市志愿者协会副会长

俞伟，上海市精神文明建设委员会办公室志愿服务工作处处长、上海市志愿者协会秘书长

管晓玲，上海市精神文明建设委员会办公室志愿服务工作处一级主任科员

张虎祥，上海社会科学院社会学研究所副研究员

案 例 篇

Case Studies

上海市部分街镇、居村及社会组织垃圾分类志愿服务工作案例

摘　要： 在上海推进生活垃圾分类减量的工作中，市文明办、市志愿者协会联合市绿化和市容管理局以志愿服务体系建设为抓手，贯彻落实上海市委、市政府对生活垃圾分类工作提出的重要指示，围绕中心、服务大局，志愿服务深度介入社会治理的广阔空间，以广大市民为主体的志愿者通过多元途径参与生活垃圾分类，成为不可或缺的重要力量，形成百花齐放、各具特色的垃圾分类志愿服务工作局面，成为推动上海社会治理创新，提高市民文明素质和城市文明程度的重要力量。

关键词： 志愿服务　垃圾分类　经验启示

浦东新区东明路街道:“绿色卫士”引领垃圾分类新时尚

一、“绿色卫士” 助力垃圾分类

2019年，东明路街道垃圾分类志愿服务队获得由市绿化和市容局、市文明办颁发的“001”编号授牌。在东明，每个居民区都有一支专属的垃圾分类志愿者队伍。金谊河畔小区作为东明路街道垃圾分类先行试点，一直以来能够顺利推进垃圾分类工作，“绿色卫士”志愿者队伍功不可没。

东明路街道金谊河畔居委邵敬海，弘扬向上向善的榜样力量，以居委委员身份积极开展“垃圾分类”的宣传活动；以垃圾分类志愿者—绿色卫士的身份向全社区进行垃圾分类的倡议；以绿色卫士志愿者骨干的身份，主动学习金谊河畔互联网+大数据的管理模式，协调和带领志愿者队伍健康发展。金谊河畔居民区有68幢楼，住户达2009户，属于大型居住小区，而且租客多，流动性大，推广垃圾分类难度不小。在过去近一年中的日夜坚守，无论刮风下雨，还是烈日当头，金谊河畔的志愿者，尤其是党员志愿者发挥先锋示范作用，坚守初心，不改本色，为居民进行垃圾分类的督导工作。自小区开展垃圾分类以来，从最初遭受的“冷嘲热讽”到现今大多数居民的积极配合，志愿者始终坚守岗位“不离不弃”。作为带头人邵敬海，从最初招募垃圾分类督导员就担任志愿者小组组长，以身作则，带领大家积极宣传。在过去的垃圾分类运行期间，邵敬海的累积值守时间是所有志愿者中时间最长的，且他所负责的垃圾投放点位是社区中垃圾分类有效率最高的。他常常自嘲，“我脸皮厚，社区中认识的人也多，我在垃圾箱旁一站，别人就不好意思不分类了”。随着垃圾分类工作的持续推进，越来越多的居民开始理解和配合，志愿者得到充分的肯定与赞扬，社区垃圾分类工作卓有成效。在小区进出口，每天都有“绿色卫士”发放垃圾分类宣传手册的身影。为了把宣传手册精准发放到户，一些兼职楼组长的志愿者还进行了入户宣传，先后两次逐户上门发放，在签字表上，密密麻麻留下了居民的名字，保证了居民对垃圾分类的知晓率。经过志愿者的努力，在垃圾分类工作实行初期，小区90%以上的居民都做到准确无误分类投放垃圾，保障了分类实效。

随着街道"点长制"①的实行，这群"绿色卫士"又变身成为小区垃圾分类投放点的点长，每天投放时间由一位"绿色卫士"落实定点值守，全面负责集中投放点的生活垃圾分类工作，引导督促居民自觉履行垃圾分类义务，以提升垃圾分类纯净度。针对非投放时间垃圾包落地的难点问题，"绿色卫士"再次结集，分时段在非投放时间展开巡查，及时清理乱扔的垃圾包，做到投放点周边环境整洁干净。

如今"绿色卫士"队伍仍在不断壮大，他们已成为撬动金谊河畔垃圾分类工作的最佳支点。"绿色卫士"用自己的实际行动和奉献精神，让人人参与垃圾分类的氛围在社区蔚然成风。

二、积极探索垃圾分类长效机制

按照2020年《生活垃圾分类达标（示范）街镇标准》以及上海市生活垃圾分类示范街镇相关创建要求，街道党工委、办事处把创建上海市生活垃圾分类示范街镇作为年度工作的重中之重，按照"管行业也管生活垃圾分类"原则，将垃圾分类工作列入行业创建及考评工作，建立职能部门分类管理效果评价制度，完善以居民区党组织为核心，居委、业委、物业、志愿者"多位一体"的协同推进机制，充分调动居民的积极性和主动性。

（一）探索建立居民区定时定点工作模式

1. 定点值守。将集中投放点周边（原则上以5米范围为准）划定为"点长"的卫生责任承包区，"点长"负责承包区内的环境卫生，做到环境

① 由骨干志愿者担任小区垃圾分类投放点点长，包干投放点区域内垃圾分类和环境卫生等工作。

整洁干净、无废弃物。生活垃圾分类定时时段内，“点长”保证全时段在岗，指导、监督居民开展生活垃圾分类工作，及时更换已满的垃圾桶，确保生活垃圾分类实效。定时时段结束后，清洗垃圾桶，打扫点位卫生，确保点位整洁干净，负责做好集中投放点已分类的生活垃圾清运对接工作。

2. 定时巡视。“点长”应每日定时巡视不少于三次，及时发现点位上乱倒的生活垃圾并按照干、湿、可回收、有害四分类法实施二次分拣。

3. 处置回收。“点长”享有点位可回收物的优先处置权，点位上收集的可回收物可由“点长”负责处置。

4. 设备检查。“点长”负责保管街道下发的设备（含破袋器、洗手桶、除臭壶等）；负责集中投放点每日消毒除臭工作，并填写消毒除臭记录表；发现点位设施设备、标识标牌等损坏的，及时向居委会、物业管理处报告。

5. 奖惩措施。“点长”享受街道每月发放的工作补贴。同时为激励“点长”的工作责任感，补贴将实行差异化发放机制，由街道垃圾分类办公室组织每月一次对“点长”工作成果的考核并结合市、区考核结果进行综合考评，设满分 100 分，权重各占 50%，对于 1 次不达标的（即低于 90 分），点长当月补贴扣除 30%；累计 2 次不达标的，扣除 50%；累计 3 次以上不达标，取消当月补贴，居民区应及时调整点长人选。

（二）优化点长工作制

由居民区党组织会同物业服务企业，在小区保洁员、再生资源回收人员和热心小区公益的志愿者当中，招募定点志愿者担任小区生活垃圾分类投放点“点长”。将市区、街道的日常测评结果作为垃圾分类点长制的考核依据。通过定点值守、定时巡视等工作制度，强化每个垃圾分类点位考核奖惩落到实处。对测评排名连续靠后，不适合担任点长的人员，居民区及时作出调整。为进一步提升居住区生活垃圾分类实效，建立起居住区生活垃圾长效管理机制，确保定点值守，以住宅小区内现有的 168 个集中投放点为单位，每个集中投放点覆盖落实“点长制”，由点长全面负责集中投放点的生活垃圾分类工作，明确“点长”工作职责。

（三）夯实长效管理责任

加强统筹协调，进一步做实两级生活垃圾分类工作联席会议制度，加大日常综合协调和监督指导力度。制定问题清单，明确各部门任务，压实责任。按照"管行业也管生活垃圾分类"的原则，推进各职能部门依法履行垃圾分类管理职责，将垃圾分类工作列入行业创建及考评工作，同时建立职能部门分类管理效果评价制度。充分发挥基层党组织核心作用，完善以居民区党组织为核心，居委、业委、物业、志愿者"多位一体"的协同推进机制，进一步落实物业企业分类投放管理责任人责任，发挥居民自治功能，充分调动居民的积极性和主动性。

（四）强化领导分片包干和联络员工作制度

根据街道领导分片负责和联络员工作制度，机关联络员在日常的联络工作中，应及时协调解决居民区垃圾分类存在的问题，同步关心和指导所联络居民区周边商铺垃圾分类工作，检查垃圾分类工作实效，并向分片领导报告情况，每月向垃圾分类办公室提交联络居民区的垃圾分类考核测评表。

党政主要领导每月主持召开由分片领导参加的垃圾分类工作分析会，由垃圾分类办公室通报近期市、区、街道专项考核情况，由分管领导通报分片居民区垃圾分类情况，会商解决工作中存在的各类问题，拟定下一步工作重点。

（五）实行三级约谈机制

建立三级约谈机制，并与年底居民区考核成绩挂钩。对于首次在区垃圾分类实效测评或街道聘请的第三方检查中未达标的居民区，街道垃圾分类办公室将对其党组织负责人进行工作约谈，并加强对该居民区垃圾分类工作的指导和督促；对于首次在市级垃圾分类实效综合考评，或第二次在区垃圾分类实效测评、街道第三方检查中未达标的居民区，将由街道班子分管领导对所属党组织负责人进行提醒约谈，要求限期整改，并将定期对该居民区垃圾分类工作进行回访检查；对于第二次在市级垃圾分类实效综合考评，或第三次在区垃圾分类实效测评、街道第三方检查中未达标的居民区，将由街道主要领导对所属党组织负责人进行诫勉约谈，要求其作出书面整改措施，并在年底居民区考核中扣除相应分数。街道垃圾分类办公室也将派工作组协助该居民区认真完成垃圾分类工作，机关联络员同步参加约谈。

三、推进工作中遇到问题和建议

1. 设施设备和标识标牌尚处于完善过程中，不断进行拾遗补缺。街道现已完成新标准下所有标识标牌和设施设备的完善工作，已统一制作下发并安装配备。但仍会有操作过程中的极少部分遗漏、日常操作不规范或原有标牌的不及时撤除，影响评分，需要通过加强各方面人员培训以及巡视频率和覆盖率予以整改。

2. 宣传氛围受疫情影响有所回落，原有横幅、海报大多被撤回或覆盖，居民感受度降低，现场询问得分降低。街道垃圾分类办公室已对居民区、单位、沿街商铺氛围营造进行查漏补缺，同时“一小区一方案”工作已经在居民区书记培训中予以明确，并在小区显著位置进行公示。部分居民区选择在小区广场开展面对面垃圾分类宣传工作，有效提高垃圾分类工作的知晓率和满意度。

3. 清运不及时，垃圾桶满溢，缺盖或不使用盖子。除焚烧场排队等客观原因，街道垃圾分类办公室已排摸干湿垃圾桶缺口，增加干湿垃圾桶数量。进一步加强点长和志愿者以及相关人员培训，增加保洁频次。确保桶满放入闲置厢房或者挂“等待清运中”牌子的工作及时到位。同时加强各支队伍巡视整改工作的监管效力。

4. 部分小区整体环境差，保洁保绿基础差，工地影响路面坑洼不平，大件垃圾如建筑垃圾清运不及时，垃圾混堆，总体印象差，居民满意度低。除卸点等客观原因外，仍应继续严格落实物业管理责任，将老旧小区达标补贴与街道重点工作挂钩。加强建筑工地规范管理，将工地复工和垃圾分类工作统筹推进。严格规范居民区考核工作，按照考核方案落实各方责任。

徐汇区长桥街道：党建引领换新颜，垃圾分类新风尚

一、基本情况

长桥街道华东一居委坐落于长桥街道东北角，所属辖区有三个自然小区，均为商品房小区，共计 840 户，共有常住人口 1787 人。为落实市委、区委、长桥街道党工委关于加快生活垃圾分类工作的要求，华东一居民区高度重视，为了能够全面推进垃圾分类工作顺利有序开展，华东一居民区根据小区实际情况不断提升居民垃圾分类意识和分类质量。由于华东一居委管辖的三个小区实际情况及居民组成结构大不相同，居委会落实了“一小区一方案”，分类分层个性化推进，解决三个小区的实际情况及满足居民的日常需求。

华东三个小区除固定垃圾库房外原设有室外临时干湿投放点：华东花苑 6 个、金桂苑 4 个，汇达苑 4 个。为了更好地实施小区垃圾分类工作，由三驾马车（居委会、业委会、物业公司）会议、楼组长和志愿者会议讨论一致决定，必须撤除所有临时点位。原本方便投放点位的取消，或多或少会造成居民的不便并引起抱怨和抵触情绪。为进一步宣传垃圾分类工作，让居民改掉几十年的生活陋习而逐步培育起垃圾分类新风尚，工作前期，华东一居委进行多次宣传，通过黑板报、宣传海报、微信平台、小喇叭等方式，从多角度、多形式、多渠道进行大力宣传，营造居民群众人人知、人人晓、人人来参与的氛围，也为之后垃圾分类的正式实行奠定了扎实基础。

为进一步做好垃圾分类，做好垃圾分类事前、事中和事后的各项工作，华东一居委先后在三个自然小区各自成立了一支由居委会、物业、业委会、党员骨干和志愿者代表等组成工作领导小组，由居委会党总支书记担任组长，业委会主任及物业经理担任副组长，党员骨干和志愿者代表担任组员。同时在 3 个小区进行垃圾分类志愿者招募，在居民的大力支持下，很快成立

了三支训练有素，技能熟练的垃圾分类志愿者团队，每个库房选出一名组长负责管理、协调人员安排工作，发现问题及时做好记录，同时做好问题处理、情况反馈。

大大小小的协商会、动员会、宣传会的不断召开，让居民对垃圾分类有了更深刻的认识，从让我分、到我要分、到现在的互相监督指导着分；分类分层个性化的推进过程以及有效的管理机制，为小区垃圾分类管理有序发展奠定基础；长效、有力的队伍分工更是小区垃圾分类的有效保障。

二、经验与做法

（一）党建引领换新颜，垃圾分类新时尚

华东一居民区党总支根据辖区内三个小区华东花苑南苑、海波金桂苑和汇达苑三个小区生活垃圾的各自特点，制定简单易辨的分类方法，并构建起垃圾分类收运体系。在执行过程中，居委会注重发挥好党员的示范带头作用，积极响应“我是党员我先行”，积极鼓励并扩大志愿者中党员的比例。目前华东一居委垃圾分类志愿者有 30 多人，党员志愿者占志愿者总人数 50%左右，通过不断地宣传和动员，党员参与度也不断再增长。同时，深入开展垃圾分类知识宣传活动，把垃圾分类知识融入家家户户的日常生活中。每周开展垃圾分类知识讲座，通过社区党员自身行动带动身边人，带动周边更多的社区居民进行垃圾分类，加深社区居民对于垃圾分类的印象。垃圾分类并不是一朝一夕的动作，而是一个长长久久的生活习惯和意识，切实做好垃圾分类从我做起，垃圾分一分，环境美十分。

（二）三驾马车齐聚力，垃圾分类有保障

华东一居民区通过党建引领定期召开三驾马车会议。居委会、业委会和物业公司共同商讨制定垃圾分类管理机制。定期召开垃圾分拣员培训，邀请专业技术人员对小区分拣员进行专业培训，对各自薄弱环节进行最直接、最

清晰的指导和说明。不定期的调研会，倾听分拣员工作中的难题，做到及时解决、及时处理，为提高分拣员的分拣质量，制定了切实可行的分拣质量奖惩制度。通过不定期召集居民、楼组长、志愿者和党员代表进行沟通和征询，了解每天居民集中投放垃圾时间段、投放量，因地制宜制定撤桶和定时定投方案，在推进垃圾分类工作的同时，努力提高居民群众的获得感。

（三）“星星”自治汇华彩，垃圾分类显真情

垃圾分类开始以来，华东花苑南苑、海波金桂苑、汇达苑的垃圾分类环保志愿者为了保障小区生活垃圾的产量以及纯净度不受影响，放弃了自己的休闲时光，不顾高温的暴虐，顶着酷暑坚守在一线库房旁。他们身穿绿色志愿者马甲，头戴小黄帽，每天都不厌其烦地向居民宣传垃圾分类的重要性，还不时地用自制铁夹、长棍等工具分拣、整理垃圾桶内一些被居民错投的垃圾。虽然工作中会因遇到不理解的居民而感到委屈，但是他们觉得美好的小区环境、和谐的邻里生活更为重要，苦口婆心的劝导和宣传终会获得香甜的“果实”。很多居民在志愿者的指导下从不愿分逐步转变成我愿分、我会分、我要分，志愿者为此露出了幸福又欣慰的笑容，所有的付出终于有所回报。

（四）同心共筑华彩梦，垃圾分类显成效

养成良好的垃圾分类习惯。一方面，通过社区党员和志愿者的宣传和教育，让环保意识根植于每一社区居民的心中，让大家把绿色环保当成一种生活习惯。另一方面，通过制定相应的管理机制和奖惩机制，在居民公约、居民自治和相互监督上下功夫，对那些在垃圾分类方面做得好的居民给予一定的奖励和鼓励，激励广大社区居民养成垃圾分类的好习惯，让广大社区居民的环保意识得到提升。如今华东一居委管辖的三个小区居民已经建立健全居民自治管理机制，通过居民动员居民、居民管理居民、居民教育居民的自治模式，不断推进小区居民养成垃圾分类的好习惯，也不断提高小区居民的归属感和幸福感。

三、问题和建议

1. 避免意外划伤的发生：在垃圾分类过程中容易发生意外。有居民将碎玻璃投放于湿垃圾桶内，导致保洁员手指割伤。居委会及时在库房张贴民情通报，提醒个别居民做好分类，希望此类事件不再发生。保洁员日常工作辛苦，个人卫生防护简陋，有的玻璃制品体量大，对于面积较小的垃圾库房存放存在困难，另外库房面积小、干垃圾量多，为了保证居民投放，很多桶需要放在库房外，日晒雨淋，容易导致折旧坏损。

2. 各类垃圾桶构造的合理化：居民投放中易发生桶中满溢情况。因为有的干垃圾或者可回收垃圾体积大，特别是可回收垃圾除了瓶瓶罐罐外，现在居民最多的就是快递纸盒，由于这些盒子的体积比较大，也不容易折叠，而现有的可回收垃圾桶构造很难装载这些方方正正的纸盒子，极易造成可回收垃圾桶的瞬间满溢现象，一旦出现大的垃圾投放，可能会影响智能库房开关门、使垃圾散落在外面，影响库房周边环境。建议改进各桶造型设计，以适合纸盒类的投递，让各个桶更加合理化，也可以改进库房设施，增加智能识别等自动控制功能。

3. 加强执法部门的监管力度：加强小区居民垃圾分类责任意识。除了小区志愿者、居委会社工的苦口婆心的劝导之外，希望能够加强执法部门的监管。为更好确保全民参与、人人遵守架起坚强的后盾，加强对不文明现象的一种约束。

垃圾分类宣传动员是一项长期的任务。垃圾分类初期，很多居民并不看好，但经过多次的宣传以及小区垃圾分类实效的显现（小区环境的改变），居民逐渐改变了观念，转变为支持垃圾分类工作，并用自己实际的行动影响身边人。一年来，小区垃圾分类在各方努力下成效显著，环境得到改善。我们坚信持续推进垃圾分类，精细管理资源实现充分利用，不断增进小区垃圾分类管理机制和办法，并根据小区实际情况及时改变管理策略，使其更加符合居民需求，也够让小区垃圾分类工作更加深入人心，也能促使小区整体垃圾分类工作更加有成效。垃圾分类工作任重而道远，让我们一起铆足干劲，积极推广“垃圾分类是新时尚”理念，从我做起，共同为建设环保节能的家园环境而不断努力。

长宁区仙霞街道：垃圾分类促进社区微治理，生态社区提升居民幸福感

一、基本情况

仙霞街道虹旭小区总占地面积约4.3万平方米，1989年竣工，属于售后公房，共有879户，其中租赁户占三分之一。2015年，在长宁区委、区政府的关心和大力支持下，虹旭小区进行综合改造并提出打造绿色、环保、宜居家园。2016年，虹旭小区经多方努力争取，实施社区“微更新”项目，打造集绿化、微景观、微自治于一体的微园，既可修身养性，又能邻里守望的睦邻廊，儿童乐园和老人健身苑组合而成的康乐区，环绕半个小区的健身步道以及“绿盒子”大件垃圾堆放点，将功能性、美化性、提升居民文明素养性都融入社区之中。小区环境逐渐变好了，大件垃圾实现了定时定点投放并集中堆放室内管理，生活垃圾分类投放成了虹旭小区迫在眉睫的必修课。为响应十九大“建设生态文明，树立和践行绿水青山就是金山银山”的精神，2018年2月，虹旭小区在仙霞地区率先实施“生活垃圾定时定点投放”。定点为两个垃圾箱房，定时为每天上午7: 00—10: 00，下午17: 00—20: 00。

二、做法和经验

（一）宣传有新意，培育新兴趣

垃圾分类对居民来说并不是件陌生的事，如何让居民对垃圾分类有全新的认识，前期宣传就显得尤为重要。小区的文艺骨干自编自导自演了小品、沪剧。还专门设计了两个可爱的卡通人物，并取名为“虹虹、旭旭”，在虹

旭的宣传栏里，“虹虹、旭旭”正在为小区居民讲解垃圾如何从源头减量，如何分类以及垃圾的旅程等简单、易懂、有趣的故事。新颖的宣传形式，不同的宣传理念，达到意想不到的宣传效果。

（二）关键靠党建，发动讲策略

由于是先行先试，前期工作困难很大，居民不理解，不配合，特别是流动人口，多年养成的乱扔垃圾的习惯很难改变。在志愿者招募上更是困难重重，因为居民心里都没底，一来怕脏怕臭，二来怕得罪人，招募之初只有18个人来报名，然而按每周一人做一次的频率，则必须有56位志愿者，当时离垃圾分类定时定点投放启动只有7天时间了，怎么办？经过五位一体讨论，决定首先给党员压担子，召开党总支扩大会议，会议决定支部书记、支部委员、党小组长、党员骨干，年轻一点，身体健康的同志都每周排一班，充分发挥党员先锋模范作用。后来又找来了一位平时热于志愿又善于做群众工作的群众代表，让她负责一个垃圾箱房并由她负责发动群众志愿者。当时的志愿者不仅要做好垃圾分类的宣传、记录好台账以及动手教居民如何分类垃圾，还要吸引更多的居民参与到志愿者当中来。

每天一位居委会干部，两个分解员，八个志愿者，两个垃圾箱房，两本记录本，早上7:00到10:00，晚上17:00到20:00，虹旭的垃圾分类定时定点工作就这么开始了。当大家看到不管是降温天还是大雨天，无论是早上7点还是晚上8点，志愿者都坚守在岗位上细心地给居民讲垃圾如何分类时，着实感动了不少人，渐渐地，来报名的志愿者越来越多，有老面孔，也有新面孔，甚至在之前微更新等项目中表示对居委会工作非常不支持的人也主动来报名。一些外地的年轻人说：“每天看到年纪这么大的叔叔阿姨为我们分垃圾，我们再不学怎么分，都不好意思来扔垃圾了。”渐渐地党员把群众都带进来了，之前一周顶几个班的党员同志逐渐减少了上岗的次数。当群众报名的人数越来越多时，就替换了前一批的志愿者，目的是希望社区居民能人人参与垃圾分类志愿服务，都能做到自觉自愿准确地做好生活垃圾的分类。

（三）创新有高招，营造好氛围

要想做好垃圾分类，首先就要想办法在社区中营造好氛围，除了小区宣传栏里“吉祥物”教你如何生活垃圾四分类主题科普以及每户必送的倡议书、承诺书之外，虹旭居委还创新开展了很多与垃圾分类相关的趣味活动，推动了社区微治理的小发明。比如，垃圾分类知识猜谜、厨艺展示垃圾分类趣味培训、垃圾分类居民扫码有礼、虹旭垃圾分类最棒家庭评选活动等，以及垃圾分类废物再利用，建立的“瓶子菜园”，解决小区不文明养宠的“狗狗粪便蚯蚓堆肥塔”等，让垃圾分类工作向纵深发展。渐渐地，在虹旭小区居民打招呼时，又多了一句问候语，“今朝侬屋里厢垃圾分类了伐?”居民茶余饭后讨论的都是垃圾分类，人人也都争做垃圾分类志愿者，每一位居民都是垃圾分类的监督者，在虹旭，如果你垃圾不分类，那你就是个道德低下之人。

虹旭居民区通过新颖的宣传方式、形式多样的活动、趣味十足的培训让居民对垃圾分类有了全新的认识，通过党员带头，发动群众，吸引了150多名居民参与垃圾分类志愿服务。通过瓶子菜园、蚯蚓堆肥塔、湿垃圾堆肥桶等创新举措让居民感受到垃圾分类给生活及小区环境带来的变化。短短三个月，虹旭小区的居民破袋率就高达98%，垃圾分类准确率为98%，生活垃圾资源化利用率达45%左右。

虹旭居民区在党建引领下，攻坚克难，最后探索出了宣传有新意，动员有新招，培训有趣味，台账有内涵，创新有高招，以及居民干部带头做，物业人员必须做，党员干部主动做，群众跟着党员做，大手牵着小手做，沿街商户不做也得做的“五有六做”垃圾分类定时点投放工作法。

目前，在虹旭居民区，垃圾分类已经成为了一种新风尚，不仅改变了小区的整体环境，还提升了小区居民的文明素养，最关键的是垃圾分类成为居民睦邻友好的桥梁。

垃圾分类在虹旭小区已经实行近两年的时间，98%的居民可以做到垃圾四分类，但这离发达国家的垃圾分类水平还相距甚远。2019年，虹旭居委在小区内建立了一条垃圾分类生物链，将居民分类后的湿垃圾倒入堆肥桶进行发酵后成为肥料，肥料可以在阳光房对绿植进行培育，也可以对微园、生境花园、屋顶花园、瓶子菜园、桂花园中的花花草草进行施肥。到了秋冬，居民可以把干枯的枝叶通过粉碎与分类后的湿垃圾一起堆肥。在虹旭小区，春夏施肥赏花，秋冬除草堆肥。通过居民自治建成一个完整的垃圾分类生物链。做到真正意义上的湿垃圾源头减量，资源再利用。让垃圾分类在虹旭小区扎深根、开艳花、结硕果。

三、问题与建议

在垃圾分类方面的问题和建议主要有：

1. 如何针对流动人口、分类意识薄弱、尚不能主动参与定时定点分类投放的居民做好入户宣传工作。对于流动人口，利用疫情期间街道开发的“霞 e 家”小程序，摸清小区内每个新来的租户，发动居民区志愿者、楼组长第一时间进行上门宣传。对于分类意识薄弱尚不能主动参与的，如有客观原因的，居民区应尽可能帮助解决；如是主观原因造成的，可通过宣传教育，如邀请其参加小区垃圾分类特色宣传活动，融入小区、提高分类意识。

2. 如何持续做好居住区定时定点工作，特别是对箱房关闭时段小包垃圾乱扔现象进行改善。通过居民区“四位一体”会议，听取各方面意见，合理设置垃圾厢房开放时间，适当增加中午厢房开放时间段，尽量满足居民需求，加强物业值守，强化厢房非开放时间段志愿者定点及不定点巡查，杜绝小包垃圾。加强城管执法，对部分经过教育仍屡教不改的进行警告及罚款。

3. 如何依托以居住区党组织为核心的“多位一体”的协同推进机制，落实物业分类投放管理职能、城管执法检查职能。充分发挥“一网统管”作用，发挥居民区党组织引领作用，做强基础网格，利用执法人员下沉网格便利，第一时间发现和处置垃圾分类问题，提高处置效率；梳理设置垃圾分类管理模块（含检查反馈、建筑垃圾清运监管、志愿者管理等模块），全面加强监管；第三方社会组织加强日常巡查，定期召开垃圾分类协调会，邀请居民区、物业负责人、城管中队等参加，把巡查中发现的各类问题及时反馈，统筹协调解决。

普陀区曹杨新村街道：下足绣花功夫　全面推进垃圾分类工作

一、基本情况

曹杨新村街道，位于普陀区中部。面积 2.14 平方公里。1959 年 8 月建立街道，下设 20 个居民委员会，63 个居民小区，人口 10 万余人。曹杨新村是新中国成立后建设的第一个工人新村，区域环境优美，拥有花溪路等 8 条“上海市林荫道”，绿化总面积逾 55 万平方米。曾获得“全国文明单位”“中国街道之星”等称号。

曹杨新村街道自 1987 年作为全市第一批试行生活垃圾袋装化地区以来，历经 30 余年垃圾分类工作，社区居民心中早已播下生态环保的种子。2019 年 1 月，《上海市生活垃圾管理条例》刚通过，曹杨新村街道碧绿湖花园小区业委会就拉起一支志愿者队伍，值守小区的垃圾箱房，帮助居民把垃圾分对、投准。在垃圾箱房轮流值班，指导居民准确分类投放，将没分准的垃圾重新分类投放，志愿者以身作则，激发了居民的自觉性。仅通过短短一个月时间，辖区居民参与垃圾分类比率已从不足 20%到超过 85%，湿垃圾的清运量也激增近 10 倍。这一切都归功于一张小小的户数投放统计表，曹杨新村街道正是通过此表不断精细化、科学化、人文化推进 63 个小区的垃圾分类工作。

二、经验做法

曹杨新村街道依托居民区“1+3+X”联席会议机制，采取“一区一表”“邻里温情代扔垃圾”等一系列推进垃圾分类工作的有效措施。

（一）依托"1+3+X"联席会议机制，让定点定时投放多点人情味

有不少居民曾向南梅园居委会反映，进入夏季后湿垃圾产生量剧增，午间产生的湿垃圾无处可丢，且高温下变质快、有异味，极为不便。对于居民提出的合理诉求，居委依托"1+3+X"联席会议，与业委会和物业共同商议，确定选定在小区入口不远的点位作为务实投放点，让居民可以投放包头垃圾，开放时间设为中午11:00—12:00，并安排志愿者进行协助，巡查垃圾分类投放工作。

在投放点位和投放时段的选择上，曹杨新村依托居民区"1+3+X"联席会议机制，通过民主协商确定，并做好征询和公示工作，切实寻求居民认可度最高的方案。

（二）精确到户的"一小区一表"，让实效监督检查有据可循

为全面落实垃圾分类，曹杨新村街道为63个小区分别设计了户数统计表，由志愿者负责每天进行投放统计，对于长期不投放垃圾的居民进行二次上门宣传，并研究有针对性的应对方案。

曹杨新村街道坚持每日一表，记录居民分类投放情况，居民参与率由不足20%提升至90%以上。另外，街道还配合实施"21天定时定点分类投放"奖励机制，已有3007户居民参与其中。有助于激发居民参与垃圾分类工作的热情，促使居民养成垃圾分类的好习惯。

同时，曹杨新村街道还建立"居民区每日自查""机关干部每周抽查""第三方每月督察"的"三查"机制，并形成63个小区的打分排行榜，前十名小区为表扬红榜，后十名小区为警告黑榜，对黑榜小区分析原因，帮助其查缺补漏，助力全街道垃圾分类工作的整体推进。此外，街道将每周四定为"随车执法日"，让市民监督员和城管队员共同开展区域单位的垃圾分类检查，既让普通居民了解城管执法检查的日常，也让大家对街道推进垃圾分类工作产生更加直观的了解和认识。

（三）送学上门，代扔垃圾，志愿服务队用“垃圾”牵起邻里温情

垃圾分类的推广，对于不少老年人是个挑战，尤其是对于一些高龄、行动不便的老人，从正确的分类到后期的投放，他们根本无法独立完成。对于特殊困难群体，源园居委“花甲天使”志愿者团队发起“送学上门”行动，不仅坚持向老人普及垃圾分类知识，定期上门帮老人检查垃圾分类是否正确，还时常帮助行动不便的老人上门收取和投放垃圾。

在兰岭园居民区也有一支这样的志愿服务团队——“老周服务队”，周来顺是服务队队长，自从成为垃圾分类志愿者后，他更是把所有时间花在倡导垃圾分类上，每天定时定点进行垃圾分类值守。源园、兰岭园等多个居民区志愿者服务队已开展“邻里温情　代扔垃圾”自治项目，既增进邻里感情，又起到宣传的作用。这是一份用“垃圾”牵起的邻里情，感动着不少社区居民。

如今，曹杨新村街道大部分居民区点位情况良好。垃圾箱房关闭时，基本没有居民投放垃圾的现象，也没有发现干湿垃圾混投，小区里随处可见关于垃圾分类的宣传海报和指示牌，部分小区的各个点位还增派了物业人员定时值守，防止居民乱扔垃圾。以前是“扔进一个筐”，现在是“细分四个桶”；过去发力“减源头”，而今实现“再利用”。垃圾分类装袋、定时定点分类投放已是基本常识，垃圾分类工作已逐渐显出成效。

三、下一步计划

未来，曹杨新村街道将对标示范街道的更高要求，积极深化上海市生活垃圾分类示范街道的创建工作，上下一心、共同努力，立足垃圾分类工作的长效常态，在精细度、长效化、实效性、信息化四个方面上下功夫：一是提质提效，进一步提升全程体系建设的精细度；二是做实做细，进一步做优管理运行机制的长效化；三是聚智聚力，进一步聚焦群众参与满意的实效性；四是依托智能系统、利用信息化手段，进一步提升垃圾清理时效，实施实时

监控、溯源数据以及后期进行数据分析。同时要深入贯彻落实习近平总书记重要指示精神，全面推行、依法治理垃圾分类，下足绣花功，持续用力，抓紧抓实，久久为功，推进垃圾分类工作常态化、长效化、规范化。以精细地“管”推动精准地“分”，切实让垃圾分类这项“新时尚”在新中国最老的工人新村焕发出不一样的光彩，成为老新村一道靓丽的风景线。

静安区天目西路街道：志愿风尚引领分类时尚

一、基本情况

天目西路街道位于静安区中南部，东起南北高架、大统路、普善路；西、南沿苏州河，与普陀区接壤；北接中山北路，辖区总面积 1.94 平方公里。辖区以铁路为界，划成南北两块。南块是以新建商务、商贸楼宇为主的新型城区，北块以老式居住区为主。辖区内有 12 个居委会 28 个居住小区。在市、区各级部门的指导支持下，街道紧密结合辖区特点，积极大胆创新，探索实践“党建引领、双链并进、双楼并重”的垃圾分类“123 工作法”，整区域、全覆盖倡导生活垃圾分类新时尚，打造属于天目西特色的垃圾分类志愿服务。

截至 2020 年 5 月，天目西路街道共有垃圾分类志愿者 277 名，志愿者队伍 12 支。在天日西路垃圾分类工作中，志愿者是重要的辅助力量，发挥着积极的作用。街道不断优化完善垃圾分类志愿者长效机制，进一步提升工作实效，落实“三全三化”（全程分类、全域覆盖、全民参与，减量化、资源化、无害化）要求，大力倡导自觉分类，注重用志愿风尚引领分类时尚。

街道于 2019 年为辖区内各志愿者队伍授旗，安源小区“情系绿色环保”居民区志愿者服务队是其中的优秀代表。

安源小区建于 1996 年，是一个售后公房与商品房的混合小区，共有 402 户。小区垃圾分类和绿色账户从 2016 年 9 月开始实行，现居民 95%以上能够做到正确投放。小区多次被评为“最美志愿服务小区”、“最美志愿服务组织”等并被推选为全国垃圾分类示范点，多次接待市、区领导、外省市单位调研考察。安源小区志愿者队伍由楼组长、居民、新上海人组成，共 15 名，年龄最大者 67 岁，年龄最小者 50 岁。

二、 经验做法

在垃圾分类工作开展过程中，志愿者为了增强小区居民对垃圾分类知识的了解，向居民列出了生活垃圾分类物流图解的展板，加深了居民对垃圾分类知识的了解，让“绿色、低碳、环保”的理念深入人心，不断提高居民自觉爱护环境卫生的意识，养成垃圾分类的好习惯。同时，志愿者还发动各幢楼的楼组长做好本幢楼的宣传督促工作。通过志愿者的无私奉献，居民的垃圾分类意识得到提高，更多居民积极响应垃圾分类工作，并逐渐养成习惯。

在防疫期间，为了减少人与人之间的接触，小区延长了垃圾箱房投放的时间。志愿者在做好自身防护措施的情况下，会定时定点做好垃圾箱房周边的卫生消毒工作，并通过小区大屏幕滚动播放疫情防护期间垃圾分类注意事项，时刻提醒大家“戴口罩、勤洗手、常通风”，出门保持安全距离，做好垃圾分类工作。令人欣慰的是，虽然志愿者们在这期间减少了指导工作，但安源社区的居民已然养成垃圾分类的好习惯，分类实效与疫情之前保持一致。

安源小区志愿者服务队只是天目西路街道 12 个小区垃圾分类志愿服务队之一。天目西路街道垃圾分类工作成效离不开志愿者的努力。如何发挥好志愿力量，创建垃圾分类志愿服务体系，天目西路街道主要从以下几方面开展工作：

（一）一个引领，即坚持党建引领，一体化推进

垃圾分类是一项系统工程，要切实加强组织领导，强化党建引领，积极开拓党建项目向垃圾分类延伸，形成党政一体、统筹一体、发动一体的工作格局。

居民区党总支主动发挥作用，把垃圾分类开展情况纳入基层党组织工作例会，充分调动居委会、业委会、物业公司、志愿者等各方积极性，结合实际形成“一居一特、争做先锋”的浓厚氛围；通过区域化党建联盟和楼宇党建服务站，发动企业党员、团员积极参与垃圾分类，响应社会新风尚。

社区志愿者当好“三员”做示范。当好“示范员”，辖区志愿者督促家庭主动参与生活垃圾分类，积极参加“绿色账户”扫码积分、线下积分兑换等活动；当好“指导员”，针对居民文化程度、年龄层次、文明素养等差异性，主动指导身边居民正确分类、规范投放；当好“宣传员”，认真学习《上海市生活垃圾管理条例》（以下简称《条例》）内容，并主动向身边居民宣传依法分类，发挥志愿者的示范引领作用，以实际行动感召身边的每一个人，让垃圾分类家喻户晓、深入人心。

（二）两楼并重，即住宅楼组和商办楼宇并重，注重楼楼联动

引导垃圾分类志愿者走进楼宇，号召楼宇白领参加垃圾分类志愿服务，开展楼宇企业和社区团队的学习和交流。通过楼组楼宇联动，在辖区构筑一张处处推行分类、人人倡导时尚的“绿色大网格”。

（三）三链并进，即“专业链、共治链、时尚链”并进，全方位协同

做强“专业链”，设施布局上，要基本满足“在哪儿分类”、“在哪儿回收”的专业需求。在街道支持下，各小区对箱房进行升级改造，启动“添睦E览通”小程序，设立小区两网融合回收点，完善街道两网融合体系；做实“共治链”，依托居民区党建“1+5+X”治理平台，促进居民区结合自身特点，形成垃圾分类自治自律自管机制，推动“三驾马车”合力向前。并主动邀请“两代表一委员”、媒体记者到居民区及楼宇视察垃圾分类情况，听取代表委员的意见建议；做新“时尚链”。树立时尚观念，广泛开展宣传。积极倡导垃圾分类是新时尚的观念，注重用志愿风尚引领分类时尚，提高志愿服务水平和示范引领能力。定期在社区开展垃圾分类宣讲培训，传播《条例》精神，普及分类知识，引领社会新风。

三、下一步计划

根据《上海市绿化和市容管理局、上海市精神文明建设委员会办公室关

于建立和完善上海市生活垃圾全程分类志愿服务工作体系的指导意见》的精神，天目西路街道将进一步加强生活垃圾全程分类志愿服务体系的建设。

（一）完善志愿服务日常管理系统

街道将通过组织各种垃圾分类体验活动，提高志愿者的积极性，推动垃圾分类工作长效化开展。从居民中发掘志愿骨干，继续招募思想觉悟较高的垃圾分类志愿者，并全面实行网上注册制度，确保垃圾分类志愿者队伍在“上海志愿者网”完成注册认证。

（二）丰富志愿服务培训形式

开展线上培训和线下培训，通过组织垃圾分类讲座、游戏互动、知识竞赛或者实地参观、演练等不同活动，调动志愿者学习垃圾分类相关知识，增强其自信心，提高志愿服务积极性，以开展社区宣传、一对一宣传等方式，面对面教学、划区域，定时定点向志愿者普及垃圾分类知识。确保所有志愿者两年内培训不少于 1 次，志愿者骨干每年培训不少于 1 次。

（三）探索志愿服务品牌

探索“科技+管理”机制，优化源头投放环境，强化源头分类质量监管。借助“添睦 E 览通”垃圾分类精细化管理平台开展志愿活动，通过巡查用户端及时上传巡查信息、存在问题、建议意见等，将志愿者提供的数据通过数据共享，提供给街道管理部门，及时归纳并反馈应对措施，形成一个工作闭环。依靠科技赋能，借助技术手段，打造具有天目西路街道特色的志愿服务品牌。

虹口区凉城街道：分类之举　净美凉城

凉城街道位于虹口区西北部，面积 3.24 平方公里，辖区居民 9 万余人。为全面提升生活垃圾分类实效，在市、区各级部门的指导支持下，凉城街道全力以赴推进生活垃圾分类各项工作落到实处，大力弘扬“奉献、友爱、互助、进步”的志愿服务精神，建设具有凉城特色的垃圾分类志愿服务基地，打造生态宜居的品位凉城。通过广大志愿者的共同努力，凉城街道成为首批“上海市生活垃圾分类示范街道”。

一、加强组织机构建设，形成垃圾分类志愿服务体系

（一）街道层面

成立了以党政主要领导为总召集人，党建、自治、社管条线分管领导为召集人，街道相关部门和群团组织共同组成的联席会议，联席会议下设办公室，具体负责相关工作推进，积极构建垃圾分类“四纵四横”志愿服务网络，以社区志愿服务中心为统揽，志愿者服务基地、居民区志愿服务站、志愿者工作室、社区单位联络点形成四级纵向网格化服务阵地，以机关、企事业单位、学校、社会公益组织为成员单位形成四级横向志愿服务团队。2019 年 4 月 26 日，在街道党工委的号召下，“净美凉城”志愿服务队正式成立并举行授旗仪式，吹响了垃圾分类志愿服务的号角。服务队依托社区志愿服务中心开展实体化运作，队长由党的十八大代表杨如明担任，服务队下设宣传组、培训组、督导组，有志愿者骨干人员 27 人，150 名成员来自 27 个居民区党建服务站、13 家区域化党建单位和“两新”组织，主要面向居民区、辖区单位提供垃圾分类宣传、培训、督导等服务，助力垃圾分类减量工作。

2019 年，街道获得由上海市文明办、上海市绿化和市容管理局共同颁发的“垃圾分类志愿服务队”称号。

（二）居民区层面

27 个居民区依托“三委联动”（居委会、业委会、物业委员会）平台，建立居民区生活垃圾分类工作联席会议，形成居民区党组织、居委会、物业、业委会“四位一体”的组织体系，通过居民区志愿服务站平台建立了垃圾分类指导员队伍和垃圾分类巡查员队伍，实现了垃圾分类志愿服务队伍的全覆盖。2020 年 5 月，各居民区共有垃圾分类志愿者 1438 人，注册率为 98%。在居民区垃圾分类的第一线，志愿者或身着统一的志愿服，或佩戴统一的红袖章，通过定期开展主题教育活动、不畏酷暑严寒开展点位固守宣传行动、对凉城 4 万余户家庭开展入户宣传等方式，不断提高居民群众的知晓率和参与率，引导居民自觉分类投放生活垃圾，成为居民区垃圾分类工作中一道靓丽的风景线。此外，各居民区还注重垃圾分类志愿服务宣传阵地的建设。如，凉五居民区在职志愿者利用休息时间绘制了具有凉城特色的“小凉扔垃圾”系列漫画，形象直观地让居民熟悉垃圾分类流程及相关的法规政策。凉四居民区“环保四邻家园+”项目，打造垃圾分类宣传阵地，获得上海社区基金会“新力杯”公益创投大赛“社区环保新时尚奖”。

二、建立常态管理机制，提升垃圾分类志愿服务功能

（一）制度规范科学

1. 制度完善。

街道制定了《关于推进凉城社区志愿服务中心规范化建设的实施方案》，由分管领导负责，党建办、自治办整合辖区内志愿服务资源，全面统筹推进垃圾分类志愿服务队工作，建立了章程、组织管理制度、志愿者工作守则等，健全了志愿服务保障功能。

2. 台账规范。

“净美凉城”志愿服务队从成立之初就形成年度有计划、年终有总结的工作联动机制：每月底与街道职能部门、群团组织召开碰头会议，把握进展、评估成效；每双月召开由服务队45名牵头人参加的总结分析会，通报工作进展、分享经验、明确后续任务；每季度举办一次由居民区党建服务站、区域化党建成员单位等参加的公益服务，以各种形式推动垃圾分类工作深入开展。各居民区志愿服务队伍则由各居民区负责协调推进，并做好相应的志愿服务记录。

（二）运行管理常态

一是岗位规范。结合生活垃圾分类示范街道创建的相关标准和生活垃圾分类达标评分细则，街道进一步明确垃圾分类志愿服务岗位的工作要求和规范，并组织开展专项培训，组织志愿者对居住区垃圾分类“五有”标准①进行督查。二是机制完备。街道将垃圾分类志愿服务工作纳入新时代文明实践分中心和新时代文明实践站的建设，在街道、居民区层面分别开展垃圾分类志愿者招募、学习、培训、评优等工作，并依托社区党建中心、社区文化中心、社区图书馆、片区市民驿站等场地和设施资源，确保志愿服务供需、志愿者注册认证、志愿服务项目孵化、志愿服务激励保障等有效对接。三是措施配套。街道积极探索志愿积分兑换制度，出台《凉城社区志愿服务时数和积分管理办法》，开展星级志愿者认证工作，通过推出“志愿服务集时积分卡”，对垃圾分类志愿者采取以服务时长换积分的方式，每年分两次定期举行兑换活动。四是数据齐全。街道结合志愿者信息管理库，做好志愿者服务时间、服务内容、服务评价等数据的管理，为垃圾分类志愿服务日常工作有序开展奠定基础。

（三）保障机制完善

一是关心培养。街道积极搭建多元化志愿服务交流平台，通过领航公益

① 指有设施设备、有治理技术、有保洁队伍、有监管制度、有资金保障。

屋、志愿培训课堂、开放式主题论坛等，定期组织开展垃圾分类实务操作和应知应会培训，同时加强垃圾分类志愿者骨干的关心与培养，2019 年开展垃圾分类优秀志愿者评选、低碳家庭评选等活动，宣扬典型形成示范效应，表彰 100 余人次。二是工作保障。街道依托社区志愿服务中心（凉城路 465 弄 60 号）和社会组织服务中心（凉城路 145 号）专门设置垃圾分类志愿服务基地，可共享使用面积约 265 平方米。各居民区则将居委会活动室、小区睦邻点等公共空间作为垃圾分类志愿服务活动场地。此外，街道配备 3 名工作人员推进垃圾分类志愿服务项目，相关活动费用纳入科室预算，各居民区垃圾分类志愿服务活动费用则纳入居民区工作经费额度范围，确保各项工作正常运转。

三、打造品牌特色项目，发挥引领作用共建净美凉城

（一）以“党建引领”推进“净美凉城”

街道根据“净美凉城”项目推进计划，指导基层党组织和党员发挥组织和行动引领作用，推动各居民区和“两新”党组织响应号召举办“垃圾分类，我承诺、我示范、我先行”主题党日活动。此外，街道与区域化党建工作实现有机结合，充分发挥未成年人对于家庭成人和社区的推动力。并推动市场监管所等机构到江湾初级等学校开展 12 场垃圾分类宣传活动；组织“童心绘凉城”墙面绘画活动；联合 13 家中小幼学校，制作“手牵手 · 同心同行”垃圾分类实践手册，2019 年暑假向各学校发放 5000 册。

（二）以“四季活动”助力“净美凉城”

春季：突出对垃圾分类“应知应会”知识培训、分类理念宣传，发起“垃圾分类，党员示范”倡议、发动党员志愿者自编小品《垃圾分类齐参与》、自创快板《垃圾分类》、改编歌曲等。夏季：以《上海市生活垃圾管理条例》施行为契机开展大型室外宣传活动，通过“我建我家”工作室组

织讲座、知识竞赛、互动游戏等培训 29 场，各类活动服务群众 5000 余人次。秋季：邀请驻区单位和居民区拍摄并投放《凉城新村街道垃圾分类宣传片》，组织志愿者围绕“奋战 30 天，养成好习惯”、“养成好习惯，实效再提升”、“突重点，治难点，强实效”等主题开展分类宣传活动。冬季：举办创新发明展示、典型案例展演，秀苑居民区志愿者自编自演的“多方联动助力垃圾分类新时尚”获得虹口区“全岗通”擂台赛一等奖。

（三）以“灵碳花园”聚焦“净美凉城”

广灵二居民区运用清新家园低碳公益服务社等社会组织资源，发动志愿者组建“绿手环”自治团队，开展厨余垃圾收集、微生物降解、绿植栽培、宠物“便便塔”工作，并对原杂乱无章的绿化带进行重新打造，近百平方米的“灵碳花园”成为周边居民践行垃圾分类的示范点，低碳小木屋“酵素肥皂”DIY 手工课堂也吸引着越来越多的社区居民参与低碳环保生活。2019 年有 5 个居委会加入“零碳花园”的试点，2020 年计划在此基础上再新增 4 个居委会。

垃圾分类，看似小事情，实则大文明！我们将继续高举“净美凉城”的旗帜，广泛凝聚家园建设的社区共识，继续弘扬“奉献、友爱、互助、进步”的志愿服务精神，打造广大志愿者守初心、践初心的重要实践平台，全力以赴推进垃圾分类新时尚在凉城社区蔚然成风！

杨浦区新江湾城街道：参与垃圾分类志愿服务

一、基本情况

杨浦区新江湾城街道位于上海市东北部，2003 年正式挂牌成为全市第 100 个街道，行政管辖面积 8.67 平方公里，常住人口约 6.1 万人、2.1 万户家庭。社区主要有以下三个特点：一是生态环境优美，被誉为上海市区生态“绿宝石”，曾获国际生态型示范社区、中国人居环境范例奖、上海市园林街镇等荣誉。二是中高档住宅为主，2000 年后新建中高端住宅小区占 90% 以上。三是社区居民年轻化、高知识层次化、高社会阶层化。辖区内有多个创新创业园区与知名高校，吸引大量高新人才入住。根据市、区“十三五”规划的功能定位，是一个宜居、宜业、宜创的生态化社区。

二、做法与经验

街道在生活垃圾分类减量工作上启动较早，在市、区绿化市容局的大力指导和支持下，2010 年世博会后辖区内建德公寓等就被列入全市首批试点小区，2018 年街道启动垃圾分类三年行动计划，并在当年实现整区域全覆盖。2019 年初成为全市首批垃圾分类示范街道，同年 4—6 月实地实效测评成绩全市中心城区街道并列第一。而在此过程中，志愿服务发挥了重要作用。街道紧紧围绕健全组织机构、科学制定制度、规范运行管理、完善保障机制、打造品牌特色等五个方面，形成一整套完善志愿服务体系：

（一）健全组织机构

1. 机构健全

新江湾城街道垃圾分类志愿服务队自 2013 年推行垃圾分类绿色账户以

来开始组建，于2019年初正式统筹挂牌成立。作为推进精神文明建设和垃圾分类工作的重要抓手，这支队伍由街道党工委书记和办事处主任两位主要领导担任双召集人的联席会议负责统筹，具体工作由街道负责社区管理工作的分管领导牵头分管，街道负责党建、自治、宣传文体的分管领导共同参与。队长由街道网格中心副主任担任，管理办、党建办、自治办、宣传文体办公室、网格中心（绿化市容中心）、志愿者服务中心等部门抽调人员形成管理专班负责志愿者服务队的日常运作。经过一年左右的培育，队伍规模不断扩大，较为稳定的骨干力量420人左右，已经实现19个居委会、50个居民小区的全面覆盖。

2. 人员注册

经过不断扩充人员规模的努力，在辖区总人口相对较少的情况下，已经登记注册的垃圾分类志愿者人数也已经超过1000人，注册率和行业自编码完成率都基本达到100%。

3. 标识统一

为提高志愿者队伍的辨识度，街道在前期为志愿者统一制作了一批自世博会以来沿用至今的“小白菜”绿色制服。2018年末，为更好推进垃圾分类工作，同时考虑到垃圾投放有部分在夜间上岗的安全性，街道再制作了一批带有反光字体的垃圾分类工作志愿者黄色版制服，后来也被居民亲切地称为垃圾桶边的“黄马甲”。

（二）科学制定制度

1. 制度完善

街道管理办、网格中心会同志愿者服务中心为加强志愿者队伍管理，形成登记注册、组织培训、对接需求的管理运行机制，专门为垃圾分类志愿服务队制定《工作章程》《管理制度》和《社区垃圾分类志愿服务组织架构、工作制度与运作流程》等文件和组织管理制度。

2018年，街道管理办和网格中心结合实际为垃圾分类志愿者“量身定制”《新江湾城街道垃圾分类志愿者工作职责》。街道党工委书记也在跑遍所有投放点位后总结经验，为垃圾分类志愿者提炼出的“五步工作法”也在之后编入职责内容，通过“一迎二接三看四讲五分”这样接地气、讲实效的口诀式“守则”指导志愿者工作有效推进。

2. 台账规范

街道志愿者服务中心每年根据街道生活垃圾分类减量联席会议的部署和安排负责在年初制定工作计划，年中抓好督促，年末做好总结和各类志愿服务活动资料的梳理和归档。社区中各居民区的垃圾分类志愿服务队伍工作记录由居委会直接管理，志愿者服务中心进行监督，街道对相关台账不定期进行抽查。

（三）规范运行管理

1. 岗位规范

根据社区垃圾分类工作的实际需求，街道设置多类别的规范性的志愿服务岗位。第一类是“绿色账户扫描员”，如 2013 年街道垃圾分类“绿色账户”试点工作刚刚起步时，在政立路 711 弄等率先实施绿色账户工作，许多党员积极分子在基层党组织居委会的动员下，加入了垃圾分类志愿服务队伍，每天在垃圾桶边，查看居民分类的情况，手持设备为居民进行绿色账户积分和宣传。第二类是分类投放点位“指导员”岗位，2018 年起街道开始推行“定时定点”投放垃圾的模式，这类志愿者负责在投放时间段通过“五步法”指导居民按照新的标准正确分类投放。第三类是垃圾“分拣员”，主要负责在垃圾箱房与物业企业保洁人员等一同做好垃圾分类推进工作，初期由于部分居民不熟悉分类方法和标准造成错分、漏分垃圾而实行的二次分拣，为物业和环卫末端减轻压力。第四类是“引导员”，是在 2018 年至 2019 年整区域全覆盖推进“定点”投放撤并点位过程中，在已经撤销的原点位上负责引导居民至新的投放点集中投放。第五类是“评比员”或“督导员”，负责为各居民区开展垃圾分类荣辱榜评比中统计数据或者对采取自治楼道投放的小区进行实效监督并定时张贴结果。第六类是“宣传员”，主要面向党建、自治队伍中能参与志愿服务时间较少但仍愿意积极参与、组织主题活动的志愿者。

2. 机制完备

街道垃圾分类志愿者管理结合志愿者服务站工作的不断推进，根据新时代文明实践分中心和实践站的建设要求，将垃圾分类志愿工作融入其中，重点开展经常性、面对面的垃圾分类实践活动，推动宣传教育与实践养成相结合。在人员培训和队伍建设上，明确垃圾分类相关工作，以知识传授、技能学习、业务交流等形式开展培训，提升志愿者的综合素质和专业化服务水平，培养一批长期参与志愿服务、熟练掌握垃圾分类知识和岗位技能的志愿者骨干。并不断细化成一整套行之有效的关于垃圾分类志愿者的人员招募、业务学习、上岗培训、力量调配、绩效评先等的管理办法。

3. 措施配套

除了此前提到的措施外，街道还为垃圾分类志愿服务工作明确了督导制度、会议制度、管理制度、考核制度、激励制度等配套措施，确保垃圾分类志愿服务日常工作有序开展的其他配套措施跟上。

4. 数据齐全

街道志愿者服务中心和居委会共同对志愿者服务时间、服务内容、服务评价及获得荣誉称号等相应数据进行记录。相关数据街道在区绿化市容局、区文明办的指导下逐步导入上海市志愿者信息管理库。

（四）完善保障机制

1. 关心培养

街道注重对垃圾分类志愿者骨干的关心与培养，每月在志愿者服务中心或居委会组织志愿者培训、活动或工作交流，更好激发志愿者的工作热情和参与度。队伍成立以来，共奖励“月度、年度优秀志愿者”百余人次，充分调动志愿者队伍工作积极性。

2. 工作保障

街道在政悦路 327 号设立了约 80 平方米的志愿者集中工作、活动的场所，并配备有办公室、会议室、电子屏等设施。中心场所配备 1 名驻地工作人员（至少 1 名为有 2 年以上工作经验的固定工作人员）、1 名项目助理、1 名项目负责人。

在志愿者保障方面，除了提供具有统一标识的服装外，还配备有工具以及相关补贴；利用上海志愿者网对志愿者的服务时长进行统计和更新，凭志愿者的服务时长进行实物奖励兑换；一年至少开展 1 次志愿者表彰大会，发放证书及奖励。以上工作街道每年都将所需经费纳入财政资金专项预算进行保障，确保志愿者服务中心的有序运行。

（五）打造品牌特色

1. 特色明显

新江湾城志愿服务中心有独立鲜明的宣传形象，专门设计了“心湾志愿者”logo 及相关的周边产品，还在志愿者队伍中精心打造“啄木鸟”巡查队，结合街道双月报制度，有效做到及时发现问题、解决问题、反馈问题的高质量运作。同时创建具有志愿者注册和活动发布功能的微信公众号。根据志愿者的个人服务总时数，授予其相应的星级徽章，对志愿者积极参与志愿服务起到较好的激励作用。

2. 文化鲜明

街道积极打造垃圾分类志愿服务的特色品牌项目，如在 2019 年率先成立全市首支街道层面的“垃圾分类新时尚宣讲团”，通过第三方打造全市首个垃圾分类“指导员专业化队伍”等举措，均获得市绿化市容局有关领导的高度肯定，并在多家媒体上进行报道，形成志愿服务和垃圾分类“新城新时尚”特色文化氛围。

三、成绩和不足

近两年来街道的垃圾分类志愿者服务队伍在推进全国文明城区创建工作和生活垃圾分类减量工作中成绩显著，曾获得市、区各级领导的高度评价。而志愿服务队通过 2018 年引导居民“定点”投放垃圾、帮助社区推进对原来分散在各个楼栋的垃圾投放点位进行撤并。2019 年，主要引导居民“定时”投放垃圾，帮助居民区减少投放点位在非投放时间里的小包垃圾落地等现象。街道通过两年的时间逐渐克服了垃圾分类“定点”和“定时”两大痛点，实地实效不断提升。街道垃圾分类志愿者队伍正式成立短短不到两年时间，先后已有 6 人次被评为“杨浦区垃圾分类志达人”称号，“新江湾城街道垃圾分类指导员团队”还整体获得 2018 年杨浦区“最美生活垃圾分类达人”荣誉称号等。

精神文明建设和垃圾分类是系统工程，是一场革命性的绿色转型，新江湾城街道将继续在市、区职能部门的指导下，不断推进工作规范化、常态化、长效化，让居民真正将志愿服务和生活垃圾分类的理念和要求内化于心、外化于行、融入日常。

黄浦区五里桥街道：营造浓厚氛围　分类成效明显

一、基本情况

五里桥街道位于黄浦区的西南部，区域面积3.09平方公里，户籍人口6.8万人，实有人口8.26万人。街道现有各类党组织222个，党员6601名。辖区81个小区中商品房小区超半数，是一个典型的居住型社区。曾获全国先进基层党组织、全国文明单位、全国最美志愿服务社区等荣誉称号。

五里桥街道深入贯彻落实《上海市生活垃圾管理条例》（以下简称《条例》）和区委区政府关于垃圾分类相关工作的各项要求，在区绿化市容局的具体指导下，依据市、区两级生活垃圾分类减量推进工作联席会议办公室关于生活垃圾分类减量工作的实施意见，不断加大力度下足功夫，全面全力持续有效地推进各项工作。7月1日起，五里桥街道范围内19个居民区81个小区全面实行垃圾分类，做到100%定时定点分类投放。街道垃圾分类专管员每日有125人在岗，垃圾箱房志愿者每日有123人在岗，居住区估算日均产生湿垃圾19.25吨，干垃圾53.46吨，可回收物188.5桶，有害垃圾6.5桶，垃圾分类工作成效明显。

针对单位垃圾分类工作的推进，街道先行对辖区各类单位进行排摸，做好数据记录、汇总成《五里桥街道单位垃圾分类情况明细表》。尤其对七类单位：党政机关、医院、学校、商场、饭店、商务楼宇、宾馆酒店按照“五有四规范”的标准组织街道城管中队、绿化市容所、工作站进行自查，针对自查中发现的问题，通过每周网格中心周例会，汇总单位垃圾分类中存在的问题，并制定整改方案。

同时，为了更好地开展垃圾分类工作，街道引入和扶持第三方社会组织，为社区垃圾分类提供专业支持，街道传播绿色环保生活理念的“四叶草”环保志愿团正式注册成立为“润一公益”社会组织。

二、做法与经验

（一）生活垃圾分类工作的宣传与动员

1. 营造浓厚社会氛围

五里桥街道以宣传推广、示范实践、志愿服务和社会公益等为重点进行广泛社会动员。按照市委宣传部要求，将每月的5日设为“生活垃圾全程分类主题宣传日”，集中开展生活垃圾全程分类的社会宣传和社会动员活动，引导全民参与垃圾分类。一是以社区报、“i五里”微信公众号、街道门户网站等全媒体资源为载体，进行全方位垃圾分类宣传；二是开展垃圾立法宣传“进社区、进学校、进医院、进机关、进楼宇、进公园”等系列活动，通过“小手牵大手”、精神文明创建、卫生创建、志愿者服务等形式普及垃圾分类及立法知识；三是充分发挥工会、妇联、共青团等群团组织作用，结合“垃圾分类立功竞赛”“垃圾分类讲师团”和“楼宇青年荟”垃圾分类系列活动等，广泛开展垃圾分类的宣传动员。

2. 加强条例宣传贯彻培训

一是分级分类开展培训。按照街道和居委两个层级落实培训责任，重点针对全体机关干部、事业编制人员和居民区工作人员、环卫收运单位、物业公司分类开展垃圾分类培训，各居民区至少开展包括《条例》宣传专场和垃圾分类宣传专场的培训，确保人人懂条例、会分类；二是运用群众工作法宝。由居委干部、楼组长和党员志愿者“百分百入户”动员，发放生活垃圾分类投放指导手册，引导上班族、退休居民和租户等不同作息时间人群做好垃圾分类投放，突出垃圾分类培训的指导性、针对性、操作性。

（二）生活垃圾分类的日常引导与监督

1. 成立领导小组

街道成立生活垃圾分类工作领导小组，街道党工委书记沈永兵任组长；

街道党工委副书记、办事处主任王奠华任第一副组长；街道办事处分管管理办副主任任常务副组长；街道各分管领导任副组长。领导小组下设办公室，设在社区管理办公室。办公室负责街道整体生活垃圾分类工作的协调推进，加强与区委区政府相关部门的沟通联络协调，做好上情下达、下情上达的各项工作。

2. 发挥“党建引领”核心作用

以贯彻《条例》为重点，突出依法治理垃圾分类，发挥党建引领垃圾分类的核心作用。一是建立健全以居民区党总支为领导核心，通过基层党组织、居委、业委、物业、志愿者组织形成“五位一体”联动机制，充分发挥居民区党组织凝聚群众、协调各方的作用，共同推进住宅小区的生活垃圾分类工作；二是用好“双报到”“双报告”制度，推动广大党员在生活垃圾分类中发挥示范带头作用；三是发挥党政机关示范引领作用，带动学校、医院、文体场馆等公共机构的垃圾分类工作；四是依靠区域化党建平台作用，统筹推进社区单位垃圾分类，积极带动楼宇、商圈、市场、园区的垃圾分类工作。

3. 建立健全生活垃圾分类工作联席会议制度

充分发挥街道生活垃圾分类工作领导小组的统筹协调作用，加大日常综合协调和监督指导力度，量化工作目标和任务指标。城管中队、市场监管所、绿化市容所和各居委会依法负责所辖区域内生活垃圾分类投放、分类驳运以及相关的分类收集等日常管理工作的具体落实，负责对所辖区域内管理责任人履行管理责任的情况进行指导监督。同时做好相关工作机制和台账的梳理工作，对接街道网格化管理综合平台，加大对居民区生活垃圾分类工作监督检查频率，建立问题发现机制和情况通报机制。

4. 促进源头垃圾减量

一是各级党政机关、事业单位要带头开展绿色办公，提高再生纸的使用比例，减少使用一次性办公用品，优先采购可循环利用的产品；二是加强对区域内单位生活垃圾强制分类的宣传引导，建立分类收运模式，推动旅馆、餐饮行业限制或减少使用一次性用品，倡导绿色消费，推广使用可循环利用物品，并组织开展联合检查执法；三是排摸辖区菜场情况，推进落实菜场的湿垃圾就地处理配套设施，尽量做到湿垃圾不出区。鼓励产生湿垃圾的其他单位配置湿垃圾就地处理设施；四是发挥价格杠杆作用，通过单位生活垃圾收费，督促指导区内机关事业单位、学校、菜场、公园、企业、公共机构和其他各类垃圾产生单位签订收运协议促进其承担社会责任，对减量明显的单位实行优惠收费，进行正向激励，真正实现“谁产生谁付费”。

5. 推行“定时定点”分类投放

按照“先易后难、因地制宜、循序渐进、以点带面”原则，巩固推进社区“定时定点”分类投放模式。深入推进生活垃圾“定时、定点”精准投放，“定类、定员”分类管理，建立“方便大家分、引导大家分”的机制。设置“定时定点”投放点，做到“四到位”，即告知到位、公示到位、检查到位、扫描到位；强化“定时定点分类员”队伍建设，要做到“六个会”，即会宣传讲解垃圾分类知识、会指导居民户内户外分类投放、会进行绿色账户扫描积分、会甄别垃圾种类和品质、会按时到岗实施辅助分拣、会实施分类情况记录。绿化市容所负责落实对街道“定时定点分类员”进行岗位操作培训和考试，考试合格发放上岗证，切实发挥好“定时定点分类员”对源头垃圾分类的宣传、指导和监督功能。

6. 强化执法监督，建立多方监管机制

一是建立联合执法机制。依照《条例》规定，在各级党政机关、企事业单位、居住小区、公共场所开展全覆盖的执法检查，以严格执法的成效保证垃圾分类的实效。统筹部署垃圾分类、餐厨垃圾等专项执法行动，加大现场实效检查频率，严格落实执法责任，重点针对收集容器配置、单位生活垃圾分类、垃圾分类收运管理规定的执行情况进行执法检查，提高监管执法实效。二是建立社会监督机制。充分发挥好“两代表一委员”监督政府职能部门工作、建言献策的积极作用。利用社区报、“i 五里”微信公众号、街道门户网站等全媒体资源持续开展对违反生活垃圾管理行为的社会舆论监督，适时进行曝光。

7. 加强“多元协同”社区治理

结合文明城区、文明小区创建和建设“美丽家园”行动等创建工作，大力推动居民区垃圾分类取得明显实效。进一步依靠居民自治，充分调动居民的积极性和主动性，倡导将生活垃圾分类要求纳入居民公约。进一步依托志愿者力量，组织注册志愿者和志愿服务组织开展形式多样的垃圾分类志愿服务项目。进一步支持社会组织，加强社会组织培育管理，鼓励社会组织参与帮助开展垃圾分类。

（三）生活垃圾分类中的创新做法

1. 管理民主，“一小区一方案”显特色

街道范围的 81 个小区，制定了 81 个生活垃圾分类方案。由基层党组织牵头，依托零距离家园理事会，根据每个小区的不同情况和居民的实际诉求，经业委会、物业和小区居民等通过民主协商确定方案。例如有多个垃圾箱房的小区，垃圾箱房可以根据需要错时开放，这样既可以做到定时定点，又为居民投放垃圾提供便利，促进箱房周边环境的改善。有的小区只有一个垃圾箱房，则可适当延长箱房开放时间。同时，每个小区在“定时定点”投放点的明显位置张贴垃圾分类指示牌，指示牌内容包括垃圾定时投放点及开放时间、干湿垃圾临时投放点、建筑及大件垃圾临时堆放点、居委会所在地、物业所在地。居委会、物业、业委会这“三驾马车”充分发挥合力，加强宣传引导和日常管理，确保 81 个小区各有特色的垃圾分类方案顺利实施。

2. 多方参与，垃圾分类有活力

倡导将生活垃圾分类相关要求纳入居民公约，依靠社区志愿者和党员力量，开展形式多样的垃圾分类志愿服务项目，充分调动居民对垃圾分类工作的积极性和主动性。引入和扶持第三方社会组织，为社区垃圾分类提供专业支持，街道传播绿色环保生活理念的“四叶草”环保志愿团正式注册成立为“润一公益”社会组织，发展团队成员近 400 人，在社区推广宣传垃圾分类等环保工作；社会组织“新虹更绿环保中心”为居民区提供专业的垃圾分类指导与培训；五里桥科创少年志愿服务队组建于 2019 年 3 月 5 日，是一支以发挥社区青少年才智，致力于通过科创方式服务社区为主旨的青少年志愿服务队，五里桥科创少年志愿服务队花了半年的时间打造出一款全自动垃圾桶，只要人靠近垃圾桶，它就会自动开合。此外，该垃圾桶还附赠一款桌游游戏，让垃圾桶的主人更好地了解垃圾分类。凭借这个创意，科创少年志愿服务队 Sbinner 小分队获评 2019 SAGE 赛智中国站冠军，并在 8 月 13 日落幕的赛智世界杯和全球巡礼中摘得世界赛亚军以及可持续发展奖。11 月 6 日，国家主席习近平夫人彭丽媛邀请法国总统夫人布丽吉特共同参观上海外国语大学附属外国语学校。在校园里，五里桥科创少年志愿服务队的科创少年史楚天很荣幸地为两国元首夫人介绍并展示这款智能环保分类垃圾桶。

瞿东居委开展了“垃圾分类 21 天养成好习惯”活动，一张记录卡，一杆秤，每天将厨余垃圾打包称重并记录，轻松又简单，通过 21 天的坚持，居民在不知不觉中养成干湿垃圾分类的习惯。

卢湾滨江南园小区里的厢房管理员老陈，利用之前二次分拣时得到的经验，用收集来的废弃家具，制成一个“湿垃圾二次分拣神器”——抽屉状的台子被支撑起来，还有个将湿垃圾推进垃圾桶的把手，居民可将湿垃圾破袋后暂时丢放在台子上，仔细检查有没有干垃圾混入其中，再推动把手将湿垃圾丢入桶中。这样一来，垃圾的纯净度高了，更不会脏到手。为让居民更好地了解每种垃圾所对应的“归宿”，老陈还在废旧的衣架上挂满了不同类别的垃圾，贴上所属标识，让居民一目了然。

3. 针对单位垃圾分类工作，制定特色管理办法

五里桥街道小商铺、小单位众多，除了规范其生活垃圾的分类投放，加强日常巡查外，街道根据排摸掌握的情况给每个小商铺、小单位都制作张贴了垃圾分类情况的信息档案牌，形成具有五里桥特色的“一店一档”，既是垃圾分类信息的汇总公示，又便于日常对照监督。

在居民区垃圾分类工作取得一定成效的同时，街道为更好地推进单位垃圾分类的工作，街道分管领导、社区管理办、城管中队、市场监管所、绿化市容所、房管办、网格中心及工作站的工作人员通过网格中心每周例会对单位垃圾分类的检查进行汇报，提出存在的问题，商讨整改的方法，最终制定五里桥街道辖区单位垃圾分类管理办法。

三、 问题以及建议

垃圾分类工作的不断开展，各种垃圾分类工作中遇到的问题也随之而出。五里桥街道在垃圾分类工作的推进中遇到如下问题：少数居民依然不配合垃圾分类；部分小区由于硬件设施配备问题导致小区可回收垃圾以及有毒有害垃圾存在投放问题；部分居民由于工作等原因无法在目前垃圾厢房定时投放时间段内投放垃圾；湿垃圾运输车在收运湿垃圾时，运输车存在漏水、滴水的现象；辖区内小商铺更新频繁，导致单位垃圾分类工作推进存在遗漏等。

为了切实解决垃圾分类过程中存在的问题，进一步优化垃圾分类工作，街道社区管理办、城管中队、绿化市容所、房管办的工作人员以及居民区书记等讨论与制定解决的方法，通过居委会、志愿者加大垃圾分类的宣传工作，针对不配合分类的居民重点宣传、劝阻；针对工作原因无法在垃圾厢房定时投放时间段投放垃圾的居民，街道及居委会也积极商讨解决方案，在小区增加误时投放点，合理错时开放垃圾厢房等措施，解决居民垃圾投放难的问题；针对单位垃圾分类工作的推进，街道绿化市容所上门宣传，发放告知书；城管中队、绿化市容所、工作站定期上门检查垃圾分类，遇到问题及时劝导、要求商家及时整改。

下一步，街道仍然会不定期地对居民区、单位垃圾分类工作进行有必要的调研，逐步解决居民区、单位垃圾分类中产生的各类问题，如垃圾厢房的除臭问题，破袋装置的安装，单位垃圾分类工作的进一步优化等，促进垃圾分类取得成效，让垃圾分类工作真正深入人心，打好垃圾分类持久战。

闵行区七宝镇：党建引领　凝聚垃圾分类新动力

一、基本情况

从2012年工作启动以来，七宝镇的生活垃圾分类覆盖面逐步扩展，从首批29个小区16311户，以点带面，点面结合，至2018年上半年，已覆盖93个小区，56927户，并向机关、企事业单位、学校、菜场、村等其他场所扩展，截至2019年9月，已覆盖全部147个小区，90123户，覆盖全镇所有企事业单位。

垃圾分类工作离不开志愿者的辛勤付出，七宝镇也涌现出不少垃圾分类优秀志愿者，下面着重介绍以下三个社区：金泰公寓、牡丹公寓、航华四村第二居民区。

（一）金泰公寓

漕宝路居委会管辖的金泰公寓为1994年建设的多层老式小区。小区共有700余户，居住人口2000余人，在试推垃圾分类工作之初面临不少棘手的现状，垃圾混装乱投屡见不鲜，很多居民并不配合。经居民区党组织联合居委会、业委会、物业公司多次商讨研究，决定成立以党总支书记、居委会主任为组长，业委会主任、物业公司经理为副组长，居委会干部、物业人员为组员的多方力量齐集的垃圾分类工作推进小组，成为垃圾分类工作正式开展的排头兵。

（二）牡丹公寓

牡丹居委位于七宝镇镇中心，管辖2个老旧小区，分别是牡丹公寓和牡丹新村。其中牡丹公寓有40个楼道，450户居民，常住人口约1125人。牡丹新村有46个楼道，612户居民，常住人口约1530人。

2018年11月，牡丹公寓被定为七宝镇垃圾分类试点小区。牡丹居民区党总支、居委把垃圾分类作为工作重点，马上召开“四位一体会议”，根据小区目前状况，分析进行垃圾分类存在问题，讨论制定行动方案。会上明确“抓牢舆论导向、布置宣传环境、做好培训指导”为主的垃圾分类工作前期准备三部曲。

（三）航华四村第二居民区

航华四村第二居民区委员会以“红绿融合”为工作宗旨，大力推行党建引领下的绿色共治，形成合力共同创建绿色环保家园。班子成员们通过党建引领一直不断摸索实践，通过各种方式及各种努力引导辖区居民形成垃圾分类观念，正确进行垃圾分类，终于初步形成党建引领下绿色共治的工作规律，逐步在管辖区域内的各小区，成功推行垃圾分类工作并取得一定的成效。

二、推进垃圾分类工作的做法和经验

（一）党建引领,“四位一体”凝心聚力

1. 坚持党建引领

党总支召开党员大会，认真学习习近平总书记关于“垃圾分类就是新时尚”的讲话精神和相关工作要求，统一党员思想，为发挥党总支在居民区的领导核心作用夯实坚定基础。

2. 做好统筹部署

邀请镇城管中心、社区办、房管办等职能部门，与居委会、物业公司、业委会一起，召开垃圾分类工作推进会议，明确方向，狠下决心，会议决定从2018年10月16日起，实行“撤桶定投”，在全镇145个小区打响垃圾分类第一枪。

3. 注意有序推进

接下来的一个月内，党总支先后召开“四位一体”协调会、居民代表座谈会、志愿者等各方沟通会等，不断理顺流程，及时调整重心，最终只余两个分类垃圾房供居民定时投放垃圾。

（二）借势发力，“党建品牌”多方助攻

1. 广泛发动

针对初期遇到的阻力大，居民投放垃圾习惯很难一夜改变等问题，漕宝路居民区重点发动小区退休、在职党员，充分发挥他们作为垃圾分类的“先行者”，带动邻居和身边亲友成为垃圾分类的“主力军”，配合居民区党总支编印的《漕宝路居民区垃圾分类实施告知书》《漕宝路居民区垃圾分类倡议书》进行宣传，带头发力。

2. 借势发力

有效利用漕宝路居民区党建品牌，即“金彩枫尚”系列活动，充分发挥文体队伍、志愿者队伍作用，形成垃圾分类工作和社区党建工作 1+1>2 的良好局面。

3. 志愿保障

分别以“党建引领、红色时尚”“健身锻炼、志愿引领”“巡逻宣传、守护安康”“青春飞扬、服务最美”“四位一体、保障有力”为主题词，将党员骨干、群文团队、青少年等组织起来作为宣传垃圾分类的重要力量，同时以此建立五支志愿者服务队，80 多名志愿者轮流站在垃圾箱房旁，手把手地指导居民进行垃圾分类，指导与监督并行，让居民逐步养成自觉分类的习惯，助力金泰公寓得以实现高效分类投放垃圾。

（三）垃圾分类最前期的关键是理念

牡丹公寓居委会首先召集小区具有号召力和话语权的居民进行沟通讨论，再召开党员、楼组长、团队负责人会议，了解、理解垃圾分类事项和意义，学习垃圾分类知识，并让大家把信息带进小区，带进团队，带进家庭，

抓牢小区开展垃圾分类的舆论导向。与此同时，居委会和物业设计制作出带有小区特色的人性化宣传告示，布置张贴在小区的垃圾箱房、出入口、主干道、宣传栏、各楼道，从视觉上加强垃圾分类的宣传。随后，居委会组建了由党员、楼组长为核心的志愿者队伍，除了加强垃圾分类知识的培训，还专门去现场培训如何指导居民正确分类和投放，从情绪表情、语言眼神、姿态手势等方面一一作了细致的指导演练，号召大家以志愿者的真诚、热情、热心，感动居民，让大家感觉到垃圾分类是小区的事，是自己的事，也是一件做起来蛮开心的事。

牡丹公寓通过入户宣传，发放垃圾分类倡议书、告知书、家家户户签订了承诺书后，牡丹公寓于 2019 年 12 月 23 日正式撤桶，全小区正式实行垃圾分类。

（四）“破冰行动”，打破僵局

航华四村第二居民区班子成员通过各类座谈会及入户走访收集居民意见建议，并针对这些问题建议形成对策，通过板报、微信、海报、入户讲解、专题培训等多种渠道，逐步消除居民顾虑，打破僵局，让其接受“垃圾分类”这个“新时尚”。

（五）从“源头”培养习惯

居民是源头，为了推动习惯养成，打破多年来根深蒂固的传统生活习惯，在镇政府的大力支持下，航华四村第二居委会对 4 个小区年久失修的老旧垃圾箱房进行全面升级改造，规范配置四分类垃圾桶。通过硬件设置的完备配置，助力居民养成分类习惯。

（六）以“个人”带动“社区”

在垃圾分类及“绿色账户”推广过程中，少不了志愿团队的大力支持。华景花苑小区自 2013 年底起试行垃圾分类，2016 年起试点“绿色账户”至今，在全镇中取得不错的成绩。三个案例社区通过吸取华景花苑小区垃圾分类志愿者团队的经验，有的放矢地对其他 3 个小区进行志愿队伍的招募与培训。并且大力发挥共产党员先锋模范作用。

（七）“以点带面”，共建引领

各社区积极运用区域资源，通过“党建引领，社校联动”，形成合力共同推进绿色共治。自“垃圾分类”工作推广以来，通过“创智课堂”的宣传与引导，越来越多的青少年朋友也加入青年志愿者队伍，不仅有中学生，还有很多青年朋友，也身体力行地为社区的垃圾分类工作贡献力量。除此之外，社区还积极与周边的咖啡馆、理发店、银行等区域单位联建，形成资源共享。

三、在推进工作中出现的问题

2020 年的春节对每位中国人来说都太不寻常，2019 年底突发的新型冠状病毒疫情牵动着每个人的心，垃圾分类工作也在此特殊时期迎来前所未有的挑战。疫情的发生对生活垃圾分类工作的推进造成一定的影响。

同时，生活垃圾分类工作还存在执法取证难、处罚难、落实难的问题。一是取证要求过高，特别是针对个人的处罚，取证难度大。二是因部分垃圾分类管理要求高于执法要求，导致处罚依据不够明确。三是因执法的程序相对较复杂，时间过长，威慑力不强。另外，执法人员配备有限，很难与现实所需人数匹配。

四、下一步工作计划

（一）不断探索实践，提升垃圾分类管理水平

1. 细化相关规定

根据闵行区区委、区政府关于《2020 年精品小区精品单位打造的意

见》，通过细化垃圾分类管理要求和考核标准，健全完善规范化、标准化、精细化、模块化的居住区和单位分类管理流程和模式，形成示范标杆，引领全镇生活垃圾分类管理水平进一步提升，形成长效常态可持续发展。

2. 落实相关制度

坚决落实好“对不符合标准垃圾拒绝清运”制度，对分类不符合标准的各类生活垃圾，一律拒绝收运，倒逼产生源头提升分类质量。

(二) 凝聚社会合力,夯实垃圾分类实效

1. 做好社会动员

垃圾分类的核心在于居民，持续做好社会发动，广泛开展社会动员，依靠基层自治管理，持续营造浓厚氛围。深化垃圾分类“三个五”活动，即每月 5 日为全区“主题活动日”，每月 15 日为全区“普法宣传日”，每月 25 日为全区“资源回收日”。同时，建立定期宣传动员机制，向干部职工和社会群众广泛宣传《上海市垃圾分类管理条例》的立法意义、主要内容和守法要求，发挥部门职能优势，推进垃圾分类“进社区、进村宅、进学校、进医院、进机关、进企业、进公园”的“七进”宣传系列活动，不断提高垃圾分类准确率。

2. 常态化巡查

常态化开展达标示范居住区巡查，落实日常巡查指导工作，加强与各小区的沟通，对于存在的问题，要求限期整改到位。严格执行上海市生活垃圾分类投放、分类收运和处置规范运行全程透明公开，实现三项指标再提升，辅助落实垃圾分类实效，呼应减量要求。

3. 创新工作形式

参照疫情期间口罩预约制发放模式进行绿色账户积分预约制兑换，在确保防疫安全不放松的前提下，为居民提供便捷式绿色账户积分的线下兑换活动。

宝山区吴淞街道：
垃圾不落地　环保更美丽

宝山区吴淞街道位于上海市宝山区东部，面积7.52平方公里，其中居住区约占2.5平方公里，辖28个居民委员会、61个自然居住小区，居民3.7万户约10万人。2019年，吴淞街道以全市第一的佳绩入选上海市首批生活垃圾分类示范街镇。百年吴淞领跑垃圾分类新时尚的制胜法宝就是“吴淞·美”志愿服务总队。

一、基本情况

“吴淞·美”志愿服务总队组建于2012年7月，截至2020年4月拥有14875名注册志愿者。8年专业化的运作，让这个志愿者组织具备超强的组织动员能力，具体体现就是：向内专业化的培训，对外社会化动员以及用信息化进行高效率的组织。该组织先后获得上海市基层理论宣讲先进集体、上海市老年志愿服务十佳集体（团队）等荣誉称号。总结其工作经验的报道《宝山区吴淞社区探索基层志愿服务常态化的有效机制》被市委宣传部专报刊登并报中宣部，另一篇报道《在吴淞街道，有这样一群美丽的垃圾分类志愿者》被《解放日报》宣传报道。在垃圾分类志愿服务中，“吴淞·美”志愿服务总队以全面落实《上海市生活垃圾管理条例》为契机，以创建“生活垃圾分类示范街镇”为目标，通过全面发动、全员参与，以“润、泽、活”的作用助推街道“垃圾分类”各项工作和任务的完成。**一是**全方位、立体化、动态性开展宣传工作。街道在各小区显著位置、小区每个门洞以及垃圾箱房共投放宣传版面5500多块，在小区出入口、门禁抬杆等显著位置采取制作告知专栏、标语口号形式扩大宣传影响面，还专门制作印发5万份《垃圾四分类简目》至辖区居民和企事业单位，对垃圾类别归属、投放要求、分类容器设置、分类收运去向等进行宣传，做到举目可见、妇孺皆知。**二是**全行业、多层次、反复落实培训工作。建立街道、居民区两级培训网络，对居民区宣传骨干志愿者开展指导性培训，对所有居民进行上门培训。从2019年4月开始，举办大型环保科普活动11场，居民区宣讲活动共130多场11000多人次参与。居民区入户培训标准化，发放“五件套”（两分类垃圾桶、干湿垃圾袋、四分类简目、告知书和承诺书）、讲好“五句话”（四分类方式、投放时间、投放地点、两网融合回收时间地点、条例规定的法律责任），实行定时定点投放制度后，对不主动分类、分类不正确的居民进行两次以上入户再宣传再教育，累计入户4.5万多次。**三是**全领域、多样化、综合性开展志愿活动。吴淞街道“吴淞·美”志愿服务总队着力组建以党员为骨干力量的垃圾分类志愿者队伍，按照每500户配备一名居民志愿者，每50户楼道配备1名入户宣传讲志愿者，由街道统一对居委工作人员和宣讲员开展入户宣传。垃圾分类实施阶段共计发动一万多名志愿者，不惧恶劣天气，不畏困难险阻，不问时间长短，不求索取报酬，按照各居民区垃圾分类投放点的开放时间，在78个居民小区、151个垃圾箱房进行值守，通过刷卡、登记，讲解、劝导，及时发现、反馈解决问题并积极宣传新时尚。

二、 工作经验和创新做法

“吴淞·美”志愿服务总队秉着“吴淞无难事”的干事创业精神，结合吴淞实际，广泛动员社区各方志愿服务力量投入垃圾分类工作，开创多个“品牌”志愿服务活动，引领垃圾分类新时尚。

班前班后一小时　垃圾分类我先行

吴淞街道机关党总支带领各直属支部126名党员，开展“班前班后一小时垃圾分类我先行”活动，根据“三个一”（即一次关心、一次志愿服务、一次督导）的活动要求，机关、直属支部党员及入党积极分子带好服务手册和工作吊牌，戴起手套，拿起火钳，分别到28个居民区的78个自然小区的垃圾厢房与居委会干部和志愿者一起开展宣传、引导值守工作，对正确分类、投放垃圾的居民，给予真诚的点赞和感谢；对分类上有混淆、投放不够准确的居民，耐心指出，用火钳将已错投的垃圾重新分拣投放。

吴淞小小少年　分类时尚达人

吴淞街道结合青少年暑期生活，开展“城市绿精灵，领巾新风尚——吴淞少先队员争创雏鹰环保章”垃圾分类主题系列活动正式启动。本次活动覆盖了吴淞辖区内全体少先队员，每位少先队员都会领到一本垃圾分类 IN 护照，在社区报到登记后，每进行 1 次正确分类投放可获得 1 枚“积分进度章”，将参与正确分类投放照片上传至“社区通”平台倡导垃圾分类的，可再获得 1 枚“积分进度章”，累计集满 15 枚“积分进度章”的队员，可在区级各类评优推先中优先考虑。少先队员们在社区中，聚焦垃圾分类主题，通过参与主题讲座、知识竞答、亲身体验、环保手工 DIY 等多种形式，让垃圾分类理念和意识深入学生和每个家庭。**听一听，答一答，绿色低碳你我他**。三营房、西朱新村、海滨二村第二居民区先后开展垃圾分类主题讲座，围绕垃圾处理现状、如何做好垃圾分类等方面进行宣讲，通过垃圾分类知识竞答，帮助少先队员夯实绿色低碳基本功。**分一分，捡一捡，我是垃圾分类“绿精灵”**。为努力发挥青少年在生活垃圾分类中的推动作用，海滨新村、永清二村、一纺、海滨四村居民区的小志愿者身披绿色志愿者“战袍”，值守在定点投放垃圾箱房前，指导的、分拣的、刷卡的、记录户数……**比一比，赛一赛，谁是垃圾分类小达人**。吴淞新城居民区策划了变废为宝 DIY 系列活动。活动从识别图卡开始，少先队员根据图卡内容分别投放在垃圾箱内。例如容易混淆的药渣、充电电池、蚌壳蚌肉等。在变废为宝 DIY 环节中，少先队员利用废弃的塑料瓶，配以彩线等装饰物，让本已要丢弃的垃圾变成了妙趣横生的小笔筒，让人拍手称赞。活动现场，青少年纷纷在垃圾分类承诺书上签字，承诺为绿色环保奉献自己的一份力量。

党建直通车　党员争先锋

吴淞街道对标垃圾分类示范街道创建目标，充分调动驻区单位党组织力量，发挥在职党员志愿者在垃圾分类工作中的示范引领作用，激励在职党员努力争当垃圾分类宣传员、指导员、监督员、示范员，通过“三到位”（即培训到位、宣传到位、组织到位。）为社区垃圾分类工作推进贡献智慧与力量。针对前期调研及实际推进中的一些问题，结合在职党员实际需求，充分发挥“党建直通车”项目优势，街道党群服务中心为驻区单位和衷小学及中国移动宝山分公司迅速精准对接了海淞环卫公司，及时为在校学生和在职党员输送了最为实用的垃圾分类理论知识，以更专业化的实务操作培训为垃圾分类推进提质增效。依托区域化党建和网格化党建工作平台及微信工作群，发出《致吴淞街道区域化党建共建单位党员的倡议书》，激发驻区单位党组织及在职党员参与垃圾分类的热情和活力。街道机关党员带头行动，推动形成在职党员积极响应、服务社区的良好氛围，“班前班后一小时，垃圾分类我先行——吴淞街道在职党员在行动”已蔚然成风。

您扮靓吴淞　我们扮靓您

创新“吴淞·美”志愿服务微信系统，实现服务项目灵活发布，志愿者可通过扫码实时参与并获得相应志愿服务积分。《吴淞发布》微信公众号开辟“吴淞垃圾分类背后的力量”专栏，每天推送“垃圾分类”新动态，讲述志愿者的感人事、暖心事。为30名优秀垃圾分类女性志愿者精心举办具有仪式感的“您扮靓吴淞、我们扮靓您”“最美”摄影活动，让志愿者在洒过汗水的地方留下珍贵的照片和记忆。使吴淞志愿者感受到的不仅是“我为人人”的付出和快乐，还有“人人为我”的获得和幸福。

三、存在问题

生活垃圾推进工作中亟待突破的若干难点和瓶颈问题主要集中在以下几点：**一是**社区居民的行为习惯转变需要时间。部分居民主观上对垃圾分类还不太重视，积极主动分类的意愿相对欠缺，尚存在事不关己高高挂起的心态。**二是**湿垃圾破袋后腐烂并产生异味，存放在垃圾箱房时间久影响环境。**三是**部分物业公司不履行分类工作的主体责任，在设施设备投入、保洁和监管力量配备等方面缺位。

嘉定区南翔镇：党建引领推动垃圾分类志愿服务共建“小美南翔”

一、基本情况

南翔镇总面积33.27平方公里，下辖8个行政村、31个社区（包括6个社区筹建组），户籍人口约7万，常住人口近20万。

2019年以来，南翔镇深入贯彻落实《上海市生活垃圾全程分类体系建设行动计划（2018—2020年）》《2019年嘉定区生活垃圾全程分类体系建设工作要点》《上海市绿化和市容管理局、上海市精神文明建设委员会办公室关于建立和完善上海市生活垃圾全程分类志愿服务工作体系的指导意见》相关任务部署，以生活垃圾“减量化、资源化、无害化”为目标，积极发挥志愿服务组织和志愿者在生活垃圾分类工作的重要辅助力量，规范和引导志愿服务组织和志愿者队伍发展壮大，进一步建立和完善生活垃圾全程分类志愿服务体系。

二、做法与经验

（一）领航行动重引领

建立领导小组。成立由镇党委书记任组长的生活垃圾全程分类体系建设工作领导小组，下设垃圾分类减量办公室。**成立“三个组”**：一是指导组，主抓各项工作的推进进度，指导各村居按照“一小区（村民组）一方案”推进定时定点分类投放，将生活垃圾分类要求纳入村规民约和居民公约；二是攻坚组，主抓工作中的难点痛点，每周全覆盖检查居住区和重点单位达标情况，要求24小时内整改；三是宣传组，总结工作亮点进行推广和宣传。**落实“三个专”**：一是召开专题会议，每月分析总结垃圾分类工作推进情况，解决热点、难点问题。二是出台专门文件，制定《南翔镇物业服务企业生活垃圾分类实效补贴实施方案》《关于促进本镇农村地区生活垃圾分类工作提质增效的实施方案》《南翔镇再生资源回收服务网点建设指导意见》等文件。三是落实专项资金，全年投入约2058万，用于设施建设和志愿者等工作。

（二）包干行动强责任

1. 机关包干

2019年初，制定《南翔镇各村社区垃圾分类减量工作包干表》，全体党政领导班子成员对全镇116个居住区和8个行政村进行包干，每周一次到包干点位开展指导与督促，帮助基层解决难点问题。

2. 村居包干

各社区和行政村根据实际成立包干督查小组，在“非定时”时间段开展每日巡查，加强对非定时定点来投放的居民的宣传引导，从而提高居民投放的自觉性。

3. 党员包干

通过党建引领的方式，由党员带头当先锋、做表率，当好垃圾分类工作的“宣传者”“实践者”“监督者”。7月5日，南翔镇组织开展“党建引领　商家参与”垃圾分类主题活动，全镇231名党员包干9条商业街和1个商业综合体共492户商家。

（三）知行行动全覆盖

1.“知晓”培训零距离

通过开展垃圾分类主题宣讲和培训，让社会动员“生机勃勃”。**一是**依托百姓宣讲团、百姓名嘴、义务宣讲员，将垃圾分类宣讲覆盖到机关事业单位、住宅小区（行政村）和企业，全年共开展垃圾分类专题宣讲培训330余场，累计覆盖26000余人。**二是**结合“五有”，全面分层、分类、分批开展垃圾分类业务培训，全年共对社区干部、物业、保洁等相关工作人员开展培训62场，受众多达上千余人。**三是**“企业垃圾分类联盟”助力园区分类实效。南翔智地园区内的一家漫画企业，用漫画的形式编成一本名为《尬宝分类护卫队》的漫画书，现已出版三万多册。除了在书店上架，很大一部分用作校园推广，向广大青少年普及垃圾分类知识。**四是**充分利用网络媒体平台，通过网络对垃圾分类进行全面宣传，制作嘉定垃圾分类吉祥物萌芽熊的公益短视频，在抖音、腾讯、优酷等平台受到追捧，点击量达数百万，形成良好的垃圾分类宣传氛围。

2.“志愿”队伍广发动

通过大力开展垃圾分类“守箱、劝导、牵手”等志愿服务工作，让垃圾分类社会动员“人人参与”。**一是**成立了镇级8支和基层80支垃圾分类志愿服务队，积极落实每月“三五行动”（即在每月的5日、15日和25日，全城动员开展环境整治和督查行动），常态化开展生活垃圾分类投放宣传、示范、引导。全年开展垃圾分类志愿活动近350次，共有万名以上志愿者参与，参与率达95%以上。**二是**开展志愿者现场工作培训，将志愿者服务工作的应知应会内容统一整理在“志愿服务卡”上，发放到每一位志愿者手中，确保志愿服务工作做细做实。

3.“达人”评比树榜样

通过精心策划各式各样垃圾分类达人评选活动，让社会动员“深入人心”。**一是**举办“南翔镇垃圾分类环保达人挑战赛”，垃圾分类“时尚达人”李建钢代表南翔镇获嘉定区垃圾分类达人赛总决赛二等奖。**二是**开展垃圾分类“时尚达人、时尚家庭、示范点位”评比行动，培育出一批有能力、有特色、有技能的垃圾分类宣讲达人；组织评选一批“时尚家庭”示范户分享经验，鼓励更多家庭参与其中。

（四）张榜行动促提升

1. 减量榜单

南翔镇在每个小区的主要出入口设置公告牌，将干、湿垃圾和可回收物量进行公示，让居民对小区分类减量成绩一目了然，提升居民参与的积极性。

2. 红黑榜单

南翔镇在每个居住区和村民组都设置了红黑榜，对积极参与、分类实效好的家庭进行正面宣传，同时也对分类差、偷倒垃圾等行为进行曝光。

3. 达标榜单

南翔镇将攻坚组每周全覆盖检查整改的情况进行评分，将排名前十位的居住小区在《南翔报》上进行刊登。同时，对于未达标的小区由指导组进行跟进，查找、解决问题。截至2020年5月南翔镇有12个小区设置误时投放点，并全部落实摄像监控设备，对于发现在误时投放时间内混投生活垃圾的居民，居委会干部上门告知并作相关记录，再发现不履行分类义务的，由城管执法队员上门告知。

三、问题及建议

通过近一年的努力，我们对生活垃圾分类工作也有了更深入的了解和思考，在总结做法和经验的基础上，南翔镇结合工作实际提出以下问题和解决思路：

（一）深入做好生活垃圾分类宣传

要提高全民环保意识，使居民认识到垃圾分类关乎个人的切身利益，提升全民参与分类的主动性和积极性。南翔是上海的四大古镇之一，老镇区有47个居民小区，物业管理比较薄弱，垃圾分类的效果一直不好，缺乏抓手，为了解决这个问题，在经过前期充分的调研考察和协调的情况下，南翔镇一手抓宣传动员，一手抓硬件建设。通过社区志愿者挨家挨户的上门宣传，充分调动小区居民参与生活垃圾分类的积极性。对没有签约物业服务企业的散区，由南翔镇集体企业上海南翔物业有限公司落实相应设施和人员，并履行管理责任人义务。

另外，根据南翔镇下发的问卷调查数据分析可知，南翔镇仍然有少部分居民特别是老年人和外来人员对垃圾分类知识不甚了解、生活习惯未能适应垃圾分类工作等现象。因此，宣传工作必须持续推进，普及垃圾分类知识势在必行。宣传部门应建立生活垃圾分类常态化宣传引导规划，充分利用融媒体资源，推进垃圾分类进社区、进楼宇、进学校，各村、社区、企事业单位应认真落实宣传要求，营造区域宣传氛围，发放垃圾分类知识普及手册，在宣传栏张贴有关垃圾分类的知识与要求。上下一体，全方位协同，力求实现垃圾分类宣传到点到位全覆盖。

（二）优化志愿队伍结构，完善志愿服务工作体系

从全镇垃圾分类志愿者数据分析中我们看到，**一是**目前社区垃圾志愿者的年龄结构偏大，以 50—65 周岁阶段社区志愿者为主。青年志愿者、党员志愿者主观参与社区垃圾分类志愿服务的意识不强，志愿者激励机制不健全，群众认可度和支持率也不高，导致志愿者队伍结构不合理，无法形成强大合力。如何持续发挥志愿服务在生活垃圾分类工作中的积极作用，进一步完善生活垃圾分类志愿服务体系，配合物业服务企业开展志愿服务，确保志愿者在垃圾分类点位上的重要指导和监督作用，需要尽快解决。**二是**志愿者虽然是“自愿服务”，但如何做好正向激励措施，探索建立志愿服务激励回馈方案仍是当下志愿服务工作重点内容。通过志愿服务时间换积分服务、“好心人活动”等方式激励各类群体共同参与垃圾分类志愿服务，有利于壮大生活垃圾分离志愿服务力量，优化生活垃圾分类志愿者人群结构。**三是**充分发挥基层党建引领作用，用好在职党员“双报到制度”（即在职党员到所在社区和居住地区报到制度），引导党员同志积极参与垃圾分类守箱、巡查行动，压实责任，增强意识，把志愿服务精神作为入党积极分子、青年干部的必修素养，提高党员同志在垃圾分类工作中的示范带头作用。

着眼 2020 年的垃圾分类工作，南翔镇将进一步加强生活垃圾全程分类体系建设，保持宣传教育常态化、正向激励常态化、鼓励志愿者参与垃圾分

类的宣传、普及垃圾分类知识、加强落实定点值守志愿服务的具体行动，促进源头分类质量不断提升，形成“人人参与、人人共享”的良好社会氛围，聚焦“精耕细作和精益求精”，将垃圾分类工作诠释得更有温度，演绎得更加时尚。

嘉定区安亭镇：
倡导志愿服务新文明　践行垃圾分类新时尚

一、基本情况

安亭镇处于嘉定、青浦、江苏昆山三地交界，由原安亭、方泰、黄渡三镇合并而成，规模较大，现镇域面积 89.07 平方公里，常住人口 27.9 万；全镇现有 42 个行政村，30 个社区居委会，121 个小区。为全力开展生活垃圾分类工作，根据市委、区委的工作要求，结合安亭镇发展实际，制定垃圾分类行动方案。以法治为基础，通过党建引领、政府推动、全民参与、市场运作等方式，广泛汇聚各方社会资源力量多元联动、共同参与、共治共享，推动安亭镇垃圾分类减量工作稳步开展。

二、主要做法和经验

安亭镇垃圾分类志愿服务的主要做法有：安亭镇于 2013 年 12 月 4 日成立镇社区志愿服务中心，中心成立之后，积极与各村、社区、企事业单位志愿服务站点形成有效对接，构建起“中心—基层志愿服务站—志愿服务团队”三级志愿服务工作网络，志愿服务站在居民区覆盖率达 100%。并先后建立 10 大明星志愿服务基地和百个志愿服务站点，形成一个总队、十大服务、百支队伍、千名志愿精兵、万人参与受益的“个、十、百、千、万”规模的志愿者服务网络体系，不断将志愿服务引向深入。在全镇范围呈现出志愿服务理念广泛传播、志愿服务深入开展、志愿团队蓬勃兴起、服务领域不断拓展、服务质量日益提升的良好局面。

为了激活垃圾分类志愿服务力量，安亭依托镇社区志愿服务中心在统筹推进垃圾分类志愿服务工作中的平台聚力作用，充分发挥“志愿服务中心—

基层志愿服务站—各志愿服务团队”的三级志愿服务工作网络机制的快速反应优势，向基层志愿服务站宣传开展垃圾分类工作的重要意义和相关要求，广泛发动志愿服务团队和志愿者积极参与垃圾分类服务工作，发扬“奉献、友爱、互助、进步”的志愿精神，汇聚起机关、企事业单位、村居市民、志愿者参与志愿服务的工作合力。在全镇各方的共同努力下，安亭镇生活垃圾分类减量工作实现100%的小区完成撤桶定时定点投放；100%的农村实行村民源头垃圾分类投放。100%的餐饮、食堂、会所、菜场、酒店等单位实行生活垃圾分类收运，其中有223家单位与环卫公司签订餐厨垃圾清运合同；100%的集镇道路（共18条）实行垃圾分类定时定点上门收集，取得垃圾分类工作阶段性胜利。安亭镇垃圾分类志愿服务的主要经验有：

（一）社会宣传全面开展，倡导垃圾分类志愿服务新风尚

1. 加大媒体报道

充分利用线上线下媒体发布平台，在《安亭报》、“安亭观微”和“安亭红色引擎”微信号等媒体以及市、区各级媒体大力加强对生活垃圾分类工作推进动态的宣传报道，发布垃圾分类志愿服务号召，大力倡导居民参与垃圾分类志愿服务的公益新时尚，提高居民参与垃圾分类志愿行动的积极性和主动性。

2. 加大氛围营造

在镇区主要道路、人流密集处、商业体、小区、农村等，通过户外广告、招风旗、海报、电子屏、草地牌、绿化箱、候车亭等多种形式，布置垃圾分类公益广告1100余处。制作发放可降解垃圾袋、分类垃圾筒、宣传折页等公益宣传材料55000余件，分发至各志愿服务站和村居基层。同时，充分发挥网络新媒体作用，制作垃圾分类H5课件，增进居民对于垃圾分类的理解和认同，生动宣传垃圾分类志愿服务理念。

3. 加大文化渲染

以垃圾分类知识等为主题，邀请垃圾分类服务志愿者以志愿服务过程中发生的感人故事为原型，创编情景小品《牵手》《啊！要难为情》、故事、音乐、诗歌、绘画等多类型的文艺作品，并在全镇范围内巡回演出，以文艺

渲染的方式，推动垃圾分类志愿服务观念深入人心，有效激活居民参与垃圾分类志愿服务的活力和热情。

（二）文明创建全面融入，引领垃圾分类志愿服务新时尚

1. 在精神文明创建中全面融入

将垃圾分类作为精神文明创建活动的着力点，积极动员各类文明组织带头践行“垃圾分类新时尚”，让垃圾分类工作与文明村、文明小区、文明单位、文明家庭等创建活动深度结合、全面纳入，作为评选参考重点指标以及创建工作重点环节，引导垃圾分类志愿服务服务全面覆盖、全面参与，鼓励志愿者争当垃圾分类行动的“啄木鸟”、践行者。

2. 在活动开展中全面融入

依托“818”志愿公益荟，以“818，帮一把”为主题，组建垃圾分类专职志愿者团队，常态化开展“守箱行动”“劝导行动”“张榜行动”等志愿服务行动。同时，在全镇开展100多场垃圾分类志愿者骨干专题培训，专题培训志愿者1300余人，有效提升志愿服务水平，有力发挥志愿者在垃圾分类工作的宣传者、先行者、倡导者的“主力军”作用。

3. 在未成年人思想道德建设中全面融入

为在孩子幼小的心灵种下志愿服务的种子，安亭镇各社区利用寒暑假，开展未成年人垃圾分类护照集章行动，吸引中小学生走进村居垃圾分类投放点，学习垃圾分类投放、收运、处置相关知识，培养其成为垃圾分类的小小宣传员、传声小喇叭。实施小公民“星游记”社区实践活动，充分发挥“小手牵大手”的家庭效应，开展垃圾分类亲子互动活动，发挥孩子带动家人全员参与垃圾分类志愿服务的“燃点”作用，从而将垃圾分类志愿服务的理念传播至千家万户。

（三）方式方法创新探索，实践垃圾分类志愿服务新文明

1. 以“六动”工作模式为统领

根据市、区党委政府关于垃圾分类的要求，结合《上海市生活垃圾管理

条例》，安亭镇结合实际探索出以“党建引擎—领动，广泛宣传—发动，包干联络—促动，共建共治—联动，示范典型—带动，机制保障—推动”“六动”为核心的工作机制，为全镇垃圾分类减量工作提供坚实的组织保障。

2. 以示范试点探索为先行

选择赵巷村、博泰景苑作为村、居垃圾分类先行示范点，以先行带动，再由点到面稳步推进，分别探索总结了“六步工作法”①“1+2+6 工作模式”②，大力推行生活垃圾定时定点投放，试点设置家庭垃圾分类“红黑榜”，赋予垃圾分类服务志愿者的监督举荐权，让垃圾分类志愿者有参与感、成就感，为全镇推广提供经验和参考。

3. 以智慧系统建设为抓手

随着垃圾分类的推行，垃圾量也不断地发生变化，使得垃圾分类的管理和清运也需不断地调整。为逐步实现垃圾分类的精准化管理，安亭镇通过对环卫车辆加装 GPS、智能称量装置等智能化设备，实现所有垃圾清运点位收运垃圾装运量的准确统计，使垃圾分类的管理决策更加科学有效。

三、 存在的问题及应对举措

（一）存在的问题

1. 源头分类效果不稳定

随着垃圾分类工作的常效推进，大部分居民已养成垃圾分类的意识自觉和行动自觉，但是垃圾投放点仍然离不开垃圾分拣工和志愿者的人工监督和指引，目前普遍采取人工监管，存在成本高、管理难和效果不稳定等情况。

2. 垃圾分类执法难

程序复杂，经过教育整改，当场拒不整改的才能处罚。因此执法成功的

① 即一本手册说清分类知识，一系列培训强化分类意识，一份问卷了解分类意愿，一份承诺书体现分类决心，一套宣传品为分类提供便利，一张记录表体现分类实效。

② 即一个核心，两个关键、六支队伍，有力推行生活垃圾定时定点投放。

数量较少，对于个人的处罚基本没有。处罚金额低，个人处罚 50—200 元，整体上对于垃圾投放主体的威慑力较小，使得垃圾分类劝导、宣传工作遭遇瓶颈，工作成效再提升的难度大。

3. 垃圾分类存在处置“一刀切”

垃圾分类的种类有上千种，但是投放的窗口只有 4 类，这样导致可回收物和有害垃圾需要有专人负责进一步分拣细分才能加以利用。此外，定时定点的垃圾投放方式对于“996”人群和出行不便老人等特殊人群不够友好，无法满足市民群众多样化的个性需求，需要在垃圾分类投放方式方法上更加精细规范。

（二）应对举措

1. 试点智能监管模式，探索垃圾分类投放长效管理机制

逐步探索智能化监管模式，打造监督、管理、执法一体化的工作平台。在投放点加装摄像头，对投放点位进行全时段监管，及时发现问题；建立云监控平台，利用“5G”技术，实现监控画面的实时传输，发现问题第一时间进行反馈，破解源头分类人工监管的难点堵点。

2. 完善垃圾分类监督执法措施，使垃圾分类更有力度

针对垃圾分类的薄弱区域，进驻执法力量，强化执法力度，发挥监督威慑作用。加大诚信惩戒力度，在村居开展垃圾分类“红黑榜”公示行动，发挥居民集体监督作用。与媒体进行紧密合作，曝光垃圾分类违法案例，使居民既能看得到执法的人员，也能够听到执法的声音，有效放大执法的力度。

3. 研究多样化的投放措施，使垃圾分类更加精细化

进一步细化有害垃圾和低价值可回收物的源头投放模式，建立有害垃圾和低价值可回收物的收运处置体系，由指定的单位进行专项收运。探索设置误时投放和上门收集的举措，重点解决“996”人群和出行不便老人等特殊人群垃圾投放的问题，不断完善垃圾分类投放方式和处置措施的精细化、科学化水平。

金山区枫泾镇：志愿先行　引领垃圾分类新时尚

自上海市开展垃圾分类工作以来，枫泾镇因地制宜，紧紧围绕“垃圾分类就是新时尚”的理念，积极推进垃圾分类工作顺利开展。前期广泛开展垃圾分类知识宣传发动工作，在这其中涌现出一批优秀的基层志愿者，特别是一支本土的垃圾分类志愿者团队在这次垃圾分类推进过程中的作用尤为突出，就是“开心果垃圾分类志愿者团队”。

一、 志愿团队基本情况

“开心果垃圾分类志愿者团队”发源于枫泾镇开心果文化交流中心，该社会组织于2018年由退休教师顾亚珍成立，主要致力于改善枫泾镇居民的业余生活，深入居村提高老百姓整体的文明素质，是本土首个民间自发社会组织团体。自2019年1月31日上海市十五届人大二次会议表决通过《上海市生活垃圾管理条例》以来，开心果文化交流中心就一直关注着垃圾分类工作。在全民动员的情况下，该组织也积极响应，主动参与，成为推进垃圾分类工作中一股不可或缺的力量。通过开展形式多样的志愿服务活动，加强垃圾分类宣传，推广有效的分类方法，进行示范实践，帮助居民了解垃圾分类的意义，鼓励居民参与垃圾分类的行动，均收到很好的成效。

垃圾分类作为一个新鲜事物，居民一开始还不能完全理解，接受度也不是特别高。志愿队通过选取积极型、进取型人员，组成了“开心果垃圾分类志愿者团队”，团队发展趋于年轻化，可塑性强、有活力、有冲劲，对“垃圾分类就是新时尚”的理解力和掌握程度相对比较高，宣讲活动的类型更加丰富多彩。该团队最高峰时有50多人，核心成员是10人，主要来自各行各业的在职人员，包括居委干部、大学生、社工等，也有部分退休教师，公务员等。

该队伍主要面向村、居、单位以及各类生活垃圾分类相关活动等提供宣讲活动、劝导等志愿服务；在垃圾分类工作中担任了宣传员的角色，对生活垃圾分类工作进行宣传、推广，渗透垃圾分类环保理念；同时也承担督导员的工作，在宣传推广垃圾分类的同时指导居民做好家庭的源头分类，提高居民生活垃圾投放准确率；在平时的生活中若发现居民随意乱扔垃圾等行为，他们都会主动沟通，及时劝导居民正确分类。

二、 做法与经验

（一）加强自身学习，领会条例内涵

2019 年 5 月底开始，“开心果垃圾分类志愿者团队”就在内部开展《条例》的学习和研讨，并通过线上线下的学习，充分掌握垃圾分类知识。大家各司其职，以顾亚珍为主要讲师，其他成员负责撰写讲座文案，策划宣讲形式，编排主题小品、组织现场活动等。针对不同的受众群体，细化垃圾分类宣讲课程，形成一套系统的宣讲方案，建立项目化宣讲清单。

（二）联手职能部门，构建宣讲网格

通过与枫泾镇生活垃圾分类减量推进工作联席会议办公室（以下简称“镇分减联办”）合作沟通，结合枫泾镇垃圾分类工作的指导思想，将生活垃圾分类的宣传服务拓展延伸到村居。构建以镇分减联办为总网格，镇级部门单位为次网格，基层村居、楼道、自然埭、宅基为末端网格的三级宣讲网格体系。自 2019 年 6 月开始，在镇分减联办的支持下深入各居村、学校、医院、睦邻点、宅基地，从集中讲授到田间路边，活动丰富，宣传接地气。截至 2019 年 8 月底，室内集中讲课 40 多场次；2019 年 9 月开始减少集中宣传，改为临时劝导，巡逻劝导，受众约 10000 人次。在 2020 年新冠疫情暴发期间再次临时启用团队，在特殊垃圾点（居家隔离人员专用垃圾桶）安

排志愿者监督，切实为居民垃圾分类习惯进一步养成提供了坚实的基础。

（三）融入本土文化，打造宣讲亮点

志愿者团队的创作以本土方言为切入点，拉近与居民的距离，深入单位、社区等开展宣讲培训，用老百姓“听得懂、听得进”的方式宣传和推广垃圾分类工作，增强居民的生活体验度和感受度。初期的垃圾分类讲座通过方言故事，PPT 展示和互动游戏三个部分来告诉居民垃圾为何要分类，垃圾如何进行分类。经过一段时间的实践，逐渐摸索出一套通俗易懂且喜闻乐见的教学方式把垃圾分类知识、法规。并结合自身创作，增加宣讲的多样性，从刚开始的 PPT 展示和互动，到后来通过主题小品、童谣、小故事、快板等方式演绎了垃圾分类应知应会的知识，丰富形式的同时，更加融合了本地的特色，以枫泾镇居民的实际生活为模板，刻画出来的各类小品、故事等更加容易引起共鸣。经过不断的实战练习，形成稳定的培训宣讲课程。

该团队独特的垃圾分类宣讲方式在枫泾镇已是家喻户晓，成为枫泾镇“网红”。许多居民更是成了垃圾分类讲师团的粉丝，受众群体从小到五六岁小孩，大到 90 多岁的老年人，形成强大的品牌示范效应，在枫泾当地，一说起垃圾分类讲师团，就会不约而同地想到“开心果垃圾分类志愿者团队”。

比如，2019 年 8 月份的一场讲座，当时正值酷暑高温天气，新华村的讲座已是当天的第四场讲座，进行到一半时突然断电，空调没了，灯也暗了。授课老师此时已觉得有点体力不支，被通知说暂时恢复不了电力后，便决定下次再讲。这时一位 90 多岁的老党员站起身来说：“我活了这么久从来没听过这么精彩的演讲！我一定要听下去！”看着眼神坚定的老人以及台下的居民，授课老师被深深感动，与居民约定大家保持绝对的安静，用自己的原声继续宣讲。授课老师坚持着在 38 摄氏度的高温下讲完了她独创的方言垃圾分类故事。

除了定制的垃圾分类宣讲服务，该团队的顾亚珍老师也是枫泾小学的校

外辅导员，把垃圾分类的宣传教育送进校园，从孩子抓起，切实养成垃圾分类的习惯，鼓励学生带动家庭，让孩子成为小小宣传员、监督员和实践者，助力每个家庭做好垃圾分类的工作。

三、问题及建议

随着生活垃圾分类工作的有序开展，居民的分类意识已经基本树立，垃圾分类已经融入日常生活，但是在实践过程中我们也遇到一些问题。**一是**各村居、单位进行垃圾分类宣讲，因场地受限而达不到全覆盖。**二是**志愿团队缺乏专业培训，基本只是按照自己的理解创作，缺少专业的系统培训。虽然贴近生活，但是在宣讲层次上难以更上一个台阶。**三是**民间自主成立的志愿者团队，在运作经费上缺少有力支撑，在扩展志愿者队伍方面有所受限。

今后的工作建议。**一是**积极整合各类互联网阵地资源，进一步扩大垃圾分类宣讲的覆盖面。**二是**希望志愿者协会能够面向基层组织专业人员开展志愿者团队的培训，提升一线志愿者服务的专业水平，同时培养更多的基层志愿者，扩大志愿者人群，通过“一传十、十传百”形式，慢慢汇聚成一个垃圾分类志愿服务“大团体”，以点带面让垃圾分类融入日常生活。**三是**加大政府对社会组织的扶持力度，帮助社会组织更加健康有序地参与到志愿服务中去，实现可持续发展。能更好地承接社会职责，让专业的人做专业的事，为推动当地社会经济发展和精神文明创建贡献更多的社会力量。

松江区方松街道：
凝聚志愿七彩之光　照亮方松新城之美

方松街道坚持以习近平新时代中国特色社会主义思想为指导，紧紧围绕市、区两级政府的工作部署，坚持新发展理念，贯彻落实和推动垃圾分类各项工作举措，积极引导和动员社会各方志愿者参与垃圾分类、助力垃圾分类，弘扬“奉献、友爱、互助、进步”的志愿服务精神，凝聚志愿七彩之光，照亮方松新城之美。

一、基本情况

方松街道位于松江新城核心区域，是松江区政治、文化的中心，地域总面积14.76平方公里，截至2019年12月，有常住人口14.27万人，下辖32个居委会，68个住宅小区。作为松江区生活垃圾分类先行先试的街道，方松街道自2011年起实施推广垃圾分类，全面动员、深入宣传、探索发展，为全区垃圾分类工作积累了宝贵的经验。在此过程中，方松街道逐步建立了稳定的垃圾分类工作队伍，使志愿者和志愿服务成为推进垃圾分类工作不可或缺的重要辅助力量。

（一）高度重视，全面动员

街道高度重视垃圾分类工作，明确要求各科室部门、居民区和基层单位要把责任放在心上、抓在手上、扛在肩上。同时，建立明确的垃圾分类志愿服务协调管理小组，街道办事处副主任牵头领导，管理部门设在社区服务办公室，由社区服务办主任、科室工作人员、32个居委会负责人和条线干部组成垃圾分类直属小分队，下属32个社区志愿者服务队，保障志愿服务的有序运转。

（二）凝聚力量，全力推进

垃圾分类事关群众生活环境改善，事关绿色可持续发展大局。全面推行生活垃圾分类，既是攻坚战，也是持久战。以七色彩虹为标志，街道建立了垃圾分类彩虹助力志愿者团队。为了深入宣传贯彻《上海市生活垃圾管理条例》，街道通过扩大志愿者队伍，延伸志愿服务触角，凝聚志愿服务力量，以党员、居民骨干、妇女、青年、环保小先锋、单位代表、宣讲者等 7 类人员为代表，成功招募志愿者 1400 余人，充分发挥各支队伍所长，推动形成社区居民自觉参与垃圾分类的良好格局。

（三）各显神通，全民参与

志愿者积极投身垃圾分类知识的宣传普及，以个人分类投放的具体行为带动影响周边群众，将垃圾分类意识内化于心、外化于行。比如，开元新都作为全市首批试点的 100 个垃圾分类示范小区之一，也作为松江区第一个垃圾分类试点小区，自 2011 年 5 月起推行垃圾分类，小区的“筑绿志愿者行动队”负责开展入户指导和巡逻督查，居委会每月组织志愿者开展各类环保主题活动，居民主动参与率达 95%以上；比如，江中小区自 2017 年起实行定时定点垃圾投放模式，撤桶并点后设立了 3 个投放点位，小区的“环境保护队”担起 3 个点位的日常督导和绿色账户积分扫描工作，不论严寒酷暑、刮风下雨，志愿者都能坚持按时到岗，发扬了无私奉献的志愿精神。

二、经验与做法

（一）铆足干劲，提升实效

1. 宣传覆盖百分百

街道为深化全民参与垃圾分类的宣传动员机制，重点依托居民楼组长开展入户宣传和家庭指导、居民骨干开展定点宣传和跟踪指导、党员亮身份在单位、在社区带头践行垃圾分类，以“进社区、进学校、进机关、进企业”系列活动为载体，突出加强入户宣传，对居民实施面对面、点对点宣传引导，营造“以参与垃圾分类为荣、以准确分类为荣”的浓厚社会氛围。

2. 模式覆盖百分百

经过前期的工作部署，每个社区制定一小区一方案，2019 年 7 月，68 个居住区全面实行垃圾定时定点投放模式，实现撤桶并点投放；由志愿者采取桶边值守，指导居民精准分类投放，加强非投放期间巡查等举措，着力推进“自觉分类+桶边督导+定时定点”模式，垃圾分类实效和居民参与度得到大幅提升。

（二）健全机制，激发活力

1. 深入动员，有效招募志愿者

在一小区一方案的基础上，对社区志愿者团队的人员情况、工作内容进行细化分解，明确任务清单和责任分工，有针对性地开展志愿者招募，发挥居民区党组织的主导作用、党建联建作用，调动社会各方力量广泛参与。

2. 建立日常管理制度，提升服务质量

围绕工作中心和重点、难点，对志愿者队伍定期开展培训，提升志愿者服务意识和服务水平，如开展入户宣传技巧培训、条例解读、绿账扫描员工作职责培训、督导员职能培训等。

3. 完善绩效考核制度，发挥激励作用

依照第三方测评数据、日常巡查结果、绿账平台信息等，对志愿服务实行绩效考评，根据工作实效给予相应的补贴，充分发挥激励作用，增强志愿者团队的凝聚力和战斗力。

（三）创新发展，打造特色

1. 打造环保酵素志愿者团队

2016 年起街道实施“酵美方松”项目，为社区配送环保酵素制作课程，鼓励居民将湿垃圾变废为宝，涌现了一支支酵素制作志愿者团队。环保酵素制作简单、用途广，获得居民的一致好评，比如月亮河碧园的一名志愿者萌发了用酵素改善垃圾房异味的念头，他自主研发了酵素喷淋系统，并为小区垃圾房免费安装设备，从此垃圾房附近楼道的居民不再受到异味的困扰，而为喷淋系统提供“原料”保障的，正是小区内的酵素工坊，每周一和周四，小区志愿者义务收取湿垃圾，在酵素工坊内集中制作；比如昌鑫社区的环保酵素净化环境活动，志愿者将酵素装入喷壶，对社区垃圾房、活动室、公共卫生间、楼道、下水道进行喷洒杀菌消毒，美化了社区环境。

2. 打造党员志愿者团队

党员领先一步、延伸一步、主动一步，以实际行动为社区垃圾分类助力，街道发起在职党员“双报到”要求，动员党员到自己所在小区开展志愿服务。比如由区行业部门下沉到社区的“绿容先锋”，凭借专业优势为居住区垃圾分类推进献计献策。他们主动化身为宣讲员，为社区居民开设培训讲座。他们化身为监督员，指导检查生活垃圾投放、收集、运输各环节的规范性；比如来自各个机关、事业单位的党员志愿者，参与社区“定时定点”投放点位的值守，楼道口垃圾乱扔行为的巡逻检查，在居住区撤桶并点实施的“阵痛期”发挥了积极的规范引导作用。

3. 打造环保小先锋志愿者团队

小小志愿者为社区注入一股小清新，通过牵手学校、家长、社区、大学生志愿者，形成多元一体的社区公益服务平台，每逢周末由辖区幼儿园中班以上、小学一二年级的小朋友到各个社区开展垃圾分类入户宣传活动，环保小先锋统一着装，由大学生志愿者带领至居民区各个楼道挨家挨户敲门，为居民家庭带去垃圾分类小游戏，发放宣传资料并喊出倡议和口号，以环保小先锋的形象开展面对面宣传，入户率高、宣传效果好。通过校外实践锻炼，坚持垃圾分类从娃娃抓起，引导未成年人树立绿色文明意识、责任担当意识，以孩子带动家庭、带动社区，带动更多的居民参与垃圾分类行动。

三、问题与建议

（一）志愿者年龄、职业结构比例不平衡

活跃于社区的垃圾分类志愿者普遍年龄较大，主要为家庭主妇、退休工作者等群体，他们能提供充裕的志愿服务时间，是社区垃圾分类志愿服务开展的中坚力量。而在社区家庭成员的比例中，“996”的白领人群占比不小，但他们往往无暇参与社区组织的各类活动，不少白领人群每天的垃圾投放环节也由其他家庭成员代劳，对垃圾分类的参与度小、感知度少，若能更多地吸纳这些职业人群参与志愿者队伍，让社区垃圾分类“动”起来，便可形成可传递的规模效应。

（二）志愿服务缺乏政策支持和经费保障

养成垃圾分类的自觉行为是一个持续的过程，志愿服务是确保居民分类习惯不断修正的外在力量。各区、各街镇对垃圾分类志愿者的支持力度不一、补贴政策不一，在无明确政策依据的情况下，需综合考量财政预算、审计要求等情况，盼望上级部门能及时出台相关政策支持，确保志愿服务工作可持续开展。

（三）志愿服务管理体制机制尚不完善

在驱动志愿服务队伍建设、丰富志愿服务内涵、转化志愿服务成果等方面需进一步加强制度建设。如志愿者规划招募，明确志愿服务岗位、服务内容、服务标准，并能匹配现有的志愿者数量和服务水平；如培训发展，根据工作目标和要求，开展系统性的、经常性的技能培训和指导；如绩效考评，制定科学的考评方法，对志愿服务开展经常性的绩效跟踪和反馈，提升服务质量；如政策补贴，在发挥志愿服务精神的同时充分激发工作队伍的积极性；如人身保障，为志愿者购买人身保险，确保志愿服务过程人身安全等。

松江区泖港镇：
党建引领新时尚　净善净美新泖港

一、基本情况

泖港镇位于上海西南，地处松江区浦南三镇的中心，是上海水资源保护区，建有万亩涵养林、生态林。辖区面积57.28平方公里，全镇15个小区，16个行政村，1.4万户村（居）民，户籍总人口4万左右，外来人口2万左右。泖港镇生活垃圾志愿服务工作在市、区各级领导和专家的关心指导下，群策群力，始终以党建引领，精细化管理为导向，将垃圾分类志愿服务纳入新时代文明实践分中心和实践站点的建设，贯穿到社区共治和居民自治中，从而积极推进整区域垃圾分类工作，不断夯实泖港镇生态环境品牌优势。

二、做法与经验

作为纯农村社区，在农村开展垃圾分类工作和城区有所不同，每户农户宅前都摆放了一对干湿垃圾桶，实行农户分类投放、村分类收集的模式。农村居住的大部分是老年人，垃圾分类意识和接受程度相对比较弱，1万多户就是1万多个投放点位，保障每个点位的分类纯净度是垃圾分类工作最大的挑战，而在党建引领下的垃圾分类志愿服务却起到关键作用。

（一）加强党建引领，围绕主旋律开展垃圾分类系统工作

1. 加强组织领导，深化党建引领

为全面打赢打好垃圾分类这场攻坚战、持久战，泖港镇以习近平总书记在上海考察时的讲话精神为指导，坚持“党建引领新时尚，绿色发展新泖港”，相继召开了泖港镇垃圾分类动员会和推进大会。

2. 聚焦工作目标，落实工作责任

根据泖港镇发展目标，各村（居）委会落实书记负责制，组建生活垃圾分类推进工作小组，制定了“一小区一方案”工作计划，明确工作目标，细化工作措施，落实工作责任，周期性召开生活垃圾分类工作推进会，形成层层落实到位、监管到位的良好局面。

3. 倡导工作主旋律，美化人居环境

将“垃圾分类新时尚，净善净美新泖港”作为泖港镇推进垃圾分类的主旋律。“净”：干净、整洁，保持全市市容环境卫生考评名列前茅。“善”：在机制、队伍、硬件建设上进一步完善提升，保障垃圾分类工作的具体开展。“美”：围绕乡村振兴目标，不断提升美丽泖港内涵和居民幸福感。

（二）全民动员，多层面全区域构建垃圾分类软硬件框架

1. 软件建设框架

（1）在镇级层面：形成七个“一”工作模式和一套“泖田小青蛙”志愿服务体系

一支镇垃圾分类宣讲团。7 名讲师组成镇级生活垃圾分类宣讲团，累计开展 50 多场生活垃圾宣讲活动，共 6000 余人次参与；**一支镇垃圾分类文艺巡演团**。2019 年共举办 30 场“垃圾分类新时尚，净善净美新泖港”文艺巡演；**一个镇垃圾分类“吉祥物”——泖田小青蛙**。“泖田小青蛙”的形象出现在垃圾分类场站设施、设备、宣传栏等各类载体，营造了浓厚的宣传氛围；**一曲泖田山歌《垃圾分类真重要》**。传承泖田山歌非遗文化，唱响新时尚，也唱进了学习强国平台；一套考核机制。即泖港镇“垃圾分类新时尚，净善净美新泖港”星级村居评选方案；**一支第三方测评队伍**。面向全镇 31 个居住区，开展月度检查考评工作，建立小区、行政村特色化“五有”标准考核机制；**一支镇两网融合“泖田小青蛙”回收服务队**。每周由第三方开展可回收物定点投放和上门收运，同时，对于行动不便的村民，可拨打公示电话预约上门回收，回收体系覆盖全镇。

一套“泖田小青蛙”志愿服务体系。

在组织架构方面，**一是**健全组织机构。泖港镇组建了一支由450人组成的垃圾分类志愿服务队，其中镇级直属小分队50人，各村居分别组建了19支小分队，共计400人。同时成立了泖港镇生活垃圾分类志愿服务队管理小组，由分管副镇长任组长，社区服务中心主任任副组长，镇级分队及村（居）分队均设一名队长，由上至下搭建了泖港镇生活垃圾分类志愿服务架构。基本实现社区内各居民区垃圾分类志愿服务队伍全覆盖。**二是**推行线上注册。为了进一步完善志愿服务日常管理，2019年初，泖港镇垃圾分类志愿者服务队在“上海志愿者网”注册成立，380余名志愿者已成功加入，实名注册率达84%。**三是**规范统一标识。使用“泖田小青蛙”吉祥物形象统一志愿者服装和工具，规范志愿者服务队管理。

在制度规范方面，**一是**完善各类制度。严格参照《泖港镇志愿服务中心管理办法》《泖港镇邻里守望志愿服务管理制度》《泖港镇社区志愿者保障制度》等文件，执行泖港镇生活垃圾分类志愿者的管理工作，逐步实现生活垃圾分类志愿服务的科学性、规范性、一致性。**二是**规范台账记录。镇级层面统筹年度生活垃圾分类志愿服务计划，制定《2019年泖港镇整区域推进生活垃圾分类减量工作实施方案》。村（居）层面每周记录“相约星期二　净美二小时”志愿服务项目活动开展情况，每日记录督导员值守情况、志愿者巡查情况等。

在运行管理方面，**一是**规范岗位管理。各社区设立督导员、巡查员等岗位。明确职责，细化分工，小区督导员负责值守投放点，引导居民生活垃圾正确分类投放；村督导员负责定期对垃圾房、堆放点投放情况开展检查考评。小区巡查员负责对小区公共区域开展环境检查；村巡查员负责对农户门前分类容器投放实效开展巡查。**二是**实现措施配套。制定了《2019年泖港镇“垃圾分类新时尚　净善净美新泖港”星级村（居）评选方案》和《2019年泖港镇“垃圾分类新时尚　净善净美新泖港”星级村（居）补贴方案》，根据年度评选验收情况给予奖励补贴。**三是**确保数据齐全。镇级层面和村（居）层面分别建立了生活垃圾分类志愿者信息管理库和台账，对志愿服务时间、服务内容等方面进行记录。

在保障机制方面，**一是**注重关心培养。镇级每月组织召开生活垃圾分类工作联席会议，要求各村居每月落实生活垃圾分类志愿者宣传、培训事宜。结合《上海市生活垃圾管理条例》和社区“五有标准”①、单位“四个规范”②，镇、村（居）多次对志愿者开展集中培训和现场教学。**二是**落实工作保障。镇生活垃圾分类志愿基地场所面积在100平方米左右，以便于开展志愿者培训活动。各村（居）将“泖田绿色小屋”作为志愿服务活动场所，开展志愿者培训活动。

在特色品牌方面，2018年，泖港镇开始探索“相约星期二　净美二小时”志愿品牌项目。2019年初，以《上海市生活垃圾分类管理条例》正式实施为契机，进一步健全了该志愿品牌项目，通过组织辖区志愿者参与“相约星期二　净美二小时”邻里守望清洁家园活动，改善了村民的生活环境，提高了村民垃圾分类责任意识。

（2）村（居）级层面：形成“一心一议”工作模式

一心：以党建引领的一个核心组织；**一议：**垃圾分类联席会议制度。落实书记负责制，实行生活垃圾分类实效与村（居）的目标责任考核紧密挂钩。至少1至2周召开村（居）委干部、网格长、志愿者和保洁员的联席会议，扎实推进各村（小区）的生活垃圾分类工作。

（3）网格层面：形成“三严二语”的工作队伍和工作氛围

三严：三支队伍三个严格。三支队伍：网格长（督导员）、保洁员、志愿者；三个严格：严格督查考核、严防混装混运、严密组织宣传。**二语：**“相约星期二　净美二小时”，用动之以情、晓之以理的言语，形成良好的垃圾分类宣传氛围。

（4）家庭层面：形成“一摆二要”的垃圾分类星级家庭积分榜考评机制

一摆：每户农户宅前一对干湿分类桶正确摆放。**二要：**干湿垃圾要分类投放、宅前屋后要整洁有序。基本形成集镇小区“红黑公示榜”，行政村“积分星级排行榜”。

---

① 即有设施设备、有治理技术、有保洁队伍、有监管制度、有资金保障。

② 即分类容器配置规范、分类物流渠道规范、保洁人员作业规范、宣传告知规范。

2. 硬件建设框架

（1）镇级层面：建成一栋600平方米的两网融合中转站，一座有害垃圾中转站。

（2）村级层面：一村一屋。每村均建成1个“泖田绿色小屋”，成为垃圾分类培训、再生资源交投、积分兑换超市、酵素制作、两网融合服务五位一体的公共服务点。

（3）网格层面：一车一房。全镇61个网格，每个网格至少配备一辆干湿分离驳运车，一座标准化的垃圾箱房。截至2020年5月全镇共有垃圾箱房64座，其中农村53座，集镇小区11座。

（4）家庭层面：行政村家庭。全面配备、更新一户一对干湿分类桶13564对；集镇小区家庭。实行楼道撤桶，配备定时定点分类投放容器。2019年7月1日前，15个小区全部撤桶，实行定时定点分类投放模式。

三、工作成效

截至2019年底，泖港镇已连续46个季度在上海市市容环境卫生质量监测实效考评中名列前茅。泖港镇成功创建2019年度上海市生活垃圾分类第一批示范镇。10月，《上海市生活垃圾分类评估报告（7—10月）》公布，泖港镇排名全市前茅，位列松江区第1名。

在2020年“五一”假期，在松江区文明办的牵头下，通过上海市广播电台进行为期一周，每日四次滚动播放泖港镇“泖田小青蛙垃圾分类志愿服务”公益广播宣传，助力生活垃圾分类工作和文明创建。

四、下一步计划

（一）进一步丰富志愿服务培训形式

线上培训和线下培训两手齐抓。线上培训根据市区级宣传资料发布情况，由镇级统一通知，志愿者自行在“上海志愿者网”官方网站的“在线培训”栏目中随时学习。线下培训按照分级培训原则，由上一级队伍培训下一级队伍，确保所有志愿者两年内培训不少于1次，志愿者骨干每年培训不少于1次。

（二）进一步推动志愿服务信息化管理

一是建立社会公开招募机制。推广生活垃圾全程分类志愿队伍实现面向社会公开招募的制度，依托“上海志愿者网”平台，开设长期招募通道，接受社会市民的报名。**二是**建立志愿服务数据库。全面实行网上注册制度，镇级、村级垃圾分类志愿者队伍在“上海志愿者网”上注册率争取达100%，实现志愿者活动记录、活动时长信息化管理。

（三）进一步加强志愿服务制度建设

完善生活垃圾全程分类志愿服务工作章程、管理办法，完善队伍管理机制、信息对接机制、考评激励机制、孵化培训机制，推进志愿服务的持续发展。

青浦区徐泾镇：众人一条心　垃圾变成金

一、基本情况

徐泾镇位于上海西郊，是虹桥商务区内最紧邻核心功能区和综合交通枢纽的区域，被定义为上海城市副中心。全镇总面积38.55平方公里，其中沈海高速以东的16平方公里现已作为西虹桥商务公司的开发主体，其中国家会展中心已落成。全镇共有9个行政村、5个居委会（含3个涉农居）、12个社区居委会、4个安居办及3个居委筹备组。涉及140个居住区、107928户住户。

徐泾镇自2019年启动垃圾分类工作以来，有序推进全镇140个小区、113家企事业单位（六类场所单位）的生活垃圾分类工作。随着垃圾分类工作的全面推进，徐泾镇通过各个基层单位，在全镇各居住区中，招募一批垃圾分类志愿者，主要从事上海市垃圾分类知识宣传及垃圾分类投放指引工作。据统计，全镇村居招募的垃圾分类志愿者人数最高峰达1071名。

徐泾镇不断注重加强党建引领，党员干部积极投身志愿服务，主动营造垃圾分类志愿服务良好氛围。通过徐泾镇“百千万”工程①，专门制定《“新泾彩　新时尚”徐泾镇千名党员干部参与垃圾分类主题活动》，全镇365名镇管干部、2594名普通党员按照“双报到”制度，就近到居住小区报到并接受培训，再由村居指定到小区物业报到，填写志愿服务工作单，根据指派任务认真开展志愿服务。按照镇管干部每周进小区志愿服务至少1次，一般财供人员每两周进小区志愿服务至少1次，非镇财供人员的党员每月进小区志愿服务至少1次，每名党员至少认领一项社区垃圾分类的志愿服

① 即365名镇管干部、2594名普通党员、10万户家庭。

务或认领一个垃圾分类的志愿岗位的要求一一落实责任，用实际行动做好志愿服务工作，积极吸纳社会各界人士加入徐泾镇垃圾分类志愿服务队，通过各基层单位与广大党员干部积极宣传，不断壮大志愿服务队。在徐泾镇党委政府的坚强领导下，镇生活垃圾分类减量推进工作联席会议办公室（以下简称“镇分减联办”）主动牵头基层党组织、居委、业委、物业和志愿者，形成“五位一体”联动机制，在垃圾分类工作全面铺开之际，积极落实居住区垃圾分类工作，努力推动社会各界和市民群众形成人人知晓、人人参与生活垃圾分类的良好社会氛围，带领全镇 107928 户家庭积极参与垃圾分类工作。

二、 做法与经验

(一) 注重四个“加强”,积极营造垃圾分类良好态势

1. 注重加强党建引领，党员干部垂范营造新风尚

一是落实网格化管理模式。依托徐泾镇“三网融合”城市管理模式，按照网格划分，明确党委班子领导包干网格，按照“定网格、定内容、定责任”的三定标准落实生活垃圾分类工作监督责任，并在党委定期通报工作情况，切实将全镇垃圾分类工作纳入镇班子成员日常工作范畴。同时，各村居对标镇级制度，相应落实垃圾分类网格管理责任。**二是**落实“百千万”工程。发动徐泾镇广大党员干部下基层进小区参与垃圾分类活动，按照“双报到”制度，就近到居住小区开展志愿服务工作，做好表率，以实际行动引领带动全镇家庭积极参与垃圾分类工作。

2. 注重加强氛围营造，打造立体化、通俗化、高频化宣传模式

一是强化立体化宣传格局。通过整合社区宣传栏、商圈电子屏、微徐泾公众号，增设 1428 处墙面、围栏、宣传栏和道路迎风旗，利用小区垃圾分类电喇叭宣传，小区垃圾分类主题活动、学校国旗下讲话和主题班会等各类阵地和手段，多角度、多媒介、多渠道地普及垃圾分类知识和要点，让全镇

居民和单位看得到、听得到、参与到垃圾分类工作。**二是**强化通俗化宣传内容。根据垃圾四分类具体内容，按照通俗易懂、简单明了的原则，拟定了“四三二一”工作法，即“进门宣传四句话（吃剩下来湿垃圾、灯泡电池毒垃圾、可以卖钱捡出来、分剩下来干垃圾）、分类投放三方法（定时定点、定时收运、巡回捡拾）、绿色激励两手抓（绿色积分、考核评优）、围墙内外一体化”，用1分钟讲清全镇垃圾分类的工作模式。**三是**强化高频化宣传措施。重点聚焦集中培训、主题活动和入户宣传，先后开展镇级、村居、楼组长及志愿者培训662场次、4687人次，不断普及垃圾分类知识；由镇党群办、社发办、总工会、妇联、团委等部门组织开展“美丽徐泾拾分赞”“党员守初心　绿色先锋行”“社区环保花园”“巾帼爱家330行动”等主题活动，不断丰富宣传手段和载体；按照每个小区不低于5次的宣传频次，着力加强上门入户宣传工作，先后发放《徐泾镇垃圾分类倡议书》《小区垃圾分类工作告知书》、签订居民承诺书，覆盖全镇107928户住户，覆盖率达100%。同时，由保洁公司与企事业单位全覆盖签订垃圾分类责任书，严格执行不分类、不收运；由城管加强门店责任落实管理，切实在全镇上下营造了浓厚的垃圾分类宣传氛围。

3. 注重加强机制建设，通过制度完善过程管理

一是制定三级巡查三级督察制度。坚持由村居委落实每天对小区开展一次村居级网格巡查，由镇分减联办落实每周对全镇各小区开展一次部门级网格巡查，由镇班子成员落实双周镇级网格巡查，并对应等级按照自查自纠自改、巡查整改、督察督办进行催办整改，先后开具整改单223件、督办单38件，完成整改事项223项次，有效提升了问题发现、整改的效率。**二是**建立工作例会制度。坚持每周召开垃圾分类工作例会，结合工作培训、任务布置、难点分析、推进情况等内容，突出垃圾分类推进实效，当场解答、解决基层疑难问题、明确工作重点，有序推进全镇垃圾分类工作。**三是**推行定期巡查评分和约谈制度。先后开展部门和镇级巡查32次，覆盖全镇140个小区和113家六类场所单位，形成工作简报14份，每周对垃圾分类情况进行排名，对于评分靠后的单位，及时由党委政府领导对责任单位主要负责人进

行约谈，确保发现问题及时处置。

4. 注重加强管理实效，聚焦全程分类体系建设

一是规范做好前端分类收集。严格对照“五有”“四规范”标准，从硬件配置到管理实效，紧紧依托组织力量、执法力量、社会力量和群众力量，从上而下做实源头分类工作，分类纯净度基本稳定在95%左右。**二是**有效提升中端转运质量。通过推进28个两网融合服务点建设和7000户两网融合上门收运工作，全面扩大“两网融合”覆盖面，同步取缔无证不规范废品回收企业12家，有效提升可回收物资源化利用率。严格把控分类清运车辆管理，及时调配力量实施早晚二次清运，有效提升中端转运质量和效率。**三是**高度重视末端处置效能。完成西虹桥地区环卫体系大型中转站和徐泾镇装修垃圾分拣站项目落地，不断完善本地生活垃圾末端设施设备系统化配置，规范装修垃圾、大件垃圾、绿化垃圾集中分拣和末端处置闭环。

（二）做好三个“完善”，持续推进垃圾分类稳步开展

1. 完善硬件基础设施

坚持深入推进生活垃圾分类投放、收集、运输、处置全流程基础设施建设，通过完善基础设施配套，进一步夯实垃圾分类工作的硬件基础。已完成垃圾厢房改建、增设119座，新建大分流设施83座、定时定点投放点611个，发放240L垃圾桶7060只、入户桶12万组，配置驳运车200辆、绿色积分兑换机68个。

2. 完善自治管理体系

一是加强居委、业委、物业三联动体系建设。通过明确居委指导、业委协调、物业履责三方联动机制，形成居委定期组织培训、巡查、通报、督察、约谈，牵头召开业委会例会反馈工作情况、布置工作任务；业委会组织开展宣传发动，协调明确小区投放方式、投放时间和点位设置，引导居民源头分类、加强物业监督管理；物业负责落实主体责任，在完善硬件配置的基础上，看好桶、看好点、看好房的自治联动体系。**二是**加强居民志愿者体系建设。村居、安居办、筹备组主动招募社区居民参与垃圾分类志愿工作。截

至2019年底，已有1071名志愿者在全镇各小区投放点位开展宣传、引导、巡查工作，累计服务37542小时。同时不断加大人防、物防、技防措施，强化部门联动，实施流程追踪，开展二次上门告知，确保落地垃圾等疑难杂症得到实时监控及时处置。**三是**加强台账管理。统一下发徐泾镇垃圾分类收运工作台账，统一明确四分类垃圾收运、日常巡查巡逻、志愿者服务上岗三项台账记录要求，统一由物业进行填写、居委检查，做到管理有痕、进出有账。

3. 完善长效管理机制

坚持严格按照“五有”“四规范”标准，对小区及单位的设施设备、宣传告知、物流管理、长效管理、分类实效等内容进行系统性完善和过程化监管，对于工作开展不力、垃圾分类不达标的小区和单位及时开具整改告知单，对整改不力的单位进行约谈直至执法，全力确保辖区内各社区、企事业单位垃圾分类工作的有序推进。对社区开展垃圾分类星级挂牌展示，根据社区标准化的工作流程，将垃圾分类开展较好的社区评定为“五星”标准，通过星级评定固化社区垃圾分类工作模式。

（二）抓牢两种手段，努力夯实垃圾分类工作实效

1. 抓牢执法手段

切实发挥城管执法的主体责任，同时联合市场监督管理所、保洁公司、网格化中心等职能部门，通过有效手段对全镇各小区、企事业单位开展专项巡查督查。对于巡查中发现的垃圾乱投放，纯净度不达标，投放不规范、不到位的小区及单位，在充分告知宣传的基础上，对拒不履行源头分类责任的责任主体，按照《上海市生活垃圾管理条例》对主体对象开出罚单。截至2019年底，已进行执法163次，开展罚单90张，涉及金额74250元。

2. 抓牢督查手段

严格落实三级巡查督察机制，积极组织镇人大代表、市民巡访团共同参与垃圾分类的巡查测评中，定期开展关于垃圾分类情况的专项督查工作。对于巡查中发现的垃圾乱投放、纯净度不达标、投放不规范、不到位的小区、

单位，实施末尾通报机制，确保生活垃圾分类工作有序推进、垃圾分类减量化工作取得实效。

(四) 紧盯一个目标，确保打赢垃圾分类攻坚战

自垃圾分类工作开展以来，徐泾镇始终坚持围绕生活垃圾“减量化、资源化、无害化”的总体工作目标，在全镇范围内有序开展了垃圾分类管理工作。从 2019 年 4 月首个小区试点撤桶以来，徐泾镇垃圾分类工作取得显著成效。从最近一次第三方测评数据来看，2019 年全镇垃圾分类达标小区占 95%，六类场所单位达标率达 96%，总体垃圾分类纯净度从原先的 50%提升至 95%左右，分类投放率从原先的 13%提升至 100%，居民知晓度、参与度达 100%，生活垃圾减量实现 28%。全镇已基本实现生活垃圾不混投，收运不混装，垃圾分类工作减量化、可回收物资源化、有害垃圾无害化的总体工作目标。

三、问题及建议

(一) 单位实施效果差

2019 年垃圾分类推进过程中在居住区投入的人力、物力及财力较多，居住区的垃圾分类工作已有明显提升。反观 2018 年单位开始实行的生活垃圾强制分类，相对居住区而言有些“落后”，主要表现为某些企事业单位职工缺乏垃圾分类知识，参与垃圾分类积极性低。个别单位以往没有对单位内的职工开展过垃圾分类相关知识的培训，也没有相关主题活动，造成单位职工缺少这一方面的知识教育，进而造成分类投放不主动，没有积极性，从而导致单位垃圾分类成效差、分类实效低。在 2020 年，相对于社区而言，徐泾镇将侧重对单位开展垃圾分类相关知识培训，以补足这方面的缺陷，也建议上级部门制定相关标准时更多考虑企事业单位的培训比重。

（二）巡查管控不力

社区物业巡查人员较少，落地垃圾管控不力。居住区主要由村居委招募的志愿者负责驻守垃圾分类投放点及小区巡查工作，小区物业保洁队伍负责垃圾的分拣、驳运。通过志愿者管控落地垃圾毕竟不是长久之计，一些物业也缺少这方面的管控力量。建议上级房管部门完善物业管理服务规范中垃圾分类工作的具体要求，减轻村居的压力，同时加强对物业垃圾分类工作考核的比重。

（三）处罚门槛较高

需要三次及三次以上的警告、劝阻材料并需要提供违法照片、视频，虽然流程合理合法，但不利于垃圾分类工作常态化。建议上级部门能够充分考虑，针对垃圾分类违法行为由教育为主向处罚为主转变，扩大处罚范围，加强处罚力度，争取做到当场抓、当场罚，为垃圾分类工作提供有力的法制保障。

奉贤区金海街道少湖社区：垃圾分类新时尚　力抓组织出成效

一、基本情况

金海街道少湖社区居民区位于上海南桥新城核心发展区域，金海公路与航南公路路口，东至大庆河，南至年丰路，西至金海公路，北至航南公路。居民区位于“上海之鱼”鱼尾，占地13万平方米，建筑面积35万平方米。总体分为三个小区，其中有两个是纯住宅区、一个商业区，商业区由精品公寓、商业办公（类住宅）、商业步行街、酒店（在建）等组成。特别是类住宅户数达到1700多套，社区房子类型多样，居住人员复杂。2018年底经金海街道工作委员会批准成立金海街道少湖社区党支部，2019年3月在党支部的指导下通过全体居民选举成立金海街道少湖社区居民委员会。2019年5月社区开始推行垃圾分类定时定点投放工作。楼道撤桶初期，居民反抗情绪明显，邻里矛盾突增。除了通过拨打12345热线进行投诉，部分居民还采取拒不配合垃圾分类工作的态度，仍将垃圾扔放在已撤销的原垃圾桶位置上，使得小区环境难以得到改善，管理难度也大大增加。少湖社区党支部及时采取相关措施，经过一个月时间的努力，彻底改变了居民对垃圾分类的认识，化解了各类矛盾，促使居民自觉履行垃圾分类义务，推开了垃圾分类工作的新局面。

2019年5月18日少湖社区党支部召集居委社工、物业公司、小区居民代表等开展垃圾分类联席会议，在党支部的引领下大家各抒己见，最终提出“加强组织领导、党员先行、发动党群志愿者、小手牵大手、服务下沉、精准指导、叩开居民心门、敢亮丑”等一系列措施，具体做法如下：加强组织领导，建立监督管理机制。成立以党总支书记为组长，物业经理、居委副主任为副组长，社工、党员志愿者、社区骨干为组员的小区生活垃圾分类工作小组。由居委会加强对社区单位、物业等统筹协调，建立“居委、业主、物业”三位一体的工作机制，落实物业分类投放管理责任人制度；将垃圾分类纳入物业服务评价体系，引导物业企业担起垃圾分类管理主体责任，各集中投放点位落实“专人专岗，专人专职”的综合治理体制机制，形成网格化管理体系。通过制定居民公约、物业保洁人员红黑榜、各楼组红黑榜评比等加强垃圾分类居民自治。

二、做法与经验

（一）党建引领，发挥党员先锋带头作用

一是由党支部牵头，书记带头观看宣传片，为社区居民普及垃圾分类知识；带头开展主题宣讲，重点解读《上海市生活垃圾管理条例》；带头进行检查指导，深入小区点位进行垃圾分类现场指导，了解居民对开展垃圾分类工作想法与建议和存在的问题。**二是**开展党员“垃圾分类我先行”系列教育主题活动。签订垃圾分类承诺书、现场演习分类投放垃圾、宣传进楼道、进家庭，让党员少数带动居民多数。**三是**培育一批垃圾“分类达人”，无论刮风下雨，小区居民总能在垃圾分类执勤岗位上看到她们的身影。“一家家解释，一户户示范，上门发放垃圾桶、垃圾袋，讲解投放要领。”她们把居民区垃圾分类工作做得有声有色并且无怨无悔。“分类达人”曹阿姨经常说“我们现在烦一点、点位看护指导累一点，都是为了我们的子孙后代，不要让我们的子孙后代住在垃圾堆上，我们要造福后代，做好垃圾分类是一件善事、积功德的事”，如此这般她感染了一批对垃圾分类不积极的居民自愿参与生活垃圾分类，充分发挥“分类达人”的示范带头作用。

（二）精准指导，叩开居民心门

由少湖社区的党员、楼组长、网格员、物业管家共同参与组成的12个小组于每日傍晚挨家挨户进行垃圾分类入户指导、分发宣传手册以及与居户

签订垃圾分类承诺书。为解决实际分类精准度不高的问题，65 名党群志愿者组成一支支垃圾分类入户宣传小分队。截至 2019 年 6 月底，入户宣传指导工作实现全覆盖。在垃圾分类这件“关键小事”上，小区党员共同出谋划策、出人出力。社区党组织充分调动小区内党员网格员、热心志愿者共同参与分类工作，引导居民自觉分类、精准分类，以提高源头分类质量。

（三）小手牵大手，一个小孩带动两个家庭

“垃圾分类中，怎样让整个小区的居民都动起来?”在一次垃圾分类讨论会上，一位老党员提出现在大多是两个家庭围绕一两个小孩转，我们能否通过学校，把小区内的小朋友联合起来，加入垃圾分类，做一个小小志愿者、小小宣传员，让小朋友来带动整个大家庭共同参与到垃圾分类中来。为此，在6 月 1 日国际儿童节来临之际，社区开展了一场别开生面的亲子涂鸦活动——“井上添花”绘画活动，积极响应“垃圾分类就是新时尚”的新理念。在老师的带领下，小朋友捧着调色盘，拿着画笔，走进居民区为小区的井盖“化妆”。不仅画出了垃圾分类的元素，还画出了环境美的元素，为小区的垃圾分类添色加彩。除此之外，社区还动员小朋友将在活动中学到的垃圾分类小知识教授给自己的父母和祖辈，做一回他们的小老师，实现了垃圾分类知识宣传教育由个人带动家庭、由青少年带动中老年的趣味联动。

三、问题与建议

垃圾分类工作永远在路上。结合少湖社区垃圾分类工作开展的实际情况，对于存在的问题有以下三条建议：

（一）完善过程管理机制

确保垃圾分类相关信息收集到位，并建立起一套明确可行的评价考核指标体系。通过定期开展区域间、楼道间、楼道内、居民间垃圾分类情况的评比，充分发挥垃圾分类红黑榜的影响力，做到善于亮出美、敢于亮出丑，同

时强化以考核结果为依据的奖惩机制，努力营造出人人争先争优的良好氛围。

（二）完善基础设施建设

增加小区内各个垃圾投放点位以及其他重点位置的监控设备数量以确保监控无死角，增强电子监控的监管力度，有效避免垃圾分拣人员不在岗时段内的垃圾随意乱扔乱放现象。推动垃圾桶和垃圾箱房智能化建设，如语音播报指导、自动识别称重分拣等设备，实现垃圾分类人工化指导向电子智能化助力转变，减轻垃圾分拣人员的工作负担。同时借助科技力量提高厨余湿垃圾分类处理后二次利用的效率，践行绿色环保理念。

（三）完善宣传培训体系

利用好线上线下两个平台，推动垃圾分类工作的宣传与培训工作的展开。定期邀请相关专家或垃圾分类志愿者开展垃圾分类知识的相关培训活动，结合线上培训课程的开发和完善确保垃圾分类培训课程向常态化、长效化方向发展。充分利用好街道社区内各个宣传教育平台，如宣传栏、公报、入户宣传、学校教育等，实现宣传教育平台阵地全覆盖。垃圾分类工作是一个需要齐抓共管、全民共同参与的大工程，在加强宣传教育的同时，要充分发挥志愿者在垃圾分类工作中的积极引领和带动作用，以激发居民参与垃圾分类的热情，提高主人翁意识，为建设美好的居住家园共同努力。

崇明区新村乡：全领域垃圾分类　还地球蓝天碧海

一、基本情况

新村乡地处崇明岛西北角，是崇明最年轻的涉农围垦乡镇，1968 年围垦而成，1984 年建立新村乡人民政府。乡域总面积 32.5 平方公里，耕地总面积 1608 公顷。现有 6 个行政村，114 个村民小组。为改善农村生活环境、节约使用资源、提升农村文明水平，2017 年新村乡全面推行生活垃圾分类制度，“全领域”实现生活垃圾分类全覆盖。垃圾分类推进过程中，新村乡始终坚持以党建为引领，以村民为主体，建立健全垃圾分类收运体系，推动形成新村乡垃圾分类收、运、处各项制度，党员志愿者连片包户、村委插队包片、志愿者指导考评、收集员可追溯制度以及后来的农村地区定时定点志愿管理制度不断完善。党员志愿者作为各项制度落实的参与者，是垃圾分类从无到有，从有到优的基本保障。新村乡开展生活垃圾分类的这些年，正是由于这支党员志愿者队伍始终冲锋在前，在村民中起到了示范带头作用，引领着农村地区的垃圾分类工作不断前进。垃圾分类中所涌现的党员“领袖”为新村乡基层社会治理积累了宝贵财富，为农村地区的社会自治找到了带头人。

二、工作做法和经验

（一）注重宣传，加强培训

垃圾分类工作的主体就是群众，如何让群众跟着政府一起干才是关键。党员志愿者就是政府与群众的重要桥梁。通过党员志愿者入户宣传，手把手地教群众进行分类，让政府政策走进了千家万户。新村乡党员志愿者通过全乡党建睦邻点这个群众议事的聚集地，以聊家常的方式，拿着分类桶向村民宣传垃圾分类工作，同时有才艺的党员志愿者充分发挥自身特长，编写了垃圾分类快板等节目，在睦邻点上以演出的形式进行宣传。志愿者自身的实际行动才是垃圾分类宣传的关键，很多志愿者从垃圾分类初期始终严格要求自己，以身作则，用日常的行动，感染周边的农户进行分类投放。

（二）建章立制，落实长效

垃圾分类是项循序渐进、长效常态的工作，如何确保户上垃圾分类投放准确以及二次分拣、分类运输的质量，主要就是完善户分、村收、乡运环节的长效管理机制。通过与党建工作的融合，形成综合化的考核机制，从而确保垃圾分类质量。在户分环节，进一步发挥党员志愿者连片包户的作用。形成每月一次的户上评分机制，评出优秀户、促进户，进行全村公示，同时将每月的综合成绩列入五星级文明户创建工作，鼓励村民参与垃圾分类；在村收环节，抓好垃圾收集员分拣的质量以及再宣传的力度。在分类初期，党员志愿者跟随收集员上门收集，不仅解决了收集员干湿垃圾分类收集不严格等问题，还成为垃圾分类入户再宣传的主要方式。通过每月对垃圾收集员考核，考核成绩在全村进行公示，调动收集员积极承担分类工作职责；在乡处置环节，形成湿垃圾处置的标准化。以乡职能部门为主体对处置点工作人员进行月度考核，考核成绩与工资相挂钩，确保湿垃圾末端处置的规范化操作。同时对各村的垃圾分类工作实行月度考核及公示制度，并将其纳入年终对村考核，与年终奖相挂钩，从而有效地调动村委的积极性。最终形成从户上分类到收集员分类收集，再到末端处置，最后到村委班子系统化的考核制度。

（三）党建引领，村民自治

新村乡在垃圾分类工作中，坚持让党员带头，带领村民一起参与垃圾分类。通过党员“五分钟服务圈”活动，形成“党员连片包户”的工作模式。一个党员包多户农户，便于协调党员同志在日常生活中经常性到周边村民家里帮助其做好分类工作。在此项工作中，对于优秀党员典型的挖掘有助于提升党员的凝聚力和号召力。新浜村黄士英老师就是在垃圾分类中涌现的优秀党员，在垃圾分类初期，黄老师就从早上 5 点开始跟随收集员上门收集垃圾，解决了刚开始群众对垃圾分类工作的不适应、收集员干湿垃圾分类收集不严格等问题。同时他还带领其他党员组成一支垃圾分类志愿者队伍，通过编节目、写诗歌等形式，走街串巷宣传垃圾分类工作。新村乡试点推进农村地区垃圾分类定时定点工作时，黄士英主动要求将全乡的第一个定时定点开设在自己家旁并成为了定时定点的志愿者。她所积累的工作经验为顺利推进全乡定时定点奠定了基础。除黄士英外，还涌现了一批志愿者积极分子，如新中村的蔡学明、袁佰民，新卫村的茅静、盛春等，正是有了这些优秀的党员志愿者，才能带领着村民共同参与到分类中，才开创了生活垃圾分类现有的局面。

（四）拓宽思路，敢于尝试

新村乡在确保生活垃圾分类质量的前提下，勇于突破，敢于试点，以做精做细农村地区生活垃圾分类工作为目标。

1. 定时定点投放

在农村生活垃圾分类户上分类收集全覆盖的基础上，以“微网格”为单元，依托各村志愿者，试点性推进垃圾分类定时定点投放，实现农村地区群众从主动参与垃圾分类转变为深度参与垃圾分类，垃圾分类质量得到提升。截至 2019 年底，新村乡定时定点投放点已经完成 44 个，覆盖 52 个生产队。新浜村垃圾分类定时定点完成全覆盖，全乡覆盖率达到 55%。

2. 湿垃圾源头再分类

着眼于实践中发现的湿垃圾中餐厨垃圾影响处置点设备使用寿命问题，2019 年 6 月，新村乡在原有农村地区定时定点基础条件较好的新中村 3 队（新悦坊）、新浜村 9 队进行湿垃圾再分类工作，将湿垃圾中的餐前垃圾（菜皮、果皮等）和餐后垃圾再分类，餐前垃圾在处置点处理，餐后垃圾纳入区级处理渠道，促进了全乡垃圾分类的无害化、资源化。在前期上门宣传发动的基础上，新村乡着重加强党员志愿者示范引领及志愿服务作用，湿垃圾再分类工作取得了阶段性的成效，为接下来试点性地再铺开积累了经验。

3. 垃圾分类智能化

完善户分、村收、乡运、乡处置全流程各环节的数据采集，构建后台数据分析系统，发挥各环节采集数据的作用，解决垃圾分类中户上分类质量不稳定，收集员混合收集等老大难问题。通过定时定点投放点志愿者采集每日数据，合理调配装运时间，着力改善垃圾存放在点位时间过长等现状，实现垃圾分类的精细化管理。已实现湿垃圾桶 RFID 芯片可追溯，能有效记录垃圾桶收运时间及分类质量。同时，在末端处置点引入了智能称重系统，可有效掌握湿垃圾重量，对于低于日常收集的，建立智能预警机制，并通过建立健全职能部门倒查机制，有效遏制湿垃圾混入干垃圾桶，做到每天实时掌握全乡和各村的收集量，保障日产日清。

三、 存在问题及建议

（一）存在问题

1. 农村地区垃圾分类执法难

2019 年 7 月 1 日《上海市生活垃圾分类管理条例》（以下简称《条例》）颁布实施。实际情况表明，在农村地区户上实行生活垃圾分类面临取证难和处罚落实难两大难题，但从大部分村民的呼声和各村委的反馈中，在农村地区通过执法手段解决少部分垃圾分类中的顽固户是确有必要的。

2. 农村地区垃圾分类数据化工作有待提高

如何进一步进行农村地区生活垃圾分类精细化管理，就是要借助大数据系统管理垃圾分类工作，提升垃圾分类的质量。在全市推进大数据、人工智能完善城市治理的进程中，更要重视垃圾分类工作借助数据化手段提高解决问题的能力的作用。

(二)意见建议

1. 多措并举确保户上分类质量

首先，崇明区应结合《条例》尽快出台与生态补贴相挂钩的垃圾分类指导意见，并纳入各村村规民约。通过村民代表大会，对户上分类长期存在问题的农户，进行生态补贴扣减。其次，上级部门要加大对农村地区垃圾分类执法取证方式的培训，帮助解决取证难问题，同时应着力推动行政处罚的有效落实，让发出的行政处罚决定书，真正地收到罚款，体现处罚效力。只有强制性手段才能更好地解决垃圾分类中老大难问题，才能有效实现处罚一处，影响一方的宣传震慑力。

2. 牵住“牛鼻子”，谋求再突破

依托互联网、大数据、人工智能完善城市治理，构建“一网通办”“一网统管”是上海市的“牛鼻子”工作。新村乡应立足本职，预先谋划，结合“一网统管”建设，进一步深入推进垃圾分类智能化平台建设，通过数据的采集、整合、分析，形成垃圾分类各个环节预警机制，借助数据平台，将预警信息反馈到不同层级管理者的移动端，从而形成问题倒查机制，通过及时解决运行中的各种问题，推动新村乡进一步实现垃圾分类的精细化管理。

徐汇区绿主妇：“绿色生态循环链” 湿垃圾源头减量

一、基本情况

建于20世纪90年代的上海市徐汇区凌云路街道梅陇三村是一个动迁安置社区，常住2391户，人口达6516人，居民区党总支下设4个支部，共有党员234名，在职党员115名。梅陇三村目前有居民将近8000人，包括常住居民和外来租户，户数为3000户左右。在梅陇三村，活跃着“爱心编织社”“生活垃圾源头减量”“一平方米菜园”种植等13个志愿服务团队。在社区环保方面，长期参与社区志愿环保活动的志愿者超过百人，同时还有一个绿主妇志愿者团队，它带动了周边10余个居委开展社区生态环保实践。

2012年，绿主妇志愿者团队注册成立上海徐汇区凌云绿主妇环境保护指导中心，成为接受社团组织管理的公益性服务组织。2019年，绿主妇行动社区志愿者团队规模已从建立最初的10人增加到2600多人，骨干志愿者达580名，仅梅陇三村就有80%的家庭不同程度地参与自治家园的各种活动。绿主妇活动辐射面已覆盖徐汇区6个街道、上海市7个区和全国5个省市。截至2019年底，梅陇三村及绿主妇团队共接待来自全国各地的参观团队860余批次，向5万多人次传播绿色、健康、低碳、环保的理念，其影响力和辐射力已扩大至港、澳、台及北京、浙江、贵州等全国20个省市。“绿主妇”团队2014年获评中宣部全国十个最美人物之节约之星、2015年3月获评全国志愿服务示范团队、2016年2月获评全国最美志愿服务社区、2017年获评“上海市先进社会组织”、2018年获评“4A级社会组织”、2019年获评“美丽中国，我是行动者十佳公众参与案例”“品牌社会组织”“中国好社企”等诸多荣誉称号。

二、做法与经验

“绿主妇”作为梅陇三村孵化的社会组织，在推动社区生态环保实践的主要合作机制是主导发展方向，整合周边资源，引入优质社会企业共同打造生态环保和谐的社区发展模式。“绿主妇”主动邀请在互联网社区治理、垃圾分类处理等领域的优秀社会企业一起参与项目，集多方力量，树立梅陇三村的生态环保品牌。

（一）案例做法

1. 湿垃圾源头减量以社区环保为切入点，着力构建社区邻里关系

“绿主妇”从全局通盘考虑社区场景下的生态环保实践，形成系统化和整体性的社区生态环保运营模式。通过项目活动的开展，为居民提供互动交流的平台，在寓教于乐中改善大家的生活方式，为社区环保教育提供社会性支持，有助于提升社区生态环境质量。

2. 前期以社区调研和课程宣讲的方式进行基本的准备

社区生态环保运营模式主要从三个层面进行实施，将梅陇三村过去的生态环保实践基础利用起来，发动社区志愿者，结合新的设备、新的手段实现运营模式的升级。

第一个层面：宣传动员层面，在这个层面主要是意识的引导和植入。结合互联网平台，将社区相关问题的解决和实施等过程公开，在以事件为导向的宣传中实现理念的引导和灌输。在实际操作上，利用移动互联网实现社区事务的线上和线下互动，充分发挥互联网的传播和互动优势。

第二个层面：行为引导与积分系统层面，以垃圾分类这种高频易操作的行为作为核心载体，区分积分行为与非积分行为，对积分行为进行激励。引导社区居民在行为层面进行社区生态环保实践。在实际操作上，绿主妇改装或者新购可以记录积分的垃圾桶。作为实现积分机制的基础，绿主妇委托第三方对社区绿色账户体系进行设计开发，完善积分查询和兑换功能，确保更

新后的社区绿色账户体系可以满足更多样化的需求。

第三个层面：激励层面，激励层面以社区智能益空间为主要依托，通过社区智能益空间的运营积累社区资金池。社区资金池主要用于两类激励，第一类主要进行社区层面的整理提升，社区层面的文化活动，社区公共设施的采购；第二类主要进行积分行为的个人和家庭激励。在实际操作上，绿主妇通过社区智能益空间的引进为社区生态环保行动未来的发展提供可持续性的资金支持。

3. 引入专业团队加入，为湿垃圾源头减量工作提供先进的理念、合理的方法和专业的指导

借助"绿主妇"品牌效应，聚集一批专业团队进行厨余收集、破碎处理、防腐防臭等工作；举行垃圾分类宣传活动，布设 20 个太阳能垃圾智能回收箱并负责处理及数据统计。借助品牌优势链接多方资源，将环保公益组织、企业等引入社区治理，依靠资源力量下沉，培育内部自组织，使得小区志愿者团队不断学习成长，专业性不断提高，成为湿垃圾源头减量工作最好的助力器。

4. 科学处理湿垃圾，实现厨余垃圾变废为宝

指导居民区将收集后的湿垃圾进行粉碎发酵处理，同时建立"酵素坊"，利用混合菌种发酵厨余垃圾，产生的液体酵素用于小区种植，固体等有机质肥料运送至农场进行二次堆肥或沼气发酵，减少化肥使用。据统计，小区每天安排两次进行处理，平均每天实现厨余垃圾减量 180 公斤。

通过动员群文团队、"凌云小小志"、在职家庭、青年团体，组织各类自治团队现场参观梅陇三村湿垃圾分类处理、农场绿色循环链，提振居民参与热情、激发团队行动力、增强全民参与率，梅陇三村以"绿色环保"为主题，不断培育发展新的自治小组并开展"微绿地""有机芽菜种植""环保酵素坊""循环超市"等活动。通过循环回路，种植出可追溯的绿色食品回馈社区，实现"取之于民而用之于民"，让居民了解厨余的用途、低碳生活的价值，实现真正的源头减量，提高生活品质。

（二）案例成果

1. 可循环利用垃圾

梅陇三村初期产生可循环利用垃圾每周 30 桶，项目中后期产生可循环利用垃圾平均每周 60 桶，项目期内产生可循环利用垃圾共 2760 桶。

2. 垃圾压缩

对含水量较大的厨余垃圾等进行压缩处理，以节约垃圾存放空间及垃圾的运输费用。实现节约垃圾压缩处理空间利用率超过 80%，运输费用超过 50%。

3. 厨余生态循环链

梅陇三村将每年收集到的 500 多桶厨余垃圾集中运往郊区的合作农场，厨余垃圾加上营养土发酵完成后可作为有机肥使用，既绿色环保又能提高资源利用率。

（三）案例亮点

1. 工作方法层面

“绿主妇”通过在梅陇三村的实践有效总结出五位一体及立体工作出击法。要依靠集体的智慧，就必须把社区的多种力量形成合力，加强与社区委员会、物业、业委会、社区民警法人沟通，统一协调处理社区事务，群策群力，充分发挥社区不同主体的责任。

2. 合作机制层面

“绿主妇”作为梅陇三村孵化的社会组织，在推动社区生态环保实践的主要合作机制是主导发展方向，整合周边资源，引入优质社会企业共同打造生态环保和谐的社区发展模式。

3. 宣传动员层面

将互联网动员方式与传统方式相结合。根据社区活动内容，充分发挥互联网线上展示与宣传的优势，提升宣传效力，扩大受众规模。实现线上和线下的互连互动是垃圾分类宣传动员的必然趋势。

4. 行为引导层面

在垃圾分类操作上，着重细化和量化积分行为与非积分行为，在行动层面引导社区居民进行积分行为，对积分较高的个人或者家庭进行激励。通过垃圾分类设备的智能化，有效实现了积分行为的细化和量化，并为后续的激励实施提供了更切实有效的依据。

5. 激励机制层面

整合社区周边的商业资源，提升激励机制的效果。重构社区生态环保实践中的激励机制，让社区周边的商业资源深度地参与其中，并获得相应的收益。

6. 技术的创新

"绿主妇"和外部伙伴合作建成湿垃圾处理的一整套技术流程和方法。首先将厨余垃圾进行初始的防腐处理，利用厨余粉碎设备及时进行粉碎，加入 EM 菌种后搅拌后开始厌氧发酵。发酵半成品将运送至合作农场进行二次加菌堆肥耗氧发酵，发酵腐熟成肥后直接下田种植，改善土壤养分，实现土壤零农药和零化肥，种植出真正意义上的绿色蔬菜回馈至社区，实现绿色循环。梅陇三村积极试点新设备，通过技术的不断迭代，解决湿垃圾在运输过程中的二次污染，提高湿垃圾处理能效，为可持续发展提供技术支持。

"绿主妇"通过宣传实践活动，提高居民垃圾分类意识；通过推广家庭厨余分装投放，建立厨余资源回收点，将其与垃圾清运系统分离，形成"场社对接"新模式；通过在厨余源头减量基础上进行无害化处理及资源化利用，逐步实现了社区湿垃圾零外排，有效助力生态文明建设。

三、问题及建议

在社区生态循环链的完善和提升方面的问题主要有：湿垃圾源头减量的利用率有待提高、垃圾分类的行为激励不够充分和有效。

（一）湿垃圾源头减量的利用率有待提高

在社区生态循环链的完善和提升方面，湿垃圾源头减量工作有待继续推进。城市垃圾有两大类别：一是干垃圾，一是湿垃圾；干垃圾的回收利用率较高，而湿垃圾即厨余废弃物近年来利用率几乎为零，需要通过环卫系统来帮助分离和收集，因为垃圾源头分类的滞后，厨余或称之为可沤可堆肥废弃物往往和其他垃圾混放在一起，被运往垃圾填埋场，污染环境，占用耕地。

湿垃圾源头减量会涉及全品类的社区垃圾分类，其中主要是湿垃圾分类。湿垃圾处理的环节分为三个部分，第一部分调动社区居民进行垃圾分类，这个过程需要相应的意识行为培养和激励机制；第二部分将分类好的湿垃圾进行初步的处理，如垃圾压缩和湿垃圾的发酵；第三部分是对接郊区农场，实现最终的无害化处理。

（二）硬件设备落地及使用问题

在硬件设备方面，存在落地延期及设备使用问题。为解决这个问题，"绿主妇"与厂家共同制定进度表，建立沟通协调群，做好在关键节点进行状态确认的工作，尽量保证各个时间节点下硬件设备的情况处于可控状态，同时要及时处理好在硬件设备落地之前和落地过程中的突发问题。形成设备使用问题的常态化沟通机制，做到及时反馈，及时处理。

（三）激励体系不健全

在垃圾分类的激励机制方面，存在激励体系不及预期的问题。激励手段的有效性需要在实际的项目开展过程中进行检验，激励方法和条件设置等因素都会影响居民实际参与过程中的积极性，因此需要在项目进行中收集社区居民的行为情况和相应的数据，根据社区居民的行为数据及时调整培训、活动以及激励方法，充分发挥激励机制对垃圾分类工作的正向促进效应。

众和公益：
数据分析助力社区垃圾分类

一、基本情况

上海众和社区公益服务中心成立于 2016 年 4 月，是一家以社会工作专业理念和技巧、以奉献社区的公益精神、服务于大众、组织和社区的公益机构。近一年来，众和公益以社会工作的独特视角和方法，以垃圾分类数据分析为入口，服务于程家桥街道两网协同一体化生活垃圾定时定点分类投放试点工作。这一切从 2017 年 10 月份说起：

2017 年 10 月，众和公益有幸参加程家桥街道公益项目对接会，会上众和公益分享的公益理念和落地做法与在座的居委会领导产生强烈共鸣，当场就对接上几个居委会的服务需求。会后，众和公益即展开对有服务意向的居委会进行实地需求调研，用时半个月走访宝北、上航等社区。在走访调研过程中，上航新村的“两网协调”一体化社区生活垃圾定时定点分类投放试点工作给众众和公益留下深刻的印象，上航新村干部和居民真抓实干的工作精神和垃圾分类工作所取得的成果，更让众和公益肃然起敬。

众和公益抱着向上航学习的精神，放低姿态，在 2017 年 10 月到 2018 年 5 月的近 8 个月时间里，众和公益跟着上航的干部、居民学习垃圾分类，积极探索垃圾定时定点分类投放的工作方法和模式，在实践中发现需求，逐步摸索出一条为社区提供垃圾分类的数据分析服务为切入点，从而推动社区垃圾分类工作的路径和方法。

二、做法和经验

垃圾分类数据分析需求来自社区，同样，其实践经验也来自社区。众和公益从垃圾分类的大数据汇总，找出社区垃圾分类的一般规律。

(一) 前期准备工作

1. 开展培训宣传

积极开展社区垃圾分类志愿者队伍增能培训、垃圾分类宣传教育讲座以及垃圾分类数据分类指导报告会。垃圾分类数据分析的一切基础数据都源自值守第一线的志愿者的工作实况。志愿者队伍的培育是垃圾分类工作的基础和根本。2018 年 3 月 29 日，众和公益已经率先介入街道对社区干部的数据分析专业培训项目。项目启动后，9 月 7 日，根据数据分析智能化的要求，众和公益又开展社区干部和志愿者垃圾分类数据分析的第二次专业培训。期间，众和公益还为社区开展志愿者培训活动，为辖区内的学校开展垃圾分类宣传培训专场活动，为社区干部和垃圾分类志愿者等相关人员举办数据分析垃圾分类推进报告会等总共 14 场，受益人数达 1700 余人，取得良好的效果。

2. 建立数据收集和分析工作网络

建立由志愿者、居委会、社会组织组成的三位一体、自下而上的社区垃圾分类数据收集和分析工作网络。该网络由居委干部 8 名、街道管理办负责人 1 名、志愿者 2 名、众和公益项目人员 2 名等共 13 名成员组成。网络工作组由街道管理办负责人任工作组长，众和公益项目负责人担任副组长。

3. 建立数据库

推动数据收集、统计分析流程和工具进一步优化。截至 2019 年 6 月，数据库已经前后完成了两次大的调整，第一次是由繁琐的多表优化合并成“三表”，第二次是由“三表”瘦身为“一表”，实现统计表格式化和初步智能化大幅度升级，大大减轻基层干部和志愿者的工作量，提高了数据收集统计的准确性和效率。与此同时，众和公益正在尝试运用互联网技术进行数据收集和分析的可行性研究，以进一步提高数据分析的效率。

4. 建立专业的志愿者队伍

数据分析任务艰巨，专业性强且工作量比较大，为此众和公益专门组织一支专业化分工明确的志愿者队伍，将工作制度化、程序化，以确保任务的有效完成。

5. 加强分类指导

分析是手段不是目的，数据分析的目的是用数据说话，来促进和指导基层垃圾分类落到实处，并推动实践、总结、提高，到再实践、再总结、再提高这样一个循环往复的工作机制的形成。每月向街道和社区提供详实的垃圾分类数据分析报告，报告中不仅用数据反映社区垃圾分类的现状，同时还指出存在的问题和努力的方向，让基层小区在开展垃圾分类过程中有明确的工作目标、有措施、有方向，避免了工作的盲目性。

众和公益还根据街道整区域垃圾分类全覆盖的要求，积极主动作为，克服经费和人员的双重困难，将原项目要求的开展 6 个居委会数据分析的目标，调整拓展为全部 8 个居委会 28 个小区，实现垃圾分类数据分析同步全覆盖，使得数据分析能够更加客观全面地反映街道整体状况，对街道垃圾分类起到有力的推动和促进作用。

从 2018 年 5 月至 2019 年 5 月，众和公益累计出具报告 117 份，印刷和发放分析报告 234 册。大大超出项目设定的 66 份和 132 册的目标，项目完成率达 177%。

（二）数据分析工作

垃圾分类数据分析是从客观真实的社区垃圾分类数据出发，运用数据分析思维方式和相应的数学模型工具，结合社区垃圾分类的特点和工作要求，通过分析研究，提出宏观和微观的指导性意见，促进社区垃圾分类工作由实践、总结、提高，到再实践、再总结、再提高这样一个工作闭环的形成，为社区垃圾分类工作提供决策依据和分类科学指导，为社区垃圾分类工作贡献力量。众和公益在程家桥街道开展社区垃圾分类数据分析工作中，从技术上紧紧抓住如下三个环节：

1. 数据收集

社区垃圾分类会产生大量数据，数据收集工作是社区垃圾分类数据分析的基础，也是数据分析工作成败的关键。为此，众和公益不仅设计了与垃圾分类志愿者值守督导紧密结合的工作路径，同时还提出工作要求，制定具体工作方法。比如，在工作方法上：由于垃圾分类数据繁多，为便于志愿者现场数据登录和居委会数据统计，减轻志愿者和居委干部负担，众和公益通过科学的归纳，将原来繁琐表格统一归类为“居委会统计三表”和“志愿者登录三表”。“登录三表”每天由垃圾箱房值守志愿者负责数据实时登录。“登录三表”是：每天生活垃圾基础数据统计表、每天居民分类习惯统计表、每天分时段分类投放行为统计表；“统计三表”是：每月社区生活垃圾基础数据统计表、每月社区居民分类习惯统计表、每月社区居民分时段投放行为统计表。收集的数据有：垃圾产出总量、分类垃圾产出量、垃圾资源化利用率、居民分类垃圾参与投放人次、分类垃圾投放正确率、破袋率、绿色账户刷卡率等，收集数据的种类达到20多个，一个居民区每月需统计的数据大约600个。这些数据有力支撑了数据分析的客观性、科学性和准确性，为正确指导垃圾分类提供了保证。

2. 数据分析

数据分析是运用数据分析思维方式和相应的数学模型工具，结合社区垃圾分类的特点，透过现象看本质，揭示数据背后带有规律性的趋势、发现痛点、难点及问题所在，提出决策建议和工作改进意见的实用工具。众和公益每月为程家桥街道8个居委会分别提供垃圾分类数据分析报告以及一份全区域垃圾分类数据分析报告。垃圾分类数据分析报告由三部分组成：一是每月社区垃圾分类工作简报；二是社区垃圾分类数据分析；三是对策和建议。每份数据分析报告数据详实、分析深入，并运用大量图表，多维度地直观反映数据的变化和趋势，众和公益通过对四分类垃圾的基础数据分析来看垃圾减量成效，通过分析居民分类正确率、参与率、破袋率和绿色账户刷卡率等来看居民垃圾分类行为的改变和习惯的养成，通过全过程的数据痕迹管理，找出社区垃圾分类阶段性主要矛盾和痛点，并提出相应的对策和建议，指导社区垃圾分类工作实行以数据为依据的“靶向”管理，使得垃圾分类数据分析成为推进社区垃圾分类工作的极具价值，不可或缺的一项重要工作。

3. 在地指导

在地指导是数据分析的意义所在。在地指导就是将前期数据收集和分析所得出的基本判断，转化为下阶段工作对策和措施，实现工作落地的一个重要环节，这是垃圾分类数据分析工作由“虚”到“实”飞跃。为了发挥分析报告的最大功效，众和公益每月到各社区开展垃圾分类工作数据分析报告分享活动，像医生会诊一样，深入社区，和干部、志愿者及居民一起“诊断”垃圾分类工作中所遇到的“病症”，共同商讨对策，制定措施，对症下药，从而促进社区垃圾分类工作持续健康地发展。

数据收集是基础，数据分析是方法，在地指导是目的。这三给环节贯穿整个垃圾分类的全过程。使得社区垃圾分类工作有了数据引领，不再是“瞎子摸象”。

三、 取得的成就

垃圾分类数据分析在推动程家桥街道居民垃圾分类习惯的养成、垃圾减量以及提高垃圾资源化利用率等方面正在起着积极的作用，从程家桥街道社区生活垃圾分类数据分析报告中可以看出，垃圾分类成效正在逐步显现。

以 2019 年 5 月底数据为例：程家桥街道 8 个居民区生活垃圾资源化利用率达到 46%；参与垃圾分类投放的居民共计 22.7 万人次，其中分类正确率达 95%；破袋率达 94.2%；绿色账户平均刷卡率为 64.5%。这些数据真实反映了一年来程家桥街道实行社区生活垃圾定时定点分类投放所取得的成果。

现在，垃圾分类数据分析指导工作已经成为程家桥街道垃圾分类工作的一个重要组成部分，正在对程家桥街道垃圾分类工作发挥着不可替代的重要作用。实践证明，垃圾分类工作因为有了数据分析而如虎添翼。众和公益将总结在程家桥街道开展垃圾分类数据分析工作的经验，砥砺前行，为上海垃圾分类革命作出众和公益应有的贡献。

静安暘昇：主题桌游促分类　志愿服务我先行

2018 年 4 月，上海市静安暘昇创益青少年发展中心（以下简称“暘昇青年”）与上海市回民中学联合开发了一套原创多人回合制垃圾分类主题桌游《Trashman 垃圾分类王》，通过引导一批对桌游和热点时事感兴趣的高中生，带动青少年群体和市民群众加强对垃圾分类工作的关注和探讨。《Trashman 垃圾分类王》不仅在校际活动、社区活动中获得大量关注，也曾参与团市委的市级推广活动，在 2019 年 6 月还与上海市废弃物管理处合作，三方联合开发《Trashman 垃圾分类王 2.0》并在 12 月举行市级桌游比赛，最终取得相当优秀的推广成果，获得如潮好评，对推进垃圾分类工作有促进意义。

一、基本情况

桌游《Trashman 垃圾分类王》始创于 2018 年 4 月，初步成型于 7 月，是由上海市静安暘昇创益青少年发展中心与上海市回民中学联合开发的原创多人回合制垃圾分类主题桌游，旨在以寓教于乐的形式推动大众学习了解垃圾分类知识、培养垃圾分类意识和氛围。此套桌游的创作理念和初衷，是运用青少年所喜爱的新颖、有趣的桌游形式，来引导市民发现、关注城市环境所面临的“垃圾围城”和垃圾资源大量浪费的问题，进而促使他们参与到解决问题的过程中来。

桌游的研发灵感来自上海市回民中学纳格朗桌游工作室第一任社长金佳琦同学。在一次静安区社团骨干培训中，这个创意想法被暘昇青年捕捉。经过简单的沟通，双方一拍即合，暘昇青年和桌游社指导老师共同引导桌游社社员将想法细化、成型，并带领他们进入社区实地考察、联络静安团区委和绿容局进行访谈调研，以确保桌游中所涉及的垃圾分类知识的准确性。

2018 年 7 月，暘昇青年带领金佳琦同学和《Trashman 垃圾分类王》参加了由共青团上海市委员会、上海市绿化和市容管理局联合主办的“2018 上海青少年环保志愿者集中行动暨生活垃圾分类社区宣传实践活动”。金佳琦在活动中向全上海的市民讲述了该桌游研发之中的故事，进行了一次范围极其广阔的推广与宣传。之后，暘昇青年为回民中学桌游社的同学提供了多次校际推广、社区推广的机会，也接受了多家媒体平台的报道邀请，如 CCTV 央视网、《青年报》、《解放日报》、上观新闻、澎湃新闻等，大幅提升了《Trashman 垃圾分类王》的曝光度，也拓宽了测试人群的年龄段。

在初版的桌游中，垃圾桶分散在地图边缘，玩家需要两两为营，扮演不同的角色在地图上拾取垃圾，游戏结束时正确分类的垃圾数量较多的那一方获得胜利。在 2019 年 6 月，在初版桌游的基础上，上海市废弃物管理处联合回民中学、暘昇青年进行适当改良，经过了二十多次的测试修改，平衡各角色和地形间的强弱关系、出牌数量上限、垃圾卡片难易度的设定，使游戏整体的操作性与可玩性更上一层楼，重新开发了目前的 2.0 版本。在这一版本中，垃圾桶被调整至地图中央，玩家需要合理运用角色技能和地形技能，争取率先将手中的垃圾卡牌投放完毕。

2019 年 12 月，市废弃物管理处、团市委、市教委组织的上海市垃圾分类大赛吸引了近千人报名参加，最终有 160 名中小学、高校学生以及白领来到现场参加比赛，数百名高校学生担任裁判志愿者。而无论是参赛者还是体验者，都对这款游戏产生了浓厚的兴趣，大大促进了垃圾分类工作的宣传和推进。在赛后采访中，《Trashman 垃圾分类王 2.0》收获了百分之百的好评。据团市委方面介绍，此款桌游的受欢迎程度颇高。市废弃物管理处表示，该款桌游还未上市销售，考虑将其作为垃圾分类活动的奖品，以举办更多令市民喜闻乐见的垃圾分类活动。

二、做法与经验

在《Trashman 垃圾分类王》创益诞生之初，金同学带领社员调查研究发现，垃圾分类推广的很大一部分阻力源于垃圾分类知识欠缺、分类氛围薄弱以及分类意识模糊等。而在桌游成型、测试、优化的过程中，又发现部分市民对刻板的课堂教学、知识背诵提不起兴趣，游戏则成为他们学习垃圾分类知识的一个良好途径。许多市民还表示平日里出现频次高的垃圾都能做到正确分类，但遇上“打火机”“充电宝”这类丢弃频率较低的垃圾就不知如何是好。

桌游是解决这两个问题的有效途径。首先，桌游作为一种娱乐形式，适合营造信息传播的途径和氛围；第二，桌游主体卡牌的内容和素材源于生活，能够形象、直观、高效地承载传递垃圾分类知识的作用，同时玩家可在游戏中进行实践，对日常生活中相对不那么常见的垃圾也能有所了解；第三，卡牌上运用卡通绘画形象，提升有趣程度，适合全年龄尤其是青少年群体的推广；第四，桌游的娱乐性与可玩性能被长期测试与优化，而每一版的更新都更加考验玩家的思维水平，让参与桌游的人在学习中娱乐，在娱乐中学习。

寓教于乐，是通过桌游推进垃圾分类工作的特色，因此与垃圾分类相关的知识必须准确。为了保证其准确性，暘昇青年带领桌游社社员多次进入社区实地考察、联系静安团区委和绿容局的工作人员进行调研采访，以确保桌游中的知识准确无误。在每版桌游的调整和优化中，都会对垃圾卡牌的正确答案进行调整。尤其在制作 2.0 版本时，垃圾卡牌的牌面、名称以及正确答案都由上海市废弃物管理处的工作人员进行仔细修改，比如“空的矿泉水瓶”“清洁过的利乐包装”等，保证桌游中所涉及的知识精准无误。

除了桌游内容的精准性，还要保证其形式的可推广性。如果规则过于复杂、竞技性过高、配置条件实现困难，都会影响桌游推广垃圾分类工作的效果。因此暘昇青年对接了多种社会资源，帮助桌游社社员有机会面向不同年龄的市民进行测试，大幅拓宽了桌游推广的年龄层次。此外，桌游规则在测试中不断调整、简化，还推出了简易规则版和快速游戏版，从而使桌游的难易度、趣味度和平衡度调整得更加完善，让参与游戏的玩家更容易上手，并吸引他们乐在其中。

对接内容	形　式	进度记录	媒体报道
2018 上海青少年 环保志愿者集中行动	宣讲	桌游发布	人民网、《解放日报》， 团中央社会联络部 微信推送
黄浦区乐一夏青少年夏令营	真人 & 桌上游戏实践	儿童群体测试	
专题报道	媒体采访	桌游宣传	《解放日报》、上观新闻
垃圾分类桌游真人游戏 ——针对社区儿童开展游戏， 约 1 小时活动	活动策划	儿童群体测试	
2019 年 4 月劳动教育活动	内容提供	桌游改版 2.0 完成	
雷锋主题日社区展示	宣讲、桌上游戏实践	社区群体测试	
芷江西路全国助残日 暨上海助残周活动展示	宣讲、桌上游戏实践	社区群体测试	
万象城青春社区节展示	宣讲、真人游戏实践	儿童和社区群体测试	
静安小学儿童节活动	真人游戏实践	儿童群体测试	
彭浦新村街道 儿童节嘉年华展示	宣讲、真人游戏实践	2.0 版 儿童群体测试	
第四届上海青少年社工节	宣讲	桌游改版 2.0 宣传	《青年报》、澎湃 新闻、小记者报社
垃圾分类推广暨 青少年实践活动	宣讲、真人 & 桌上游戏实践	儿童群体测试	CCTV 央视网
2019 上海电竞邀请赛展示	真人游戏实践	2.0 版 儿童群体测试	
上海市废弃物管理处 成人桌游大赛	内容提供、志愿者提供、 可协商全程参与策划	2.0 版 成人桌游大赛	《青年报》《新民晚报》、 上观新闻等

最后，在活动推广方面，暘昇青年不仅对接了多家媒体平台，如 CCTV 央视网、《青年报》、《解放日报》、上观新闻、澎湃新闻等，提升了桌游的曝光度，还将桌上游戏制作为地垫版真人游戏，配合大型骰子、地垫地图等游戏配件，继续提升游戏的趣味度和吸引力。另外，暘昇青年还联合多

方举办大型桌游比赛，如由市废弃物管理处、团市委、市教委组织的上海市垃圾分类大赛，吸引了近千人报名参加，最终有160名中小学、高校学生以及白领来到现场参加比赛、数百名高校学生担任裁判志愿者，并获得百分之百的好评率，以市民喜闻乐见的方式，大大促进了垃圾分类工作的宣传和推进。

三、问题和建议

正如在垃圾分类推进工作中所得到的经验，推进垃圾分类工作的很大一部分阻力源于垃圾分类知识欠缺、分类氛围薄弱以及分类意识模糊等，同时部分市民又对刻板的课堂教学、知识背诵提不起兴趣，导致垃圾分类知识的普及速度有所延缓。对于此类问题，则可以通过市民喜欢的方式，如桌游、歌曲、小品等，让人们在娱乐中学习，在学习中娱乐。

《Trashman 垃圾分类王》不仅是非常好的推进垃圾分类工作的创新项目，也是非常好的学生社会创新项目，它有着直面社会问题、用新方法解决老问题、基于充分的需求调研、可持续可复制可推广等无可比拟的优点。

青年是整个社会力量中最积极、最有生气的力量，往往能给出令人惊喜的想法，而推进垃圾分类工作也不能忽略青少年群体的智慧。比如在解决问题的聚焦上，桌游社的社员利用自己擅长、喜爱的桌游为创新方式来进行垃圾分类知识普及和推广。在设计过程中，他们也充分考虑到要将不同的人物角色所具有的特性融入游戏，使得这款桌游非常接地气。此外，他们有意识地去进行迭代、规则的测试与修整，同时积极地寻求外界资源的补足与帮助，最后成为一个具有社会化推广价值的项目，这是相当难得的。

不过，在面向青少年群体推进垃圾分类工作时，痛点是如何协调学生有限的课余时间及如何协调与家、校、社会的关系。学生的主业还是在学习，社会实践的时间也相当宝贵，而要像回民中学桌游社的学生一样，主动地花费相当的精力来创作一个精益求精、可推广的桌游是非常耗费时间的。此外，回民中学的老师表示，设计最开始的一周也是最困难的时期，因为学生的想法过多以至于始终是通过争论来交流。学生需要在这些锻炼中，学会如何理性而有序地讨论，如何吸收融合他人的意见，如何处理彼此之间的关系。

也正是这些阻力启发了暘昇青年，用更积极的姿态搭建一个家—校—师—生—社区共同助力学生发展的平台，让家长更理解学生，让学校更支持学生，同时也让社会更认可学生，让社会具体地了解学生的能力，在鼓励学生从社会问题的发现与解决视角出发的同时，也鼓励社会更多地关注青少年的强大力量，积极共创“大公益”。

图书在版编目(CIP)数据

上海志愿服务蓝皮书.2020/上海市精神文明建设委员会办公室主编.—上海:上海人民出版社,2020
ISBN 978-7-208-16653-0

Ⅰ.①上… Ⅱ.①上… Ⅲ.①志愿者-社会服务-研究报告-上海-2020 Ⅳ.①D669.3

中国版本图书馆CIP数据核字(2020)第164938号

责任编辑 罗俊华
封面设计 夏 芳

上海志愿服务蓝皮书(2020)
上海市精神文明建设委员会办公室 主编

出 版 上海人民出版社
(200001 上海福建中路193号)
发 行 上海人民出版社发行中心
印 刷 上海中华印刷有限公司
开 本 720×1000 1/16
印 张 16
插 页 4
字 数 225,000
版 次 2020年11月第1版
印 次 2020年11月第1次印刷
ISBN 978-7-208-16653-0/G·2043
定 价 98.00元